战略管理

STRATEGIC MANAGEMENT

ZHANLÜE GUANLI

胡争光 贾兴洪 主编

西安交通大学出版社
XI'AN JIAOTONG UNIVERSITY PRESS

国家一级出版社
全国百佳图书出版单位

图书在版编目(CIP)数据

战略管理 / 胡争光,贾兴洪主编. — 西安:西安交通大学出版社,2021.9
ISBN 978-7-5693-2250-7

Ⅰ.①战… Ⅱ.①胡… ②贾… Ⅲ.①企业管理-战略管理 Ⅳ.①F272.1

中国版本图书馆 CIP 数据核字(2021)第 153144 号

书　　名	战略管理
主　　编	胡争光　贾兴洪
责任编辑	郭　剑
责任校对	李逢国
出版发行	西安交通大学出版社 (西安市兴庆南路 1 号　邮政编码 710048)
网　　址	http://www.xjtupress.com
电　　话	(029)82668357　82667874(发行中心) (029)82668315(总编办)
传　　真	(029)82668280
印　　刷	西安明瑞印务有限公司
开　　本	787mm×1092mm　1/16　印张　14.25　字数　353 千字
版次印次	2021 年 9 月第 1 版　2021 年 9 月第 1 次印刷
书　　号	ISBN 978-7-5693-2250-7
定　　价	45.00 元

发现印装质量问题,请与本社发行中心联系、调换。
订购热线:(029)82665248　(029)82665249
投稿热线:(029)82668133
读者信箱:xj_rwjg@126.com

版权所有　侵权必究

前言

战略管理是20世纪后半叶在美国逐步发展起来的一门课程,20世纪80年代末被引入到我国高校,并很快普及到各院校管理类专业,"战略管理"现已被《工商管理类专业教学质量国家标准》列为工商管理类专业的主干课程之一,在高校管理学科体系中占据着重要地位。作为管理科学的重要分支,战略管理集中研究一个组织如何制定和实施科学的战略以保证自身的生存与持续发展。本书首先介绍战略管理的基本概念和主要理论学派,然后按照"战略分析—战略制定—战略实施—战略控制"的逻辑思路,介绍内外部环境分析、基本竞争战略、公司战略和国际化战略的理论与工具,在此基础上介绍战略制定与选择、战略实施、战略控制等管理过程。本书能够使读者掌握企业战略管理的基本概念、基本理论和基本方法;能够掌握分析企业内外部环境的工具和技术;能够制定公司战略和竞争战略等各个层级的战略;能够培养读者战略性思维、培养和提升其战略管理的能力。

本书力图追根溯源,并以丰富的案例、完备的内容、独特的体例,基于中国情景,引入思政元素案例,深入浅出,将抽象的战略管理理论与现实结合起来。本书具有以下四个特色:

1. 紧跟理论前沿。本书追根溯源,寻求战略管理理论的起源,力求探寻每个理论点的源头和发展脉络,并在系统、完整介绍成熟理论体系的基础上,紧跟学术理论前沿,尽可能在书中介绍当前中西方的理论发展,使教材更具时代气息。

2. 契合中国情景。本书基于中国情景,关注当下,与时俱进,紧跟社会发展步伐与时代同步;本书坚持"把论文写在祖国大地上,把研究成果应用到发展实践中"的学术研究价值取向,挖掘中国故事、剖析中国案例,书中融入很多国内各行业头部企业案例,使源于西方发达国家的理论能够植根于我们的文化土壤。

3. 融入思政元素。本书从专业认同、职业伦理、社会责任,社会主义核心价值观以及中华优秀传统文化教育等方面挖掘课程思政的元素,有机引入中国传统文化、中华传统元素,通过思政元素案例(包括中国传统文化以及当前我国的大政方针、新时代中国特色社会主义、习近平重要思想论断等),将抽象的战略管理理论与现实结合起来,发挥思政教育功能,扎实推进习近平新时代中国特色社会主义思想,增强读者对中国特色社会主义的道路认同、理论认同、制度认同、文化认同。

4. 内容模块丰富。本书力求理论性与可读性相结合,每章包括管理名言、学习目标、引入案例、章节正文、关键词表(中英文对照)、课后测试、复习与思考、知识拓展等内容模块。

为了控制篇幅本书采用线上线下结合的方式增加信息量,丰富内容、扩大读者的知识面。线上模块有"管理案例""知识链接""管理故事""管理学家""思维导图"等,可扫描相应的二维码在电子屏幕上阅读。

本书共10个章节,由胡争光、贾兴洪担任主编。陕西科技大学胡争光对本书整体内容体系和篇章结构进行了设计构思,并负责第1、2、5、6、7、8、9、10章的编写工作;河南财经政法大学贾兴洪负责第3、4章的编写,并进行了全书的制图和校对工作。

我们在本书编写过程中,参考了国内外学术界许多学者和老师的研究成果,得到了许多专家、同事的帮助、关心和支持,他们对本书提出了极富启发性的建议。本书的编撰、出版同时得到了陕西科技大学经济与管理学院、陕西科技大学教务处以及西安交通大学出版社的大力支持,在此一并致谢!

由于编者水平以及掌握资料的限制,书中不足之处,恳请同行专家及读者批评指正。

编者

2021 年 7 月

目 录

第1章 战略管理概论 ………………………………………………………… (01)
1.1 战略管理的概念、基本问题与原则 ………………………………… (06)
1.2 战略管理的层次及过程 ……………………………………………… (15)
1.3 愿景与使命 …………………………………………………………… (19)

第2章 当代主要战略管理理论 …………………………………………… (23)
2.1 行业结构学派 ………………………………………………………… (25)
2.2 资源基础理论 ………………………………………………………… (28)
2.3 动态竞争理论 ………………………………………………………… (32)

第3章 战略分析 ……………………………………………………………… (39)
3.1 企业环境及其特征 …………………………………………………… (40)
3.2 外部环境分析 ………………………………………………………… (42)
3.3 内部环境分析 ………………………………………………………… (53)

第4章 基本竞争战略 ……………………………………………………… (61)
4.1 竞争优势与基本竞争战略 …………………………………………… (62)
4.2 总成本领先战略 ……………………………………………………… (64)
4.3 差异化战略 …………………………………………………………… (68)
4.4 聚焦战略 ……………………………………………………………… (72)
4.5 定位理论 ……………………………………………………………… (74)

第5章 不同行业的竞争战略 ……………………………………………… (81)
5.1 不同市场地位者的竞争战略 ………………………………………… (82)
5.2 不同行业寿命周期阶段企业的竞争战略 …………………………… (86)
5.3 分散行业中企业的竞争战略 ………………………………………… (90)

第6章 公司战略 ……………………………………………………………… (96)
6.1 公司战略的类型 ……………………………………………………… (97)
6.2 多元化战略 …………………………………………………………… (106)
6.3 一体化战略 …………………………………………………………… (118)

1

第7章 国际化战略 ··· (123)
- 7.1 企业国际化的原因及相关理论 ··· (125)
- 7.2 企业国际化的阶段及国际市场的进入方式 ······························· (132)
- 7.3 国家竞争优势理论 ·· (142)
- 7.4 企业国际化战略 ·· (145)

第8章 战略制定、评价与选择 ·· (153)
- 8.1 战略制定程序与方法 ·· (156)
- 8.2 战略方案评价 ··· (158)
- 8.3 企业战略的选择 ·· (160)

第9章 战略实施与控制 ··· (174)
- 9.1 战略实施概论 ··· (176)
- 9.2 战略实施工具 ··· (180)
- 9.3 战略控制 ··· (185)
- 9.4 战略变革 ··· (193)

第10章 战略与组织结构 ··· (197)
- 10.1 战略与组织结构的关系 ·· (201)
- 10.2 组织结构设计的权变理论 ··· (202)
- 10.3 组织结构类型的选择 ··· (208)

课后测试答案 ··· (217)

参考文献 ··· (218)

第1章 战略管理概论

管理名言

战略管理是实现企业使命与目标的一系列决策和行动计划。任何行动从语义学的角度分析,都会包含这样几个问题:做什么?由谁做和为谁做?怎么做?在哪里做和何时做?

——彼得·德鲁克

一个总司令,是一个集团军的统帅,拿起机关枪总不会胜过机关枪手,走到炮兵队操作大炮也不如炮兵。但作为集团军的总司令不必管这些,只要懂得运用战略便可以。

——李嘉诚

学习目标

1. 掌握战略管理的本质、概念、特点、作用。
2. 理解战略管理过程、战略管理中的重要概念。
3. 了解战略管理理论的演进、战略管理者的组成和作用。
4. 理解、掌握愿景与使命。

引入案例

联想与华为:不同战略选择的启示

2016年4月25日,中国IT界迎来空前盛事——龙芯中科公司正式发布了"龙芯二代"全系列产品,国产CPU代表"龙芯"在产品开发与产业化进程方面取得进展。龙芯中科公司起源于中科院计算所,是计算所下属的公司。无独有偶,计算所还有另外下属公司从事过芯片研发并在当年实现产业化——它就是起源于中科院计算所的联想集团。然而,联想早年的技术创新成果却没有发扬光大,更没有在技术创新道路上坚持下来,令人不胜惋惜。

2016年,联想控股合并下属公司收入3070亿元,净利润49.85亿元,但联想控股曾出售属下融科智地房地产板块收入136亿元,子公司联想集团卖掉办公楼收入17.8亿元,联想的业绩引起"全球诧异"。比联想晚三年创办的华为,与联想一样,都是在创业四年后开始芯片研发的,坚持一条路走到底,以实业发展至今。2016年,华为实现销售收入5200亿元,净利润371亿元,成为ICT(信息技术+通信技术)领域的全球领先者,其销售收入也是国内互联网三巨头BAT收入的3倍以上,华为的业绩引起全球震惊。

第一阶段:联想"技工贸"vs华为"贸工技"(1985—1995年)

联想:"技工贸"战略创造无数IT辉煌

联想在创办初期的前十年,采取"技工贸"战略,取得了一系列成就,创造了无数IT业辉煌,联想也成为中国民族产业的一面旗帜。

1. 汉卡为联想挖掘第一桶金

联想创办初期,计算所从人力、物力、财力、科技成果以及无形资产等诸多方面给予了大量支持。而第一桶金就来自计算所的研究成果——联想式汉卡(联想式汉字输入系统),它为初创期的联想贡献了上亿利税。

2. 联想286微机在汉诺威展一炮打响

1989年3月,联想286微机在德国汉诺威的CeBIT博览会上一举扬名,掀起了国内第一次微机热潮,成为拉动国内市场的巨手。

1990年北京联想集团公司在国内市场上推出了联想自己品牌的微机,产品采用自己设计制造的主板,成为当时国内四家自有品牌微机的公司之一(长城、联想、浪潮、东海)。

3. 联想程控交换机实现产业化

1994年元旦,第一台联想程控交换机LEX5000在河北廊坊开局成功。早于华为拿到入网许可证,可大规模进入市场。第二台程控交换机被中办、国办机关所采购使用。经过短短的三年,联想程控交换机项目不但完全收回了几十万元的开发投入,还为联想创造了286万元的纯利润。

4. 建成"技工贸"一体化的产业结构

1995年5月,联想总裁室发布《联想之路百题问答》,总结联想集团的"第一个战略目标"是"建成技工贸一体化的产业结构"。

1995年,依靠汉卡与微机创下著名"联想"品牌的联想集团,在全国计算机行业排名第一,全国电子百家企业排名第四,是电子部重点支持的六大集团之一,税后利润一个亿。

华为:"贸工技"战略艰辛起家

初创阶段的华为还处于混沌状态,基本上是什么赚钱做什么……

1. "二道贩子"掘得第一桶金

偶然的机会,华为进入通信领域代理交换机产品,三四年下来积累了几百万。华为最早期的产品是买散件自行组装,打上"华为"品牌,再找全国代理商销售的。由于服务好、销价低,产品在市场上供不应求,但遇到了问题:散件断货,收了客户的钱,却没有货可发,产品、客户、订单、现金流,甚至公司的命运受制于人。于是,任正非决心自主研发。

2. 华为核心研发始于芯片

许多人未必知道,华为研发的根基与内核,恰恰是芯片研发。

1991年,颇具前瞻性的华为成立了ASIC设计中心,它是海思公司的前身。1993年,海思公司成功开发的第1块数字ASIC芯片,就是用于华为崛起的基石——C&C08交换机的芯片。

直到1994年,华为已成功设计了30多款芯片,这些芯片正式投放使用在华为各种交换机设备中,而且实践证明这些芯片稳定可靠。

3. 程控交换机是华为的救赎

1993年下半年,在研究掌握国际最新技术和器件成果的基础上,华为严格按国标、部标要求,自行开发设计的新一代数字C&C08 200门程控交换机投向市场。此后,华为每年的业绩都翻番,在通信市场崛起并与跨国巨头过招屡屡获胜。

从1987年12月创办到1995年,华为实现了从"贸工技"到"技工贸"的华丽转身,通过ICT(IT+CT,信息技术与通信技术)融合进入企业高速发展时期。

第二阶段：联想"贸工技"PK 华为"技工贸"（1996年至今（2017年））

联想：二十年战略十数次调整

也许人们会感到奇怪，当初联想为什么会忽略核心技术研发？

1995年6月30日，联想集团免去倪光南总工程师职务，与此同时撤掉总工程师职位，原来研发中心所有人员全部下放到事业部的研发部门，由事业部总经理领导。

1."贸工技"战略的提出

1998年3月30日，《计算机世界》报发表了柳传志撰写的《贸工技三级跳》文章，以这篇文章为转折点，联想从此由"技工贸"发展战略彻底转到"贸工技"发展战略，联想所有的研发几乎取消了，发展ASIC技术的努力也中止了。

在"技工贸"战略十年末期的1994年7月，联想程控交换机拿到了入网许可证后开始进入通信市场，本来有绝好机会向ICT融合转型，但是，最终因为实行"贸工技"战略，自己中止了向ICT的转型。而华为就是以程控交换机为契机，成功转型ICT。

1996年，联想拿到了科技部授予的技术中心招牌，但不久把它解散了。从此，联想的研发主要为销售市场服务，联想更重视通过市场、营销渠道的整合来实现变革，于是，早期参与联想技术研发的骨干基本上都离开了。联想"贸工技"战略的指导思想是："以贸易为突破口，实现贸、工、技三级跳"。

而以"贸工技"起家的华为开始改弦易辙，实施"技工贸"发展战略，其指导思想是："强化自主研发，消化吸收，发展中高端产品，与先进技术接轨"。实施"贸工技"战略的联想，销售始终是主导。

根据2006年至2015年财报显示，联想历年的研发支出中，仅2015年的研发收入占比达到2.6%，其余年份均低于1.9%。过去10年，联想累计投入研发成本44.05亿美元，尚不及华为2015年一年的研发支出。2015年，华为研发投入596亿元，研发收入占比15%。

2.联想分家失败

2001年，联想分拆为杨元庆主政的联想集团与郭伟领军的神州数码有限公司，同时成立联想控股集团，在法律上继承联想身份，统辖联想集团与神州数码。联想集团继承联想PC等核心业务，神州数码与"联想"品牌分割，重立门户、另起炉灶。

联想控股本身主要从事房地产与金融投资等多元化业务，联想负责人雄心勃勃，意欲再造许多个"联想"。但是，控股上市就跌破发行价，此后股价被腰斩，一直在低位徘徊，属下多个业务板块均业绩不佳，甚至出卖房地产业务，历年业绩主要还是靠合并联想集团营收与利润支撑。目前，拟通过获取金融牌照为企业输血。

此外，因为现在神州数码已经不属于联想控股下属企业，联想控股对它不具有控股权。

3."贸工技"战略等于无战略

继承联想主体业务的联想集团（以下简称"联想"）的"贸工技"战略其实仅有"贸"而无"工技"——联想PC主要靠"贴牌"或组装生产，其核心组件操作系统、处理器、硬盘、液晶显示器等始终缺乏自主技术研发，只能靠进口或其他供应商提供来组装。

最关键的是，联想实施"贸工技"战略以来，企业战略呈现漂浮、混沌状态，所谓"贸工技"仅仅停留在口号上。事实上，20年来，联想的"战略"经历过十数次重大调整，首先是多元化战略给联想造成很大挫折：投资2500万美元试图创建中国第四门户网站"FM365"，但几年后稀里糊涂地被删除了域名，然后被其他公司注册；投入3537万美元收购"赢时通"，却发现还没有取得网上证券交易的资格；2001年，联想首次大规模裁减员工，几百名网站人员被辞退；2004年

3月,联想集团又一次裁员600人,被辞退员工占公司总人数的5%。

2001年,联想营业额达到200亿元左右,而到了2008年,联想净利润亏损2.6亿元,到了2015年,不仅再次出现重大亏损,甚至在2016年还卖掉了办公楼。

从2004年开始,联想进行了一系列并购,希望通过并购的方式实现技术的升级换代,以替代自主研发技术。但是,联想买来的都不是核心技术或最前沿的技术,而是些很容易遭到淘汰的技术,这就面临很大风险。

联想对IBM个人PC业务的并购,似乎使自己的品牌由国内知名品牌跃升为国际品牌,但是这种没有自主核心技术的品牌却面临"空芯化"的结局。然而,对摩托罗拉手机业务的并购,也使联想难以消化,并没有达到预期的结果。此外,收购IBM的服务器业务,也没有给联想带来更多价值。

至于联想的手机业务,几经沉浮,在PC业绩下滑、全球老大交椅丧失的情况下(2017年1季度统计数据显示,惠普PC销量超过了联想),联想依然期待手机业务能够撑起"智能设备+云服务"的新战略。

华为:二十年"技工贸"战略不动摇

华为随着研发的逐渐深入,产品的技术含金量逐步增大,利润也同步增长,最后完成了由"贸工技"到"技工贸"的华丽转身。

1. 华为芯片不断增加设计品种

华为自行设计的芯片随着产品设备的扩展而不断增加设计品种,在某领域产品开始研发时就同步启动该领域自主芯片的研发设计。新产品线的数据通信产品如ATM机、路由器等,无线产品如GSM、3G等也在新产品刚开始投放市场时就用上了自己的芯片,华为产品从开始就具有较高成本竞争力。

华为的产品很快占据了市场的重要地位,甚至是主导地位,与跨国巨头过招也不输风采。华为"技工贸"道路越走越宽阔,从农村发展到城市,从中国走向全球(见图1-1)。

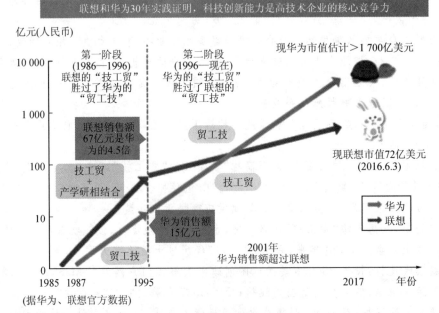

图1-1 联想华为新龟兔赛跑

2.华为海思芯片撑起一片天空

1996年,海思(华为的全资子公司,前身为华为集成电路设计中心)第一块十万门级ASIC研发成功,之后,海思芯片研发升级换代,进入规模化、产业化时期。当年,华为在不到一百位工程师时就勇于研发芯片技术,并在设计上取得突破,其自主研发的成功经验表明:中国企业是可以在芯片设计等领域掌握关键核心技术的。

要想在国外技术垄断的产业上取得优势,主要是看准关键之处并勇于进取。在国际竞争中,如果企业既想有成本优势,又要有可观的利润,就应当像华为一样在价值链上做得更深,完全把控住核心技术的主要方面,拥有自己研发的"芯"脏。

3.华为高居电子百强头牌八连冠

1996年,联想位列"中国电子百强企业"第一名,华为第二十六名。但从2009年开始,华为几乎一直高居"中国电子百强利润"第一名,而联想名次逐渐滑落。这说明了只有真正基于核心技术实力发展的销售额增长,才是可持续的健康增长。

一次芯片投片需要几十万甚至上百万的资金投入,而一个细小的错误就会导致投片失败,但华为并没有因为害怕失败就不敢放手让年轻的工程师们去担当重任。华为的勇于放手,也使年轻工程师们得以迅速成长,从而在很短的时间内使基础研究部的芯片设计水平有了较大的提高。

中国两个著名的高科技企业——联想与华为的发展路径,恰如攀爬珠峰。联想的"登顶"是借助微软、IBM、Intel等跨国企业提供的技术产品获得成功的;华为是通过自主创新、自主研发技术,自力更生获得成功的。

联想与华为,为什么结局分别是一个做大一个做强?答案是:因为发展路径不同。

联想与华为都践行过"技工贸"与"贸工技"的发展战略,但是,我们从两家公司30多年的发展历程可见,"技工贸"对联想与华为而言都是核心竞争力,而"贸工技"对华为是权宜之计,对联想则是核心破坏力。

(资料来源:陶勇.联想与华为:不同战略选择的启示[J].企业管理,2017(7). http://www.qyglzz.com/view.php? id=5232.)

在讨论战略之前,我们先说说"熵"。宇宙总是会让所有的事物都自主地选择它们的发展方向。一片地一年没有人管,就会变得杂草丛生;一个组织如果长期没有人管,也会各自为战,变得很混乱。这就是自然界熵增的法则,事物会变得很无序。很多企业之所以会出现办公室政治、内耗这些问题,就是因为每个人都在自主地玩着自己的小游戏,于是就出现了混乱和无序。而管理恰恰是对抗自然,实现熵减的过程,是一套由无序走向有序的过程。我们如果规定了这块地只能种玉米,其他不是玉米的杂草统统都要被除掉。现在的社会又恰恰是一个机会很多但成功概率很小的时代,人人都充满了自主性,又充满了焦虑。在这个时候,选择就变得很重要。所以在当下,战略就成为一个很重要的工作,它在无序中给我们一个方向,让大家能够朝着同一个方向走,能够帮助企业选择高价值的区域,并持续做出正确的选择。

1.1 战略管理的概念、基本问题与原则

1.1.1 战略的产生与发展

1) 战略的起源

"战略"一词具有悠久的历史,无论在东方还是在西方,战略都来源于军事,主要是指对战争全局的筹划和谋略,具有浓厚的军事色彩。在我国,战略思想可以追溯到公元前约 500 年孙武撰写的《孙子兵法》。《孙子兵法》强调计谋、战略和战术的重要性,指出"用兵之道,以计为首""计先定于内,而后兵出境";指出"知彼知己,百战不殆;知天知地,胜乃不穷",强调周密的战略侦察与正确的战略判断在战略决策和战略指挥中的重要作用。在西方,它最早来源于古希腊的军事用语"将军"(strategos),由"军队"和"领导"两个词合成,是指"将军指挥军队的艺术"。克劳塞维茨(Clausewitz)在《战争论》中指出:"战略是为了达到战争的目的而对战斗的运用。"

"企业战略"的概念是随着产业革命和经济的发展而逐渐形成的。18—19 世纪伴随着产业革命,欧洲产生了以亚当·斯密、瓦特等为代表的欧洲管理思想。从英国开始的工业革命促进了生产效率的提高,然而却产生了雇主与雇员的关系不和谐,包括工作环境恶劣、工人对雇主不信任、工人运动的发展等。这种状况发展到 19 世纪 90 年代,出现了产量危机,即产出不再增长、生产效率低、只注重数量、浪费惊人、雇员数量臃肿、产品质量低劣等。在此背景下,到 20 世纪初,美国出现了以泰勒为代表的科学管理学派,当时这些学者和管理者都是将思考的重点放在组织内部活动的管理上,这一阶段关注的焦点是如何高效率地生产。科学管理理论的基本出发点是提高劳动生产效率,提出了"使工作方法、劳动工具、工作环境标准化;确定合理的工作量;挑选和培训工人,使其掌握标准工作方法;实行差别工资制;实行职能工长制"等管理思想与方法。当然这一时期泰勒追求劳动生产率也契合了当时"卖方市场"的大背景。几乎同一时期,法约尔对企业内部的管理活动进行整合,提出了管理五项职能,这可以说是最早出现的企业战略思想。

1938 年,切斯特·巴纳德在《经理人员的职能》一书中,首次将组织理论从管理理论和战略中分离出来,认为管理和战略主要是与领导人有关的工作。此外,他在该书中提出管理科学的重点在于创造组织的效率,其他的管理工作则应注重组织的效能,即如何使组织与环境相适应,这种将环境与组织、"可能做"(might do)和"能够做"(can do)"匹配"(match)的主张成为现代战略分析方法的基础。

1962 年,美国著名管理学家钱德勒在《战略与结构:工业企业史的考证》一书中首开企业战略问题研究之先河。在这本著作中,钱德勒分析了环境、战略和组织之间的相互关系,提出了"战略决定结构"的论点。他认为,企业经营战略应当适应环境(满足市场需求),而组织结构又必须适应企业战略,随着战略的变化而变化。因此,他被公认为环境-战略-组织理论的第一位企业战略专家。在此基础上,关于战略构造问题的研究,形成了两个相近的学派:"设计学派"和"计划学派"。

设计学派认为,首先,在制定战略的过程中要分析企业的优势与劣势、环境所带来的机会与造成的威胁。其次,高层经理人不仅应该是战略制定的设计师,而且还必须督导战略的实

施。再次,战略构造模式应是简单而又非正式的,关键在于指导原则,优良的战略应该具有创造性和灵活性。"设计学派"以哈佛商学院的安德鲁斯教授为代表。20世纪60年代,安德鲁斯对战略进行了四个方面的界定,将战略划分为四个构成要素即市场机遇(企业可能做什么,might do)、公司能力(企业能够做什么,could do)、个人价值和渴望(企业想做什么,wants to do)以及社会责任(企业应该做什么,should do)。其中市场机会和社会责任是外部环境因素,公司实力与个人价值和渴望则是企业内部因素,战略就是实现四者的契合。

安德鲁斯区分了战略的制定与战略的实施,他还主张公司应通过更好地配置自己的资源,形成独特的能力,以获取竞争优势。按照安德鲁斯的观点,环境不断变化会产生机遇与威胁,组织的优势与劣势将不断地调整以避免威胁并利用机遇。对企业内部的优势与劣势的评估确定企业的独特能力,对外部环境的机遇与威胁的分析可以确定潜在的成功因素。这两种分析构成战略的基础。安德鲁斯把战略制定看成是"分析性的",而把战略实施看成是"管理性的"。

计划学派以安索夫为代表,该学派主张:战略构造应是一个有控制、有意识的正式计划过程;企业的高层管理者负责计划的全过程,而具体制订和实施计划的人员必须对高层负责;通过目标、项目和预算的分解来实施所制订的战略计划;等等。安索夫在研究多元化经营企业的基础上,提出了"战略四要素"说,认为战略的构成要素应当包括产品与市场范围、增长向量、协同效果和竞争优势。安索夫在1965年出版的《公司战略》一书中首次提出了"企业战略"这一概念,并将战略定义为"一个组织打算如何去实现其目标和使命,包括各种方案的拟定和评价,以及最终将要实施的方案"。《公司战略》成为现代企业战略管理理论的研究起点。"战略"一词随后成为管理学中的一个重要术语,在理论和实践中得到了广泛的运用。

2)战略的内涵

总体上讲,企业战略产生和发展的原因主要是内外部环境的剧烈变化,包含市场需求结构的巨大变化、科技水平的不断提高、全球性竞争日益激烈、资源和环境变化的不可预见性、政府政策的调整、企业自身的不断发展壮大以及突发事件不断等,在此背景下,企业要解决生存和发展问题就面临很多生死攸关的挑战,企业战略应运而生。

企业战略与军事中的战略相比,在思想和观念上有一定的一致性,但其并非仅仅承接了军事战略中的非赢即输、成王败寇的单一格局,还注重在相互竞争的市场环境下展开利益共享的合作,以产生双方能够共赢的竞合局面。众多学者对战略从不同方面进行了解释和阐述。

钱德勒提出,战略可以定义为确立企业的根本、长期目标并为实现目标而采取必需的行动序列和资源配置。

安德鲁斯认为,企业的总体战略体现了决策过程的模式,战略的形成和制定是一个需要精心规划的过程。战略是体现目标、意图或目的以及为达到这些目的而制定的主要方针和计划的一种模式。这种模式界定着企业正在从事的,或者应该从事的经营业务,以及界定企业所属的或应该属于的经营模式。

安索夫认为,战略包括一组可度量的目标和经营领域(产品/市场关系)、成长向量、竞争优势、协同作用等四项内容。

迈克尔·波特认为,战略是建立在独特的经营活动上的,强调战略的实质在于与众不同,在于提供独特的消费者价值。他认为,战略包括三个层面的问题:①战略是定位,定位的目的在于创造一个独特的、有价值的、涉及不同系列经营活动的地位,从本质来说,战略就是选择与竞争对手不同的经营活动;②战略就是取舍,即选择从事哪些经营活动而不从事哪种经营活动;③战略就是匹配,一个战略的成功取决于许多方面和环节,保持它们的相互匹配非常重要。

迈克尔·希特从核心竞争力和竞争优势的角度将企业战略定义为:企业战略是企业"设计用于开发核心竞争力和获取竞争优势而整合与协调企业一系列资源和行动的谋划"。

企业战略及其制定是一个复杂的过程,认识企业战略要求从系统的观念出发,从不同的类型、层次和结构的方面进行考察。亨利·明茨伯格提出5P观点,认为战略是计划(plan)、计谋(ploy)、模式(pattern)、定位(position)和观念(perspective)。

(1) 从未来发展角度分析,战略是一种计划。

大多数人认为战略是一种计划。战略的这个定义具有两个特点:①战略是在企业经营活动之前制定的,战略先于行动;②战略是有意识、有目的地开发和制订的计划。在企业的管理领域中,战略计划与其他计划不同,它是关于企业长远发展方向和范围的计划,其适用时限长。战略确定了企业的发展方向(如巩固目前的地位、开发新产品、拓展新市场或者实施多元化经营等)和范围(如行业、产品或地域等)。战略涉及企业的全局,是一种统一的、综合的、一体化的计划。

(2) 从竞争角度分析,战略是一种计谋。

战略也是一种计谋,是要在竞争中战胜竞争对手或使竞争对手处于不利地位及受到威胁的计谋,这种计谋是有准备的和有意图的。例如,当企业知道竞争对手正在制订一项计划来提高市场份额时,企业就应增加投资去研发更新、更尖端的产品,从而增加自身的竞争力。

(3) 从企业历程角度分析,战略是一种模式。

有学者认为,将战略定义为计划是不充分的。它还应包括由计划导致的行为,即战略是一种模式,是一系列行动或决策的模式。"一系列行动"是指企业为实现基本目的而进行竞争、分配资源、建立优势等决策与执行活动。它是独立于计划的,计划是有意图的战略,而模式则是已经实现的战略。

(4) 从产业层面角度分析,战略是一种定位。

战略作为一种定位,涉及企业如何适应所处环境的问题。定位包括相对于其他企业的市场定位,如生产或销售什么类型的产品或服务给特定的部门、以什么样的方式满足客户和市场的需求以及如何分配内部资源以保持企业的竞争优势。战略定位是确定自己在市场中的位置并据此正确配置资源,以形成可以持续的竞争优势。

(5) 从企业层面角度分析,战略是一种观念。

从这个角度来看,战略不仅仅包含既定的定位,还包括感知世界的一种根深蒂固的认识方式。这个角度指出了战略观念通过个人的期望和行为而形成共享,变成企业共同的期望和行为。这是一种集体主义的概念,个体通过共同的思考方式或行动团结起来。

可以用战略函数 $S=f(E,R,V)$ 来进一步加深对战略的理解,如图1-2所示。

图1-2中的三个圆圈分别代表企业的外部环境(environment)、内部资源(resources)和企业愿景(vision)。战略函数表达的是,战略(S)是环境(E)、资源(R)和愿景(V)这三个变量的函数。环境是企业制定战略的外部因素,它界定了企业"可做"什么。资源是企业制定战略的基础条件,资源既包括土地、资金、厂房设备等有形资源,也包括人力资源、品牌资产等无形资源,它界定了企业"能做"什么。愿景是企业制定战略的价值诉求,它描述了企业"想做"什么,更多地体现了企业管理者的意志和意图,它为企业的战略制定提供了精神动力和方向指南。战略就是要确立企业"该做"(S)什么。弄清了"可做""能做"和"想做"什么,"该做"什么

就水到渠成。因此,从这个意义上讲,战略的本质就是"该做"什么,它是"可做""能做"和"想做"的有机统一,如图1-2中三个圆圈交汇的阴影部分。

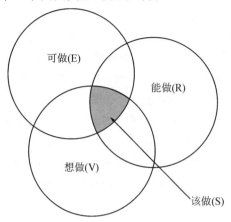

图1-2 战略定位:该做什么
(资料来源:谢佩洪.战略管理[M].上海:复旦大学出版社,2014:14.)

有学者认为企业战略从本质上来说是有关企业作为整体应该如何运行的根本指导思想,回答了企业为什么能够得到社会回报并长期生存与发展下去这一根本性问题。还有学者提出,企业战略是企业在动态适应和利用环境变化的过程中,为建立、保持和发挥竞争优势而采取的一系列长期、重大和根本性的决策或者行动,这些决策或行动之间具有一定的一致性和连续性。

本书将战略定义为:企业战略是企业根据其外部环境及企业内部资源和能力状况,为帮助企业创造和保持竞争优势以求得企业生存和长期稳定地发展,对企业发展目标、达成目标的途径和手段的总体性谋划。

在理解企业战略的概念时,需要把握好以下几点。

(1)战略的本质是"总体性谋划"。

(2)谋划的目的是"求得企业生存和长期稳定地发展"。在《管理的实践》中,德鲁克先生指出,企业的首要任务是求生存,企业应该把未来的生存和发展问题作为制定战略的出发点和归宿,一个好的战略应有助于企业实现长期生存和发展的目的。要使企业长期生存和发展,就必须创造和保持竞争优势,也只有保持或不断地创造新的竞争优势,才有可能使企业获得长期生存和发展。

(3)谋划的依据是"外部环境及企业内部资源和能力状况"。企业不仅需要了解自身及所处行业的过去和现在,而且需要把握行业内外环境因素未来发展变化的趋势。

(4)谋划的内容是确定"企业发展目标、达成目标的途径和手段"。

3) 战略的构成要素

安索夫认为企业战略一般由四种要素构成,即经营范围、成长方向、竞争优势和协同作用,这四种要素可以产生合力,成为企业的共同经营主线。有了这条经营主线,企业内外的人员就可以充分了解企业经营的方向和产生作用的力量,从而扬长避短,充分发挥自己的优势。霍弗和申德尔在其1978年的著作《战略制定》中把战略看作是企业大计划中的一个构成部分。企业大计划包括目标、战略、方针三个构成部分,其中"战略"由经营领域、资源配置、竞争优势、协同作用四个部分组成,他们特别强调了资源配置这一要点。结合他们的观点,一般认为战略由四种要素构成:经营领域、成长方向、竞争态势与优势、资源配置与协调。

(1)经营领域(或产品与市场范围)。

经营领域是指企业从事生产经营活动的领域,它可以反映出企业目前与其外部环境相互作用的程度,也可以反映出企业计划与外部环境发生作用的要求。经营领域要界定企业所经营的事业属于什么特点的行业和寻求什么发展领域。对于大多数企业来说,它们应该根据自己所处的行业、自己的产品和市场来确定经营范围。如华为描述的:"华为进入的是 ICT(information and communication technology)市场领域"(即信息和通信技术是电信服务、信息服务、IT 服务及应用的有机结合)。如中芯国际的描述:"中芯国际是全球领先的集成电路晶圆代工企业之一,也是中国大陆技术最先进、规模最大、配套服务最完善、跨国经营的专业晶圆代工企业,主要为客户提供 0.35 微米至 14 纳米多种技术节点、不同工艺平台的集成电路晶圆代工及配套服务。"

(2)成长方向(或增长向量)。

成长方向是企业经营运行的方向,用以说明企业从现有产品与市场相结合向企业未来产品与市场移动的态势。可用安索夫矩阵来说明成长方向(见图1-3)。

	现有产品	新产品
现有市场	市场渗透	产品开发
新市场	市场开发	多种经营

图1-3 安索夫矩阵

①市场渗透是通过现有产品在现有市场上的营销活动促使本企业产品的市场份额增长,从而达到企业成长目的的一种战略模式。②市场开发是企业的现有产品与一个新开发的市场的组合,通过这种组合力图为企业现有产品寻找新的消费群,从而使现有产品承担新的发展使命,以此作为企业新增长点。③产品开发是企业推出全新的产品以逐步代替现有产品,以保持企业成长的态势。④多种经营则用新产品去满足新市场,是一种企业变革较大的战略模式,通常都会给企业带来较大的变化。我国 2000 年开始有短信业务,2000—2012 年业务量逐年增加,对各运营商来讲,这是更偏向"市场渗透"的成长方向(见图1-4)。再如华为"基本上是在现有产品上,不断开发、更新现有的产品,强化现有产品的方向,然后为现有产品组合开拓新的市场,华为是沿着这条路在走",这是华为对自己的描述,是一种更偏向"市场开发"的成长方向。

(3)竞争态势与优势。

企业必须确认主要竞争对手及相对于该企业的战略地位,以及分析竞争者的竞争地位和自己的比较优势。竞争优势是企业通过其资源配置的模式与经营范围的正确决策,所形成的与其竞争对手不同的市场竞争地位。竞争优势既可以来自企业在产品和市场上的地位,也可以来自企业对特殊资源的正确运用。基于波特的理论,企业可以采取三种基本的竞争战略,由此产生两种基本的竞争优势:低成本优势和差异化优势,在此优势基础之上,企业会走向成功(见图1-5)。

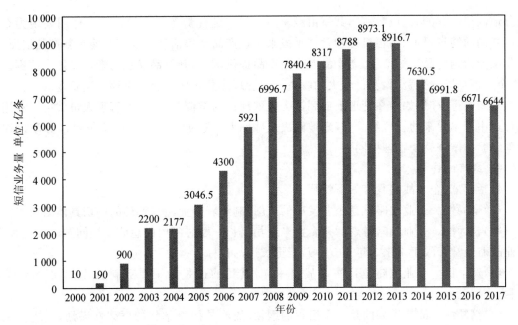

图 1-4 中国 2000—2017 年各年短信业务量
（资料来源：2000—2017 年中国通信业统计公报）

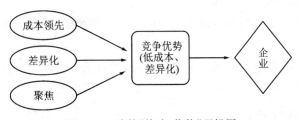

图 1-5 波特"战略-优势"逻辑图

管理案例

中芯国际的竞争优势

中芯国际对自己公司的竞争优势的描述：①完善的技术体系和高效的研发能力，表现为研发平台优势、研发团队优势、完善的知识产权体系优势；②国际化及全产业链布局优势；③丰富的产品平台和知名品牌优势；④广泛的客户积累优势；⑤完善的质量管理体系优势。

(4) 资源配置与协调（或协同作用）。

资源配置是经济学研究的主要话题，也是战略管理研究的主要话题，如何配置资源决定着企业的发展方向，如华为就明确提出"战略竞争力量不应消耗在非战略机会点上"，选择资源配置的重点、配置方式会非常重要。

协同作用是指企业从资源配置和经营范围的决策中所能发现的各种共同努力的效果。协同作用追求"1＋1＞2"的增力效应。协同作用体现在投资协同、生产协同、销售协同和管理协同四个方面：①投资协同作用表现为企业内各经营单位联合利用企业的设备、共同的原材料储备、共同研究开发的新产品，以及分享企业专用的工具和专有的技术。②生产协同作用表现为充分地利用已有的人员和设备,共享由经验曲线带来的优势等。③销售协同作用表现为企业使用共同的销售渠道、销售机构和营销手段来实现产品销售活动。老产品能为新产品引路,新产品又能为老产品开拓市场;老产品能为新产品提供示范,新产品又能为老产品扩大范围。这样,企业便可以减少费用,获得较大的收益。④管理协同作用也相当重要。当企业的经营领域扩大到新的行业时,如果在管理上遇到过去曾处理过的类似问题,企业管理人员就可以利用在原行业中积累起来的管理经验,有效地解决这些问题。这种不同的经营单位可以分享以往的管理经验的做法就是管理协同。

4)战略的特征

概括起来,企业战略具有如下特征:

(1)全局性。企业战略就是企业发展的蓝图,制约着企业经营管理的一切具体活动。

(2)长远性。企业战略考虑的是企业未来相当长一段时间内的总体发展问题。经验表明,企业战略通常着眼于未来3年至5年乃至更长远的目标。

(3)竞争性。企业战略也像军事战略一样,其目的也是为了克敌制胜,赢得市场竞争的胜利。

(4)纲领性。战略谋划的是一个组织的纲领,战略是提纲挈领的框架性谋划,不应涉及太多的细节性内容。

(5)相对稳定性。企业战略一经制定后,在较长时期内要保持稳定(不排除局部调整),以利于企业各级单位、部门努力贯彻执行。

(6)创新性。企业战略的创新性源于企业内外部环境的发展变化,因循守旧的企业战略是无法适应时代发展的。

(7)风险性。企业战略是对未来发展的规划,然而环境总是处于不确定的、变化莫测的趋势中,任何企业战略都伴随有风险。

1.1.2 战略管理的概念

1972年,安索夫在《企业经营政策》杂志上发表《战略管理思想》一文,正式提出"战略管理"概念。之后,在1976年,安索夫出版了《从战略计划走向战略管理》一书,1979年又专门写了《战略管理》一书,进一步发展了他的战略管理理论。他认为,企业战略管理是将企业日常业务决策同长期计划决策相结合而形成的一系列经营管理业务。

乔治·斯坦纳在其1982年出版的《管理政策与战略》一书中则认为,企业战略管理是确立企业使命,根据企业外部环境和内部经营要素设定企业组织目标,保证目标的正确落实,并使企业使命最终得以实现的一个动态过程。企业要对战略的制定、实施、控制和修正进行管理。

戴维(Fred R. David)认为战略管理是"制定、实施和评价使组织能够达到其目标的跨功能决策的艺术与科学。"

其他许多战略研究学者也提出了不同的见解:企业战略管理是决定企业长期表现的一系列重大管理决策和行动,包括战略的制定、实施、评价和控制;企业战略管理是企业制定长期战略和贯彻这种战略的活动;企业战略管理是企业在处理自身与环境关系过程中实现其宗旨的管理过程。

本书按照战略管理过程对其定义为:战略管理就是对企业战略的管理,是企业为实现战略目标,分析内外部环境,制定战略方案,实施战略方案并进行战略控制,从而追求高企业绩效的一个动态管理过程。

1.1.3 战略管理研究与实践的基本问题

1）战略管理研究的基本问题

(1) 企业为什么会有所差异？

新古典经济学基于完全理性、完全竞争、信息充分、市场出清等一系列严格的假设，把企业抽象为行为同质的、以追求利润最大化为目标的专业化生产者，从而论证市场机制在资源配置过程中的有效性。通过企业的同质性假设，标准的主流经济理论把企业看作是既定技术条件下的最优化生产者和交易者，其成长和发展是外生的，企业行为也是同质的。然而现实中企业是不同的，尤其是广泛存在着企业间的长期利润差距现象，"有同行没同利"现象非常普遍，因此，"企业为什么存在差异"成为战略管理研究的基本问题之一。

(2) 哪些因素决定了企业的经营范围？

"哪些因素决定了企业的经营范围"这个问题，涉及企业的成长，还涉及企业的收缩。德鲁克在《管理的实践》中提出，成长并不是一味地追求规模的增长，更多的是要考虑将顾客价值的满足与自身能力的匹配，将价值增长作为健康成长的前提。但大多数企业似乎与生俱来地都致力于公司的成长，致力于规模的增长，然而，这里也存在一定的界限，超出了某一界限，企业的发展就会适得其反。因此，压缩规模、缩小经营范围及退出就成了必要的手段。二十世纪六七十年代，发达国家的大型企业流行的战略是非相关多元化。但是，到了八九十年代以后，企业纷纷开始采取归核化战略，很多企业试图剥离非核心业务，收缩规模，积极塑造自身的核心竞争力。然而，这种非相关多元化战略似乎在许多新兴经济体国家非常流行。有学者对中国、印度、韩国、印度尼西亚、南非、秘鲁以及以色列所做的研究表明，这些（并非全部）非相关多元化的企业集团具有较高的收益率，如印度的塔塔集团、中国的复星国际集团等，形成如此对比的原因之一就是发达国家和新兴经济国家之间存在的制度差异。

(3) 什么因素决定了企业成败和企业绩效？

有三种主流的战略观点研究了这一问题。第一种是基于产业的战略观（industry-based view），它认为战略的任务就是对影响一个行业的五种力量（波特的五力模型）进行考察，从而找到企业所处的相对较为有利的位置。借用SWOT分析的思想，基于产业的战略观主要研究的是外部的机会和威胁（SWOT分析中的O和T）。第二种是基于资源的战略观（resource based view），该观点认为，企业所特有的资源、能力及核心竞争力决定了企业的成败，它强调的是企业内部的优势和劣势（S和W）。第三种是基于制度的战略观（institution-based view），这种观点认为，企业在制定战略时，除了考虑产业和企业层面的因素之外，还需要考虑到更广泛的国家和社会等制度方面的影响因素。三种观点分别从外部环境、内部资源与能力以及制度的角度去分析研究企业成败的原因。

关于"企业绩效"，基于产业的战略观认为，产业竞争水平很大程度上决定了企业的绩效；基于资源的战略观认为，特定企业能力上的差别决定了企业绩效上的差异，获胜企业具有其竞争对手无法相比的有价值的独特的和难以模仿的能力；基于制度的战略观认为，制度对企业的作用可以解释企业绩效的差异性。不同的学派对企业绩效的真正决定因素看法不一，但企业绩效的真正决定因素很可能是三种力量的结合，如图1-6所示。

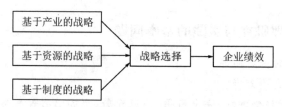

图1-6 基于产业、资源、制度三种主流观点的战略决策整合框架

以上是战略管理研究中的一些最基本的问题,尽管还会产生其他问题,但从某种角度而言,它们都与这几个问题相通。战略管理研究以企业(组织)为基本分析单元,承认它们之间的差异,这些差异(比如创新性、竞争力、合法性、声誉与地位)影响它们的价值创造和价值获取(绩效)。战略管理研究领域需要回答的一个终极问题是:如何解释企业间经营绩效的差异并增进个体企业的经营绩效。

2)战略管理实践的基本问题

对于管理的实践,彼得·德鲁克给出的首要问题就是"我们的事业是什么",这也是战略管理实践的基本问题,这是在企业实践的时间坐标上,不论今天和明天企业都必须要面对和思考的问题。用德鲁克的话来讲,这个问题不只在企业初创或深陷泥沼时才需要提及,当企业一帆风顺时,更需要提出这个问题,并且需要深思熟虑,详加研究,因为假如没有及时提出这个问题,可能导致企业快速衰败。"我们的事业是什么"是决定企业成败的最重要的问题。

有学者认为,战略问题在实践中比较清楚,至少需要回答"做什么、如何做、由谁做"这三方面的实践问题,从理论上阐明"为何生、凭啥存、因何亡"之缘由,以实现组织"活得了、活得好、活得久"之目标。

战略实践"做什么、如何做、由谁做"三个层面的问题共生互应,构成了企业战略的完整体系。许多企业在战略上成为"理论巨人、行动矮子",很大程度上就是因为只重视战略的"做什么",而忽视战略的"如何做、由谁做"。而战略中心命题作为一个整体,所解决的就是企业经营实践中所遇到的最根本的"方向正确、运作高效、心情舒畅"的有机结合问题,即让人愉快、高效地做正确的事并取得成果,从而体现出管理的科学性、艺术性和道德性。这既是战略管理的出发点,也是其最终归宿之所在。

知识链接

战略思考框架

组织生存之道:活得了、活得好、活得久!

战略中心命题:做什么?如何做?由谁做?

理论关注重点:为何生、凭啥存、因何亡?

实践质疑:三问题——业务是什么?应该是什么?为什么?

(资料来源:项保华.战略管理:艺术与实务[M].上海:复旦大学出版社,2007.)

1.1.4 战略管理的原则

(1)因应环境原则。适应环境是企业战略管理的基本前提和基础,进行战略管理要求企业随时监视和扫描内外部环境的动态变化,深入分析机会与威胁的存在方式和影响程度,以便制定恰当的战略和及时修订现行的战略。成功的企业战略重视企业与环境的互动关系,使企能够适应、利用甚至影响环境的变化。

（2）全过程管理原则。成功的战略管理要求将战略分析、战略制定、战略实施和战略控制作为一个完整的过程来加以管理，不可忽视其中任一阶段，以确保战略的权威性、一贯性和高效性，确保企业整个经营管理过程都处于战略指导之下，从而更好地实现企业战略目标。

（3）整体最优原则。战略管理将企业看作一个不可分割的整体，以整体和全局的观点来管理企业，它不强调企业某个战略业务单元或某个职能部门的重要性，而是强调通过制定企业的使命、愿景和目标来协调和统一各部门各单位的活动，使之形成合力，提高企业整体的优化程度，获得企业整体的成功。管理学中有"米格-25效应"讲的就是这个整体最优原则，苏联研制的米格-25喷气式战斗机的许多零部件与美国的相比都落后，但因设计者考虑了整体性能，故能在升降、速度、应急反应等方面成为当时世界一流，因此，所谓最佳整体，乃是个体的最佳组合。

（4）全员参与原则。战略管理不仅要求企业高层管理者的正确决策，也要求企业中下层管理者及全体员工的广泛参与和全力支持。战略制定更多依靠高层管理者的慎重抉择，而战略实施却主要依赖中下层管理者及全体员工的投入。因此，只有让员工普遍参与到战略管理活动中来，才能得到广大员工的支持，减少企业战略执行的困难和障碍，保证企业战略实施获得成功。当然，企业中不同层级的人员在战略管理中的角色应该是不同的，如表1-1所示。

表1-1 战略管理中员工的角色定位

角色	角色承担者
战略决策者	董事会与高层管理团队（包括首席执行官、高层管理人员等）
战略制定者	以董事会、首席执行官及其任命的战略设计小组或战略顾问团队为主，高层管理团队和全体员工参与
战略管理者	以高层管理团队为核心，全部管理人员参与，最终能达到人人是战略管理者
战略实施者	全体员工

（5）反馈修正原则。企业战略管理是一个周而复始、螺旋上升的动态管理过程，它关心的是企业长期、稳定的发展。由于环境在不断发生变化，因而在战略实施过程中，只有不断地跟踪、反馈和调整才能确保企业战略的适应性，对现行战略管理的评价和控制就是新一轮企业战略管理的开始。

1.2 战略管理的层次及过程

1.2.1 战略管理的层次

在大中型企业中，企业的战略可以划分为三个重要的层次：公司战略（也称为企业总体战略）、竞争战略（也称为经营战略、事业部战略、业务战略）、职能战略。对应这三个层次的战略，战略管理也存在公司层面战略管理、竞争层面战略管理和职能层面的战略管理，这三个层次的战略管理同时与企业的组织结构相对应。如图1-7所示为企业组织机构与战略管理层次的对应关系。

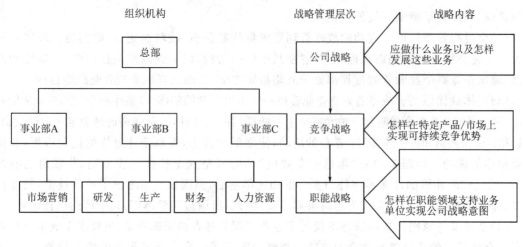

图 1-7　企业组织机构与战略层次的对应关系

公司战略研究的对象是由一些相对独立的事业部(业务单元)组合成的企业整体。公司战略是公司的战略总纲和最高行动纲领,主要内容包括企业战略决策的一系列最基本的因素,是企业存在的基本逻辑关系或基本原因,强调公司应做的业务及怎样发展这些业务。

(1)应该做什么业务?即确定企业的性质和宗旨,确定企业活动的范围和重点。应做业务不仅决定着企业的经营状况,而且还能决定企业在外部市场环境中的地位,因而是企业生存和发展的根本问题。企业服务的消费者群体的类型、消费者需要的满足程度、企业采用的技术类型、企业向市场提供的产品类型等结合起来就确定了企业活动范围和重点。

(2)怎样去发展这些业务?在企业各种不同的活动中,应当如何决定资源分配的先后次序?企业高层管理者的一个重要任务就是以提高企业整体绩效为前提,根据企业内部资源发挥作用的潜力和可能性,权衡每一项业务活动对企业内部资源的需要,按照轻重缓急合理地配置资源。对于企业来说,合理地配置资源是至关重要的。因为一方面,企业内部各个部门往往都在相互争夺有限资源;另一方面,资源投入于不同业务领域的效益大不相同。

竞争战略是在总体性的公司战略指导下经营管理某一个特定的战略经营单位的战略计划,是公司战略之下的子战略。竞争战略重点强调公司产品或服务在某个产业或事业部所处的细分市场中竞争地位的提高。竞争战略涉及企业在它所从事的某一个行业经营领域中扮演什么样的角色,以及在战略经营单位里如何有效地利用好配给的资源。

职能战略是为贯彻、实施和支持公司战略与竞争战略而在企业特定的职能管理领域制定的战略。职能战略的重点是以企业资源的利用效率最大化来实现公司和事业部的目标和战略。在企业既定的战略条件下,企业各层次职能部门根据职能战略采取行动,集中各部门的潜能,支持和改进公司战略的实施,保证企业战略目标的实现。职能战略由一系列详细的方案和计划构成,涉及企业经营管理的所有领域,包括财务、生产、营销、研究与开发、采购、储运、人力资源等各职能部门。

1.2.2　战略管理的过程

战略管理是做出关系到企业未来发展方向的重大决策并将这些决策付诸实施的动态管理过程。一个规范的、全面的战略管理过程可大体分解为四个阶段:战略分析、战略制定、战略实施、战略评价与控制，如图1-8所示。

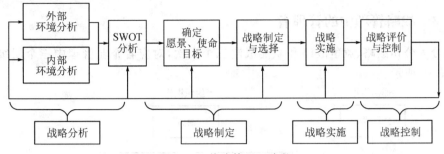

图1-8 战略管理四阶段

战略分析是企业战略管理的关键环节，是企业确定科学合理的战略目标、制定和实施正确战略的前提与基础，其目的是要全面认识和了解企业内外部的环境，找到影响企业成功的关键战略因素。

一般来说，战略分析包括外部环境分析和内部环境分析两大部分。外部环境分析又包括宏观环境分析和产业环境分析两个层面。宏观环境分析一般从政治因素、经济因素、社会文化因素及科技因素四个方面展开，是对影响企业经营的宏观、间接因素的分析。产业环境分析包括行业特性分析、竞争结构分析及竞争对手分析等内容，是对企业所处行业的状况进行分析，这是企业外部环境中和企业关系比较密切、对企业经营有直接影响的方面。企业外部环境分析的目的是寻找和发现外部环境所提供的有利于企业发展的机会，以及规避存在的对企业的威胁。

企业的内部环境就是企业内部的状况，也就是企业所具备的条件与素质，包括企业生产经营的现状、企业的资源与能力、企业文化等方面。企业内部环境分析的目的是发现企业所具备的优势和劣势，以便在制定和实施战略时能扬长避短、发挥优势，有效地利用和发挥企业的资源与能力。

战略制定与选择过程实质上就是战略决策过程，主要任务是根据企业对战略环境的分析和认识，制定和选择企业目标与战略，完成企业战略系统的构建工作。构建一个完整的企业战略系统必须建立两个子系统：企业战略目标体系和企业战略体系。构建企业战略目标体系即确定企业的战略目标，该体系又包括愿景、使命和目标三个层面，为企业指出了长远的发展方向，回答了"我是谁""到哪儿去"的问题。构建企业战略体系即根据企业组织的层次结构，按照总体战略、竞争战略和职能战略三个层次制定并选择企业战略，战略系统的构建为企业提出了实现战略目标的途径和手段，回答了"如何去"的问题。

当企业构建起了完整的战略系统，确定了战略方案后，就必须将其付诸实施，通过具体化的实际行动实现战略目标。这一阶段的主要任务是，根据战略方案的要求，调整企业组织结构，分配职能工作，进行资源配置，并通过计划、预算等落实执行既定战略。

要保证企业战略的有效实施，实现既定的战略目标，必须对战略实施的全过程进行有效控制。因此，企业高层必须全面及时掌握战略实施的确切情况，及时进行信息反馈，将实际战略绩效与预定战略目标进行比较，如二者有显著的偏差，就应当采取有效的措施进行纠正，使战略实施沿着既定轨道和方向前进。当战略分析不周、判断有误，或是企业内外部环境发生了未曾预想的变化而引起战略方向的偏差时，就需要重新审视环境，制定新的战略方案，开启新一轮的战略管理过程。

1.2.3 战略管理中的管理者

战略分为公司战略、竞争战略和职能战略三个层次,对应着企业管理中三个层级的管理者,如图1-9所示。

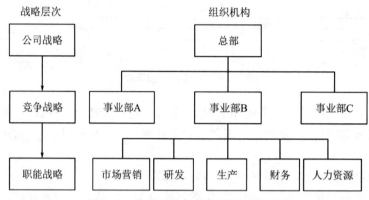

图1-9 战略层级与管理者层级的关系

1)公司层的管理者

公司层的管理者包括董事会成员、首席执行官(CEO)、其他高级经理和公司层职员。这些人占据了组织内决策的最高点。董事长和CEO是高层管理者的核心,在其他高层主管的协助下负责组织的整体战略,包括定义组织的使命和目标,决定开展哪些业务,在不同的业务间分配资源,制定和实施跨业务的战略。以格力电器为例,公司主营家用空调、中央空调、空气能热水器、手机、生活电器、冰箱等产品。董事长兼总裁董明珠的主要战略职责是在不同的业务领域间分配资源,决定公司是否应当进入某些新的业务或是否应当退出某些业务,也就是说,她有权决定跨部门的战略,她所关注的是建立和管理业务组合以保证公司利润最大化。

2)业务层管理者

业务单位是一个相对完整的事业部(具备如财务、采购、生产和营销部门等各种职能),为某一特定的市场提供产品和服务。事业部的负责人的战略角色是将公司层的指示和意图转换成具体的业务战略。公司层管理者关注跨业务战略,业务层管理者关心具体业务的战略。比如对格力电器来讲,公司的主要目标是在所经营的所有业务领域中占据一定的竞争地位。各事业部的管理者们则据此制定自己部门的具体战略。

3)职能层管理者

职能层管理者负责组织公司或事业部的具体业务的职能或运营(如人力资源、生产、研发等)。职能层管理者的职责范围通常局限于某一具体的组织活动,尽管无须为公司的整体绩效负责,但职能层的管理者也有自己的重要战略角色:制定涉及本领域内的职能战略,协助达成业务层和公司层管理者的战略目标;比公司层和业务层管理者更接近基层和市场,能够给上层提供更多的信息;同时肩负重大的责任——战略实施,执行公司层和业务层的战略。

1.3 愿景与使命

企业在形成自己的战略时,首先需要构想企业的愿景、界定其所承担的使命和确定企业在战略规划期的目标,从而为企业战略的制定提供基础性的依据。愿景和使命共同表达了企业的根本特征及其从事的事业领域,并指明了企业发展的方向。愿景与使命引导着企业的战略,而战略又为愿景与使命的实现提供了具有一致性的方案。

1.3.1 愿景

20世纪80年代后期尤其是进入90年代以后,企业经营环境的挑战使得战略管理理论研究开始重视愿景驱动型管理,哈默和普拉哈拉德提出的"战略意图"(strategic intent)、彼得·圣吉提出的共同愿景(shared vision)及吉姆·柯林斯和杰里·波拉斯提出的"愿景型企业"(visionary company)是其中比较有影响力和代表性的观点。这一现象充分表明,20世纪90年代以来的战略管理理论更加注重远大目标对企业变革与长期发展的激励作用,更加注重战略的未来导向与长期效果。

愿景是组织为自己制定的长期为之奋斗的目标,是用文字描绘的企业未来图景。愿景是一个主体对于自身想要实现目标的具体刻画。愿景包含着两层内容:其一是"愿望",指有待实现的意愿;其二是"景象",指具体生动的图景。愿景的概念其实并不神秘、抽象,在解释愿景时,西方有教科书曾用了一幅漫画,画中一只小毛毛虫指着它眼前的蝴蝶说,那就是我的愿景。愿景需要回答以下三个问题:我们要到哪里去;我们未来是什么样的;目标是什么。优秀的组织都应建立共同愿景,共同愿景是组织成员普遍接受和认同的组织的长远目标,阐述了人们希望达到什么目标,是他们就所能达到的理想的未来状况形成的概念。共同愿景不同于一般的短期目标,它描绘了一幅更远大的前景。

1.3.2 使命

20世纪70年代,彼得·德鲁克(Peter F. Drucker,1909—2005)在《管理:任务、责任和实践》一书中提出了三个问题:我们的业务是什么(what is our business)、我们将成为什么(what will it be)、我们应该是什么(what should it be),这就是当代有关企业使命陈述的思想来源。所有企业都会面临且必须回答这三个问题,这样就形成了企业使命。所谓企业使命是指企业在社会经济生活中所担当的角色和责任,是企业存在的目的和理由,是目前和未来将要从事的经营业务范围。企业使命是企业存在的宣言,它揭示了企业存在的目的、发展方向及生存的意义等根本性问题。

界定使命,必须包括以下内容:目标顾客是谁;顾客的需求是什么;从事什么技术和活动来满足目标顾客的需求;如何看待股东、客户、员工、社会的利益。

(1) 我们的事业是什么,即企业的经营业务范围。

(2) 顾客群,即企业需要满足的对象是谁。企业必须对此做出明确的回答。因为顾客群代表的是一个需要提供服务的购买者的类型,需要覆盖的市场和地理区域。

(3) 顾客的需求是什么,一般来讲,企业产品或服务只有在满足顾客的某种需求和需要的时候,它才具有重要的意义,才真正成为企业的一项业务。

(4) 满足顾客的需求的方式，即企业采用什么样的技术和活动来满足顾客的需求。这一点的重要性表现在企业如何满足顾客的需求，即企业生产经营活动的重点放在价值链的哪些方面。

(5) 如何看待股东、客户、员工、社会的利益，即如何对待利益相关者的利益问题。

在实践中，企业能够用一个简单明了的句子，阐述企业所服务的需求、目标市场以及所开展活动的方式等问题的确是一个挑战。各个公司的阐述方式是不一样的，他们所要实现的战略也是不同的。例如，波士顿咨询公司提出"我们的使命是协助客户创造并保持竞争优势，以提高客户的业绩"。要达到这个目标并制定成功的策略，我们需要探讨问题的起因及根源，并对其进行系统化分析，以制定成功的策略。英特尔的业务使命就是要"成为全球新计算机行业最重要的供应商"。沃尔玛提出："In everything we do, we're driven by a common mission: We save people money so they can live better."中国移动对自己企业使命的描述：创无限通信世界，做信息社会栋梁。

若干著名企业的愿景与使命表述，如表1-2所示。

表1-2 若干著名企业的愿景与使命

企业	标识	愿景	使命
阿里巴巴	阿里巴巴 Alibaba.com	我们旨在构建未来的商务生态系统。我们的愿景是让客户相会、工作和生活在阿里巴巴，并持续发展最少102年	让天下没有难做的生意
京东	京东 挑好物上京东	成为全球最值得信赖的企业	让生活变得简单快乐
顺丰	SF EXPRESS 顺丰速运	成为最值得信赖的、基于物流的商业伙伴	客户满意、员工满意、社会满意
万科	vanke 万科	成为中国房地产行业持续领跑者，卓越的绿色企业	赞美生命，共筑城市
欧派	OPPEIN 欧派	把欧派打造成一个受人尊敬、受人爱戴的中国著名的、有一定国际影响力的创意家居集团	努力发展成为更好更大的企业集团，为用户提供更舒适的家居产品和服务，从而更好地实现为企业创效益，为员工谋福利，为社会做贡献的"三赢"目标
伊利	伊利	成为全球最值得信赖的健康食品提供者	不断创新，追求人类健康生活
中兴	ZTE中兴	让沟通与信任无处不在	网络联接世界，创新引领未来

续表 1-2

企业	标识	愿景	使命
格力	GREE 格力	缔造全球领先的空调企业，成就格力百年的世界品牌	弘扬工业精神，追求完美质量，提供专业服务，创造舒适环境
中国宝武	BAOWU	成为全球钢铁业引领者	共建高质量钢铁生态圈
京东方	BOE	成为地球上最受人尊敬的伟大企业 1.显示和相关传感领域的全球领导者 2.相关智慧产品和服务领域全球领先者 3.生命科技和智慧健康服务领域全球典范	持续创新，为用户提供令人激动的产品、服务和体验，为利益相关者创造最大价值，为人类文明进步做贡献
王力集团	WONLY 王力集团	引领世界门锁业潮流	让每个家庭享受智能安全生活

关键词

战略（strategy）　　　　　　　　战略管理（strategic management）
公司战略（corporate strategy）　　竞争战略（competitive strategy）
职能战略（function strategy）　　　愿景（vision）
共同愿景（shared vision）　　　　使命（mission）

课后测试

1. 1938 年，（　　）在《经理人员的职能》一书中，首次将组织理论从管理理论和战略中分离出来，认为管理和战略主要是与领导人有关的工作，同时提出"匹配"这一主张。
　　A. 克劳塞维茨　　　B. 安索夫　　　C. 波特　　　D. 巴纳德

2. 将战略划分为四个构成要素即市场机遇、公司能力、个人价值和渴望以及社会责任的学者是（　　）。
　　A. 克劳塞维茨　　　B. 安索夫　　　C. 安德鲁斯　　　D. 巴纳德

3. 尽管对战略管理要素概念论述差异较大，但大都是以美国学者（　　）的产品市场战略为核心展开的。
　　A. 钱德勒　　　B. 安索夫　　　C. 波特　　　D. 拜亚斯

4. （　　）在其 1978 年的著作《战略制定》中把战略看作是企业大计划中的一个构成部分，企业大计划包括目标、战略、方针三个构成部分，其中"战略"由经营领域、资源配置、竞争优势、协同作用四个部分组成，他们特别强调了资源配置这一要点。
　　A. 霍弗和申德尔　　　B. 安索夫　　　C. 安德鲁斯　　　D. 巴纳德

5. 市场渗透战略是由企业现有产品和（　　）结合而成的战略。

A. 原有市场　　　　B. 现有市场　　　　C. 相关市场　　　　D. 新市场

6. 战略管理讲"全员参与",但企业中不同层级的人员在战略管理中的角色应该是不同的,更多参与战略实施的是(　　)。

A. 董事长　　　　　　　　　　　　B. CEO
C. 企业高层管理者　　　　　　　　D. 中基层管理者以及一线员工

7. "怎样在特定产品/市场上实现可持续竞争优势"属于哪个层次战略所要解决的问题?(　　)

A. 企业总体战略　　B. 公司战略　　C. 竞争战略　　D. 职能战略

8. "应做什么业务以及怎样发展这些业务"属于哪个层次战略所要解决的问题?(　　)

A. 事业部战略　　B. 公司战略　　C. 竞争战略　　D. 职能战略

9. "外部环境分析和内部环境分析"是战略管理过程中哪个环节的活动内容?(　　)

A. 战略分析　　B. 战略制定　　C. 战略实施　　D. 战略评价与控制

10. (　　)在《第五项修炼》中提出了共同愿景的观点。

A. 哈默和普拉哈拉德　B. 彼得·圣吉　C. 吉姆·柯林斯　D. 杰里·波拉斯

11. 下列不属于愿景要回答的问题的是(　　)。

A. 组织要到哪里去　　　　　　　　B. 组织未来是什么样的
C. 组织目标是什么　　　　　　　　D. 如何看待股东、客户、员工、社会的利益

复习与思考

1. 什么是企业战略? 如何正确理解企业战略?
2. 企业战略有什么重要特征?
3. 什么是企业战略管理?
4. 战略管理研究与实践的基本问题是什么?
5. 如何理解三个层次的战略?
6. 企业战略管理经历哪几个阶段?
7. 如何理解愿景与使命?
8. 界定使命应明确哪些内容?

知识拓展

[1] 曹仰锋. 第四次管理革命转型的战略[J]. 企业管理,2019(9):15-23.

[2] 周施恩. 央企愿景陈述构造范式解读:国务院国资委监管企业的全样本分析[J]. 企业研究,2018(8):50-56.

[3] 彭涛,王凯. 企业愿景与使命陈述对企业绩效的影响[J]. 管理现代化,2014,34(3):78-80.

[4] 佟瑞,李从东,汤勇力,等. 基于战略愿景与使命的产业技术路线图研究[J]. 科学学与科学技术管理,2010,31(11):88-93.

[5] 裴中阳. 使命与愿景:企业历久不衰的真谛[J]. 现代企业文化,2010(21):66-70.

第 2 章　当代主要战略管理理论

管理名言

战略研究中存在的"盲人摸象"现象:"如同盲人摸象,没有人具有审视整个大象的眼光,每个人都只是紧紧抓住战略形成过程的一个局部,而对其他难以触及的部分一无所知。而且,我们不可能通过简单拼接大象的各部分去得到一头完整的大象,因为一头完整的大象并非局部的简单相加。不过,为了认识整体,我们必须先理解局部。"

——亨利·明茨伯格

学习目标

1. 了解、掌握波特理论的基本内容。
2. 了解五力模型、价值链分析等分析工具。
3. 了解、掌握资源基础理论基本观点。
4. 了解 VRIO 分析框架。
5. 了解、掌握动态竞争理论基本观点。

引入案例

基于"五力模型"的华为"七力模型"分析

2019 年可谓华为公司的多事之年。这家刚刚进入而立之年的年轻中国公司,以不同寻常的步伐登上了世界舞台。

过去只和电信运营商打交道卖交换机的 ToB 公司,成了与百姓生活息息相关卖手机的 ToC 公司;过去蜗居深圳不知名的民营小企业,成了"不仅仅是世界 500 强"的世界级公司。上至国家,下至普通消费者,窄到街谈巷议,宽到网络媒体,一年之间华为的话题好像没断过。突如其来的危机,使任正非也不得不由过去只见客户不见媒体,变成了媒体常客。

抚今追昔,强烈感受到今天的华为,早已超越了"五力模型"的范围,直面"七面来风"的压力。中国人民大学杨杜教授曾提出建立在"五力模型"之上的"七力模型"(见图 2-1),目前华为遇到的,恰恰就是来自政府的政策法规变化威胁力和合作者能力的巨大挑战。只是没有想到这个政策法规变化威胁力来自国外,这个合作者的风力又如此强劲。

面对美国商务部重新修改的产品规则,华为没有选择等待,而是积极寻找解决方案,对于现在的华为来说,如果新规则在 2020 年 9 月 14 日正式实施,那么给华为带来的影响是全方位的,首先就是产业链将面临洗牌,只要涉及美国方面的技术和产品的供应商,如果没有拿到美国商务部的许可证,那么将无法给华为供货。

其次,华为海思半导体也面临停摆的危机,我们要知道,芯片最基本的三个环节就是设计、制造和封测,现在因为美国的新规则,导致华为海思芯片在设计、制造环节面临断供的危机,虽

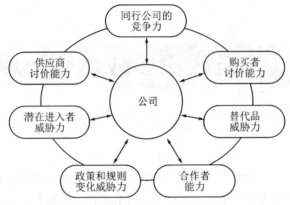

图2-1 基于"五力模型"的七力模型

然华为海思芯片都是自研,但是在设计工具上还需要美国的 EDA 工具,另外在制造环节,以前都交给台积电代工制造,但是目前从台积电的表现来看,情况不容乐观。

2020年6月初,据台湾地区有关媒体报道,台积电已经开放了原本属于华为第四季度的产能,引起了包括苹果、高通以及联发科等手机芯片厂商的抢购,这也意味着华为在第四季度的情况变数非常大,而台积电为了营收,不得不将华为的产能分出去,这对华为来说可不是好消息。

三星可能将为华为海思芯片代工,作为双方交易的筹码,华为将让出部分市场的份额,虽然这个消息目前没有得到华为和三星的官方承认,但是从目前的趋势来看,这个消息还是有几分可信度,前不久,三星就已经采用了日本和欧洲的技术,建设了一条7nm的芯片生产线,目的非常明确,那就是为华为准备的。

对于华为来说,除了和三星寻求合作之外,华为还有很多备选方案,首先就是加大关键芯片的存储量,另外华为和中芯国际也加深了合作,双方或另辟蹊径,比如N+1和N+2方案,也能达到7 nm水准,虽然性能上稍逊台积电的7 nm工艺,但是也能解决华为的燃眉之急。

(资料来源:杨杜.华为,活着是硬道理[J].企业管理 2020(1).)

"盲人摸象说",是加拿大管理学家亨利·明茨伯格与他的合作者在研究战略管理时提出来的。战略问题,本来是古代军事家就已关注的问题。但把它视为"管理活动的高端任务",并形成一个独立的战略学派,是从20世纪60年代开始的,一直延续至今。有管理学家认为,现在就是一个战略管理的时代。学者们对战略形成问题的看法很不一致,亨利·明茨伯格与他的合作者为解决这一管理理论研究上的难题,他们查阅了近2000种有关战略管理的文献,历经二十年的深入研究,于1998年出版了他们的专著《战略历程:穿越战略管理旷野的指南》一书。根据理论基础、研究方法与研究角度的不同,他们认为,战略管理研究先后形成了十大学派:设计学派、计划学派、定位学派、企业家学派、认知学派、学习学派、权力学派、文化学派、环境学派、结构学派(见表2-1)。"每个学派的独特观点只是聚焦于战略形成的某一方面。在某种意义上,每一种观点都是片面且夸张的;但从另一个角度看,它们又都非常有趣且深刻。这"十大流派"分别从不同角度反映了战略形成的客观规律,相互补充共同构成较为完整的战略理论体系,为理论研究者与战略决策者提供了极为系统的战略发展历史线索。总体来说,20世纪60年代,对战略管理的研究更多侧重于战略管理理论及其框架的构建方面;70年代开始注意战略管理理论与实践的结合;而随着企业战略理论和企业经营实践的发展,企业战略理论的研究重点逐步转移到企业竞争方面,特别是20世纪80年代以来,西方经济学界和管理学界一直将企业竞争战略理论置于学术研究的前沿地位,从而有力地推动了企业竞争战略理论的发展。回顾战略管理发展历程,当前,企业竞争战略理论有三大主要战略学派:行业结构学派、资源基础理论(资源学派)和动态竞争理论。

表 2-1 战略管理理论的"十大流派"

流派名称	代表人物	主要观点	流派名称	代表人物	主要观点
设计学派	安德鲁斯	战略形成是一个深思熟虑孕育的过程	学习学派	奎因	战略形成是一个自发的过程
计划学派	安索夫	战略形成是一个程序化的过程	权力学派	普费弗	战略形成是一个协商的过程
定位学派	波特	战略形成是一个分析的过程	文化学派	莱恩曼	战略形成是一个集体思维的过程
企业家学派	科林斯和摩尔	战略形成是一个构筑愿景的过程	环境学派	明茨伯格	战略形成是一个适应性过程
认知学派	斯道	战略形成是一个心理作用的过程	结构学派	米勒	战略形成是一个变革的过程

(资料来源:亨利·朋茨伯格.战略历程:纵览战略管理学派[M].魏江,译.北京:机械工业出版社,2006.)

2.1 行业结构学派

2.1.1 代表人物

在以梅森-贝恩(SCP)分析框架为基本体系的传统行业组织理论基础上,20世纪80年代初,迈克尔·波特将竞争战略逻辑思维融入其中,提出、发展了行业结构学派,其竞争战略理论很快取得了战略管理理论的主流地位。迈克尔·波特,美国哈佛商学院教授,商业管理界公认的"竞争战略之父",他先后多次获得美国大卫·威尔兹经济学奖、亚当·斯密奖、麦肯锡奖,其最有影响的著作有《品牌间选择、战略及双边市场力量》(1976)、《竞争战略》(1980)、《竞争优势》(1985)、《国家竞争优势》(1990)、《日本还有竞争力吗?》(2000)等。其中《竞争战略》《竞争优势》《国家竞争优势》被称为"竞争战略三部曲"。迈克尔·波特开创了企业竞争战略理论并引发了美国乃至全世界的关于"竞争优势"的大讨论。

> 知识链接

SCP 分析框架

SCP 理论是 20 世纪 30 年代哈佛大学学者创立的产业组织分析的理论。最初由哈佛大学梅森首先提出,1959 年贝恩在其《产业组织》一书中研究了产业集中度、产品差异化、产业进入壁垒等因素对市场机构和企业经营绩效的影响,标志着该学派理论的成熟。舍勒(1970)在此基础上确定了结构—行为—绩效(SCP)的产业组织学派经典分析框架(见图 2-2)。波特在 1980 年出版的《竞争战略》一书进一步发展了产业组织学派的理论。作为正统的产业组织理论,哈佛学派以新古典学派的价格理论为基础,以实证研究为手段,按结构、行为、绩效对产业进行分析,构架了系统化的市场结构(structure)—市场行为(conduct)—市场绩效(performance)的分析框架,该范式成为传统产业组织理论分析企业竞争行为和市场效率的主要工具。

图 2-2 SCP 分析框架

SCP 模型从对特定行业结构、企业行为和经营绩效三个角度来分析外部冲击的影响。外部冲击:主要是指企业外部经济环境、政治、技术、文化变迁、消费习惯等因素的变化;行业结构:主要是指外部各种环境的变化对企业所在行业可能的影响,包括行业竞争的变化、产品需求的变化、细分市场的变化、营销模型的变化等;企业行为:主要是指企业针对外部的冲击和行业结构的变化,有可能采取的应对措施,包括企业方面对相关业务单元的整合、业务的扩张与收缩、营运方式的转变、管理的变革等一系列变动;经营绩效:主要是指在外部环境方面发生变化的情况下,企业在经营利润、产品成本、市场份额等方面的变化趋势。

贝恩认为,新古典经济理论的完全竞争模型缺乏现实性,企业之间不是完全同质的,存在规模差异和产品差别化。产业内不同企业的规模差异将导致垄断。贝恩特别强调,不同产业具有不同的规模经济要求,因而它们具有不同的市场结构特征。市场竞争和规模经济的关系决定了某一产业的集中程度,产业集中度是企业在市场竞争中追求规模经济的必然结果。一旦企业在规模经济的基础上形成垄断,就会充分利用其垄断地位与其他垄断者共谋限制产出和提高价格以获得超额利润。同时,产业内的垄断者通过构筑进入壁垒使超额利润长期化。因而,SCP 分析范式把外生的产业组织的结构特征(规模经济要求)看作是企业长期利润的来源。

2.1.2 理论的主要内容

1)企业战略的核心

企业战略的核心是获取竞争优势。波特认为,影响竞争优势的因素有两个:一是企业所处产业的赢利能力,即产业的吸引力;二是企业在产业中的相对竞争地位。因此,竞争战略的选择应基于以下两点考虑:①选择有吸引力的、高潜在利润的产业。不同产业所具有的吸引力以及带来的持续赢利机会是不同的,企业选择一个朝阳产业,要比选择夕阳产业更有利于提高自己的获利能力。②在已选择的产业中确定自己的优势竞争地位。在一个产业中,不管它的吸引力以及提供的赢利机会如何,处于竞争优势地位的企业要比劣势企业具有较大的赢利可能性。

2）确立竞争战略的基石和战略制定的起点——行业结构分析

波特认为,构成企业环境的最关键部分就是企业投入竞争的一个或几个行业,行业结构极大地影响着竞争规则的确立以及可供企业选择的竞争战略。因此,要正确选择有吸引力的产业以及给自己的竞争优势定位,必须对将要进入的产业结构状况和竞争环境进行分析。

3）行业竞争结构分析的"五力模型"

为分析行业竞争结构,波特建立了"五力模型",他认为一个行业的竞争状态和赢利能力取决于五种基本竞争力量之间的相互作用,即进入威胁、替代威胁、买方讨价还价能力、供方讨价还价能力和现有竞争对手的竞争,而其中每种竞争力量又受到诸多经济技术因素的影响。

4）三种基本竞争战略

波特提出了赢得竞争优势的三种基本竞争战略:总成本领先战略、差异化战略、聚焦战略。总成本领先战略也称为低成本战略,是指企业通过有效途径降低成本,使企业的全部成本低于竞争对手的成本,甚至是在同行业中最低的成本,从而获取竞争优势的一种战略。所谓差异化战略,是指为使企业产品与竞争对手产品有明显的区别,形成与众不同的特点而采取的一种战略,这种战略的核心是取得某种对顾客有价值的独特性。聚焦战略也称为集中化战略,是企业或事业部的经营活动集中于某一特定的购买者集团、产品线的某一部分或某一地域市场上的一种战略,这种战略的核心是瞄准某个特定的用户群体,某种细分的产品线或某个细分市场。

5）战略群组分析和价值链分析

(1)战略群组分析。战略群组是指一个产业内执行同样或类似战略并具有类似战略特征或战略地位的一组企业。战略群组分析是战略分析工具之一,主要步骤为:以产品种类、产品的地域覆盖、销售渠道、产品品质、所用技术、纵向整合程度、研发投入强度等战略维度为基础,把同一产业中的企业划分为若干战略群;对战略群内企业间的竞争状况进行分析;对战略群之间的竞争状况进行分析。在一个产业中,同一战略群组企业间的竞争更加直接,战略分析时应特别关注。

(2)价值链分析。波特提出,价值链活动是竞争优势的来源,企业有许多资源、能力和活动,如果把企业作为一个整体来考虑,就无法识别其竞争优势,这就必须把企业活动进行分解,通过考虑这些单个的活动本身及其相互之间的关系来确定企业的竞争优势。企业的生产经营活动可以分成基本活动和支持活动两大类:基本活动是指生产经营的实质性活动,一般可以分为原料供应、生产加工、成品储运、市场营销和售后服务五种活动。这些活动与商品实体的加工流转直接相关,是企业的基本增值活动。支持活动是指用以支持主体活动而且内部之间又相互支持的活动,包括企业投入的采购管理、技术开发、人力资源管理和企业基础结构。企业的基本职能活动支持整个价值链的运行,而不与每项主体直接发生联系。

总体来讲,波特的竞争战略理论的基本逻辑是:①产业结构是决定企业盈利能力的关键因素;②企业可以通过选择和执行一种基本战略影响产业中的五种作用力量(即产业结构),以改善和加强企业的相对竞争地位,获取市场竞争优势(低成本或差异化);③价值链活动是竞争优势的来源,企业可以通过价值链活动和价值链关系(包括一条价值链内的活动之间及两条或多条价值链之间的关系)的调整来实施其基本战略。

2.2 资源基础理论

2.2.1 代表人物

在彭罗斯理论的基础上,沃纳菲尔特、鲁梅尔特、巴尼、格兰特、普拉哈拉德和哈默、皮特瑞夫、柯林斯和蒙哥马利等众多学者,构造了资源战略绩效分析框架,发展起资源基础理论(resource-based theory,RBT)(也被称为资源学派)。

1959年彭罗斯在《企业成长理论》一书中,用经济学原理探讨了企业资源与企业成长间的关系,提出了"组织不均衡成长理论"。针对传统理论将企业看作"黑箱"的问题,她认为,企业应该是"被一个行政管理框架协调并限定边界的资源集合",企业成长的源泉来自企业的内部资源,正是企业内部的资源和能力构筑了企业绩效和发展方向的坚实基础。她认为企业成长的主因是"组织剩余"。企业的生产要素是一种动态的组合过程,它会随着时间或学习而有剩余,此概念也是资源基础理论的先导来源。她在深入分析了作为企业成长基础的企业资源和能力的突出特征和功能后,强调资源和能力是企业获得持续竞争优势的源泉。彭罗斯认为生产性服务的异质性赋予每个企业以独具的特征,而每个企业扩张的方向必然受到所"继承的"(inherited)资源的制约。因此,企业倾向于围绕着自己最擅长的领域进行竞争和扩张。她所认为的企业是战略资源的集合体,可以说,企业是战略资源集合体的观点将目标集中在资源禀赋和要素市场上,强调要素市场而不是产品市场形成了决定企业成功的环境。企业能否获得和保持竞争优势,取决于企业在"有缺陷的"和"不完全的"要素市场中获取并开发战略资产的能力。由于要素市场是有缺陷的和不完全的,在获取、模仿、替代战略资源和投入要素方面就存在进入障碍,这些障碍阻止了竞争者获得和复制企业战略资源的可能,由此造成了企业相互之间的异质性,并使企业获得持续竞争优势成为可能。

1984年,沃纳菲尔特在《战略管理杂志》上发表了《基于资源的企业观》(A Resource-based View of the Firm),这被认为是资源基础理论的开篇之作。沃纳菲尔特借鉴了彭罗斯的观点,明确提出了"资源基础观念"(resource-based view,RBV)一词,提出企业是一个资源集合体,企业拥有或者控制的资源影响着企业的竞争优势和收益水平,把企业视为有形与无形资源的独特组合而非产品市场的活动,并以"资源"代替"产品"的思考角度来进行企业战略决策。由此将人们习惯的企业战略思考角度由"产品"观念转变为"资源"观念。此种转变将战略制定的基础由外部的"产业结构分析",逐步转移到内在资源与能力分析的"资源基础观念"上。

1984年,鲁梅尔特在《企业战略理论》一文中对随机因素在决定企业绩效中的作用进行了研究。他认为,公司可能一开始是同质化的,但事后看来是不同的,不能完美地相互模仿,他依据资源基础观中的假设提出"异质资源禀赋"(heterogeneous resource endowments)对此做了解释。

1986年,巴尼在《战略要素市场:预期、运气和商业战略》中探讨企业的竞争优势时,发现企业可由本身的资源与能力的积累与培养,形成长期且持续性的竞争优势,称之为"资源基础模式"。继而又指出,如果战略资源在所有相互竞争的企业中均匀分布而且高度流动的话,企业就不可能预期获得持续的竞争优势。某些企业之所以能在产品市场上获得竞争优势就是因为它们能够通过不完全竞争的战略要素市场获得低价高产出的战略资源。总的来说,RBV开始使人们相信企业可以通过提高资源的拥有量及资源的使用效率来使企业获得竞争优势。

随着沃纳菲尔特等人提出的 RBV 越来越受到重视,不少学者也开始思考 RBV 是否是一个新的企业战略理论,首先将 RBV 以"理论"一词称呼的便是罗伯特·M·格兰特。1991 年,他在《基于资源的竞争优势理论——对战略制定的启示》(The Resource-Based Theory of Competitive Advantage: Implication for Strategy Formulation)一文中指出,探讨战略与资源的关系应主要从两个层面进行:①在公司战略方面,探讨资源决定企业活动的产业或地理边界所扮演的角色;②在事业部战略方面,探讨资源、竞争与利润之间的关系。在两个层面的研究中明确提出"资源基础理论"(RBT)一词。格兰特认为资源基础观念乃是主张"内部审视"(Introspective)的重要性,并认为企业内部资源与能力会引导企业战略发展方向,并成为企业利润的主要来源。在该文中,他提出了基于资源的企业战略制订新框架。这一理论框架将战略制定分成五个不同的阶段:①分析公司拥有的资源;②评估公司的胜任能力;③研究公司基于这些资源能力的潜在盈利能力;④选择合适的企业战略;⑤拓展并升级企业的资源能力库。

2.2.2 理论的主要内容

1) 资源基础理论(RBT)的假设

RBT 基于两个假设作为分析前提:①企业所拥有的资源具有"异质性"(heterogeneity);②这些资源在企业之间的"非完全流动性"。因而企业拥有稀有、独特、难以模仿的资源和能力使得不同的企业之间可能会长期存在差异,那些长期占有独特资源的企业更容易获得持久的超额利润和竞争优势。

2) RBT 的出发点

其实质就是以企业为分析单位,以资源为企业战略决策的思考逻辑中心和出发点,着眼于分析公司拥有的各项资源,通过资源联结企业的竞争优势与成长决策。通过探讨独特的资源与特异能力,达到提升企业竞争优势和获取超额利润(super normal returns)的目的。RBT 的提出对战略思考有很大的转变,资源成为解释企业获得超额收益和保持企业竞争优势的关键。

3) 资源异质的原因

资源和能力是企业战略选择的基础,每个企业拥有的资源和能力是各不相同的,这种资源与能力上的差异导致了企业战略选择上的差异。为什么相互竞争的企业拥有各不相同的资源和能力,为什么成功企业的资源和能力难以被学习和模仿？RBT 提出了四个方面的原因:

(1) 历史与路径依赖性。RBT 提出,有些资源和能力的形成是有其特定的历史和路径依赖性的。从这个意义上讲,只有那些经历过特殊的历史的企业才具有某种特有的资源和能力。当一个企业通过历史和路径依赖得到的资源和能力成为竞争优势时,竞争性企业模仿或复制这种资源和能力付出的代价将是十分高昂的。当模仿和复制的成本高昂时,这种资源和能力便可成为企业持续的竞争优势和经济利润的来源。

(2) 因果关系模糊性。因果关系模糊性意指人们弄不清楚自己或别人为何成功,它们为什么具有竞争优势和经济利润,其竞争优势和经济利润来自何处。基于此,竞争对手就不知道如何去模仿或学习它的这种能力,也不知道他们到底应当用自己的资源和能力去实施何种战略。如果每个人都能将自己成功的原因说清楚,那么它的竞争对手也同样能够弄清楚这一点,他们就能够成功地学习和模仿。一旦这些成功的做法被其他企业成功地模仿,这种资源和能力就不再是该企业特有的了,作为竞争优势也就不存在了。

(3)社会复杂性。RBT认为,使企业具有竞争优势的资源和能力有时是一些复杂的社会资源。例如,企业高管层的人际关系,企业的文化,企业在供应商和消费者心目中的形象,企业的社会声誉和各种社会关系等。社会资源作为企业的竞争优势的来源,具有这种资源和能力的企业,战略选择的空间比那些不具备这种资源和能力的企业大得多。缺乏这些资源和能力的企业不一定都能成功地获得这些资源和能力。有的企业虽然可以获得,但获取这些资源和能力的成本却比那些通过自然进化而获得这种资源和能力的企业高得多。当获取这种资源和能力的成本高于收益时,它就不能成为竞争优势了。

(4)小决策的重要性。RBT将决策分为大决策和小决策,大决策是由管理者做出的决策,小决策是企业的职员每天做出的决策。大决策对企业竞争优势的决定作用是明显的,但细节决定战略的成败,企业的竞争优势更多的依赖小决策,企业的资源与能力要经过许多的小决策而发挥作用。例如产品质量的竞争力更多地取决于员工日常决策,如是否严格按操作规程操作,是否精益求精等。从可持续的竞争优势来看,小决策比大决策更有某种优势,因为小决策比大决策更难模仿。

4)主要代表人物的观点

(1)巴尼关于"竞争优势"的观点。

关于"竞争优势",巴尼认为,"该公司目前的潜在竞争对手,无法同步执行该公司现在所执行的价值创造战略",而"持续竞争优势"则是指"该公司目前的潜在竞争对手不仅无法与该公司同步执行公司现在所执行的价值创造战略,同时也无法复制并取得该公司在此项战略中所获得的利益"。研究者们认为,尽管企业竞争力的提升可在短期内通过制造或外购等方式获取资源加以构建,但任何仅利用这些轻易获得的资源所挖掘出的竞争力,都将因资源的轻易取得和快速仿效而使这些竞争力难以持久。

自SWOT分析模型提出以来,以波特的产业结构分析为代表的分析工具使外部环境分析得到比较快的发展,而内部资源分析近似空白。巴尼在1991年发表的《企业资源与可持续竞争优势》(Firm Resources and Sustained Competitive Advantage)一文中明确指出,企业的竞争优势在一定程度上是可以通过"VRIN"资源来获得,即在企业面临竞争时提供最持久利益的资源,它们具有价值性(valuable)、稀缺性(rare)、难以模仿性(imperfectly imitable)和不可替代性(non-Substitutable)四个方面的特性。后来,巴尼对其理论进行了调整,提出VRIO分析框架。他在《从内部寻求竞争优势》一文中概括了该模型的核心思想:可持续竞争优势不能通过简单地评估环境机会和威胁,然后仅在高机会、低威胁的环境中通过经营业务来创造。可持续竞争优势还依赖于独特的资源和能力,企业可把这些资源和能力应用于环境竞争中。

VRIO分析框架是在SWOT分析模型的基础上进一步研究企业内部能力的分析模型。通过对价值问题(value)、稀有性问题(rarity)、不可模仿性问题(inimitability)、组织问题(organization)的回答反映企业的优势或劣势。运用该模型,就是在对企业的资源和能力的竞争意义进行评价时,回答以下四个问题:①价值问题(V),企业的资源和能力通过开发机会和抵御威胁能否增加价值?②稀缺性问题(R),有多少竞争企业已经获得了这些有价值的资源和能力?③不可模仿性问题(I),与已经获得资源和能力的企业相比,不具有某些资源和能力的企业是否面临获取它的成本劣势?④组织问题(O),企业是否被组织起来,开发利用它的资源和能力。

(2)皮特瑞夫关于战略资源的观点。

1993年,皮特瑞夫在《竞争优势的奠基石:一种资源观》中概括出能够带来竞争优势的资源的四个条件：①企业的异质性。这意味着某些企业所拥有的高效资源供给有限,至少其供给不可能快速扩大,所以,这些企业可以因拥有对这些资源的"垄断"而获得超过平均利润的"租金"(rent)。②对竞争的事后限制。即当一个企业获得优势地位并因此而赢得租金之后,存在某些力量限制对这种租金的竞争,而两个关键因素是难以模仿和替代的。③不完全流动性。不完全流动的资源会保持在企业中,而企业会分享由这种资源带来竞争优势时所产生的"租金"。④对竞争的事前限制。如果具有同样资源禀赋的一批企业预见到它们通过某种定位选择可以获得难以模仿的资源地位,那么所有这些企业都会加入这种定位的激烈竞争,最后使预期的回报被竞争掉。因此,当一个企业采取某种战略来获取或发展高效资源时,执行这种战略存在着使其他企业难以采取同样战略的成本(包括对预期结果的不确定性)。总之,资源必须满足这四个条件才能为企业赢得竞争优势。

(3) 柯林斯和蒙哥马利关于战略资源的观点。

1995年,柯林斯和蒙哥马利在《哈佛商业评论》上发表了《资源竞争:90年代的战略》一文。该论文对企业的资源和能力的认识更深了一层,他们认为,所谓的企业资源是公司在向社会提供产品或服务的过程中能够实现公司战略目标的各种要素组合,公司可以看作是各种资源的不同组合,由于每个企业的资源组合不同,因此不存在完全一模一样的公司;只有公司拥有了预期业务和战略最相匹配的资源,该资源才最具价值;公司的竞争优势取决于其拥有的有价值的资源。他们认为,价值的评估不能局限于企业内部,而是要将企业置身于其所在的产业环境,通过与其竞争对手的资源比较,从而发现企业拥有的有价值的资源。在此基础上,柯林斯和蒙哥马利提出资源价值评价的五项标准：①不可模仿性,资源是否难以为竞争对手所复制；②持久性,判断资源价值贬值的速度；③占有性,分析资源所创造价值为谁占有；④替代性,预测一个企业所拥有的资源能否为另一种更好的资源代替；⑤竞争优势性,在自身资源和竞争对手的资源中,谁的资源更具有优越性。通过上述五个方面的评价,通常能够表明一个企业资源的总体状况,从而为制定和选择竞争战略提供一个坚实可靠的基础。

(4) 普拉哈拉德(C. K. Prahalad)和哈默(Gary Hamel)的核心能力。

总的来说,RBT是通过提高企业资源的拥有量及资源的使用效率来使企业获得竞争优势。实际上并非仅仅是企业的资源,更重要的是企业创造新知识的能力产生了持续的竞争优势。因此,20世纪90年代出现了用来分析企业竞争优势的另一种观点——基于能力的理论(capability-based theory)。1990年,普拉哈拉德和哈默在《哈佛商业评论》发表了《企业核心能力》。从此,关于核心能力的研究热潮开始兴起,并且形成了战略理论中的"核心能力学派"。该理论的理论假设是：假定企业具有不同的资源(包括知识、技术等),形成了独特的能力,资源不能在企业间自由流动,对于某企业是独有的资源,其他企业无法得到或复制,企业利用这些资源的独特方式是企业形成竞争优势的基础。基于能力的理论研究首先以企业层次为主,即核心能力或组织能力等,强调组织整体的能力特征以及对企业竞争优势的影响。该理论认为企业产生租金不是因为它拥有较好的资源,而是因为组织的能力可以更好地应用这些资源。

2.2.3 资源基础理论与行业结构学派的比较

在资源差异能够产生收益的差异的假定下,资源基础理论认为企业的内部有形资源、无形资源以及积累的知识,在企业间存在差异,资源优势会产生企业竞争优势。RBT的中心是从企业的"异质性"去观察企业内部的资源及能力,其重点在于识别、澄清、配置、发展企业独特的资源与能力。企业竞争地位的差别要归结为企业所拥有资源形态的差别,竞争优势是构建在企业所拥有的异质性资源上的。企业间的竞争就可以看作是异质性资源层面的竞争,如何独占某些资源或打破竞争对手对资源的独占成为竞争的焦点。实际上,企业对持续竞争优势的追求总是要转化成对那些独特、稀缺资源的识别、占有与配置这一战略目的。

资源基础理论强调的是企业内部条件对于保持竞争优势以及获取超额利润的决定性作用。这表现在战略管理实践上,要求企业从自身资源和能力出发,在自己拥有一定优势的产业及其相关产业进行经营活动,从而避免受产业吸引力诱导而盲目进入不相关产业进行多元化经营。

行业结构学派侧重于研究企业外部的行业环境因素对企业战略定位的影响,该理论在解释公司绩效与环境的关系上获得了相当的认同,开创了研究企业竞争优势的先河,但对于企业资源与绩效间的研究显得不足。该理论难以对同一行业内企业间利润差距的深层原因做出恰当的解释,致使战略管理领域存在的两个基本问题仍未得到解决:①为何各公司间彼此不同?②为何有些公司可以领先其同行业并持续其竞争优势?而资源基础理论则关注于研究企业内部拥有的资源对企业战略决策的影响,从企业内部资源的角度给两个问题提供了答案。

两大学派的理论在指导企业进行战略管理操作实践上的理念也存在较大的差异,这种理念上的差异在企业创业和实施多元化发展的途径方式的选择上表现得更为突出。可以把两大学派隐含在指导企业新行业进入背后的战略理念归纳为:行业结构学派是"伺机而动",资源基础理论是"量力而行"。

2.3 动态竞争理论

2.3.1 代表人物

理论界关于动态竞争的研究始于 20 世纪 80 年代初,在 90 年代,它成为战略管理领域最重要、讨论最热烈的主题之一,迄今已发展为一个成熟的理论视角和战略管理研究领域中活跃的研究方向。动态竞争理论研究更多地关注在竞争者的行动上,主张从企业竞争行动的视角来探讨竞争战略。该理论认为,战略是由一连串的行动构成的,这些行动包括并购、进入新市场、新行业、合作联盟、降低价格、提高价格、推出新产品等。动态竞争理论源头可追溯到 20 世纪 50 年代中期 Edwards 对企业间对抗的研究,主要代表人物有:陈明哲(Chen)、史密斯(Smith)、米勒(Miller)和麦克米兰(MacMillan)、格莱姆(Grimm)等人。

2.3.2 理论的主要内容

(1)竞争与动态竞争。陈明哲,美国弗吉尼亚大学达顿商学院讲座教授、国际管理学会(Academy of Management)暨战略管理协会(Strategic Management Society)终身院士、动态竞争理论创始人,主要著作与论文有:《动态竞争》(*Inside Chinese Business*),"Competitive Dynamics: Themes, Trends, and a Prospective Research Platform"等。陈明哲在 2016 年的文章《学术创业:动态竞争理论从无到有的历程》中总结了动态竞争理论的发展历程。他提到,动态竞争始于一个简单却至关重要的问题:什么是竞争?竞争的基本形式是你来我往,在"一方攻击,另一方反击"的攻防交错中发生。因而,所谓"动态竞争",并非止于通常意义上的随着时间的推移竞争关系有所变化,而是更加强调竞争各方在"攻击—反击"的配对中相互对抗与制衡。动态竞争理论认为竞争就是行动和回应。

动态竞争理论关心的主要问题是企业间的竞争,它将这种竞争理解为竞争攻击与反击的交替情形。借助对竞争交替互动过程的解析,动态竞争理论识别出了竞争行动的特征、攻击者的特征与反击者的特征,以及引起这些要素产生变异的原因和导致的结果。图2-3所示的架构较为完整地展示了动态竞争理论的基本模型,以及各要素间的关系。

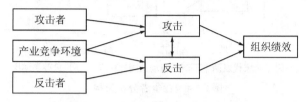

图2-3 动态竞争研究的关系框架

(2)动态竞争的基本思想。动态竞争认为,某个或者某些企业采取的一系列竞争行动,会引起竞争对手的一系列响应行为,这些响应行为又会影响先动企业竞争优势的获取程度和进一步竞争行为的选择与实施。与其他战略分析理论和框架相比,动态竞争理论更加强调同一行业内竞争对手之间的互动性。动态竞争主要基于竞争战略是动态的这一前提,对行业内企业的竞争行为之间表现出的互动关系与规律性进行思考。

(3)动态竞争理论"四部曲"。动态竞争理论认为:识别真正的竞争者;深刻了解竞争者;努力降低竞争者的对抗性;打造每一次竞争的短暂优势,以谋求企业的长久、可持续发展。这四步是企业建立相对竞争优势、决定竞争成败的关键"四部曲"。

①识别竞争者。动态竞争理论将竞争者定义为,在相同的市场中,针对相似顾客群,提供相似产品的企业,或者在不同市场,但采用相似的关键资源或能力开展竞争的企业。在这个基础上,动态竞争理论提出两个基本概念,即竞争者之间的市场共同性及资源相似性。通过对竞争企业的市场形态和企业资源进行比较和分析,来判断他们是否属于真正的竞争者。

市场共同性是指企业和它的竞争者所呈现的市场重叠程度,即双方产品的相似与替代程度,或者在多个市场同时展开竞争和对抗的情况。此处的市场广义地包含产品基础和顾客基础的概念,诸如地理市场、产品细分或品牌等。比如联想与戴尔、惠普在全球的多个区域市场就笔记本电脑展开竞争;中国移动、中国联通和中国电信在移动、宽带用户等细分市场竞争;华为、三星和苹果在全球智能手机市场激烈竞争;等等。

资源包括组织结构、组织文化、经营团队、管理流程等有形和无形方面的企业资源。资源相似性是指企业和竞争者具有相似的资源类型和数量。拥有相似资源组合的企业,可能在市场上具有相似的战略性能力与竞争优势及劣势。不同行业的企业也可能因为拥有或需要相似的关键资源而成为竞争者。

图2-4以图形的交集来呈现竞争者之间的关系,其中图的形状代表资源相似性,图的重叠程度代表市场共同性。象限Ⅰ显示,一个企业与另一个企业同时具有高度资源相似性与高度市场共同性,它代表双方是明显直接且相互认定的竞争者;反之,倘若企业间具有相似的资源,但仅在极少数的市场上竞争,则属于象限Ⅳ。

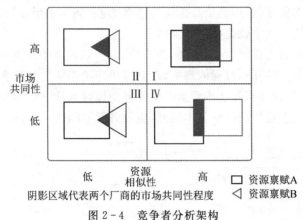

阴影区域代表两个厂商的市场共同性程度

图2-4 竞争者分析架构

所以,每一家企业在市场共同性和资源相似性两个层面上,与竞争者会有不同程度的重叠。通过市场共同性和资源相似性的比较分析,可以准确地识别出谁是自己的真正竞争者。

②了解竞争者。了解竞争者包括对竞争者的市场目标、拥有的资源、市场力量和当前战略等要素进行评价。其目的是为了深刻了解竞争者的竞争优势和劣势、战略目标,并且预测竞争者可能采取的竞争行动,从中找出自身在竞争中的相对竞争优势,从而决定自己的竞争行动(攻击或反击)。通过弥补自身的弱项,不断增强自身的竞争实力。动态竞争理论强调竞争者分析的最终目的是预测竞争对手的行动。因此,公司在攻击时,应该同时考虑对手可能的反击。在这种情况下,"设身处地"从竞争对手的角度来看问题,甚至"看穿对手",便成为了解竞争者的第一步。实际上,长期观察、追踪对手的一举一动,分析对方决策者的决策风格或重要行动背后的假设和内涵,都有助于了解他们可能采取的竞争手法。此外,向上游供应商或下游客户等了解信息,也是可行的做法。

③降低竞争者的对抗性。通过了解竞争者,可以判断竞争者会采用何种竞争性行动(攻击或是反击),预测竞争者竞争性攻击与反击的对抗性有多大。企业在采取竞争性行动时,如果能有效降低对手的竞争对抗性,就能在竞争中取得有利地位。

针对如何降低竞争者的对抗性,陈明哲提出了"察觉—动机—能力(awareness-motivation-capability)"的三因子分析架构,或简称为 AMC 分析法。即竞争者如要决定对竞争行动做出反击,需要先察觉出你的攻击行动和意图,并且有反击的动机,同时还要有能力进行反击。否则,竞争者进行竞争反击的概率会比较低。竞争者是否采取攻击或反击的竞争性行动,以及攻击或反击的强度有多大,与竞争者的市场共同性和资源相似性密切相关。一般而言,察觉被视为任何竞争性行为的必要前提,它会随着市场共同性与资源相似性的增加而提高。动机是指企业采取行动和在竞争对手攻击时进行反击的意向。市场共同性将影响企业采取行动(或反击)的动机。在其他条件不变的情况下,当对抗企业双方具有比较高的市场共同性时,防御者对攻击者采取反击行动的可能性会比较高。而资源相似性将影响企业采取行动(或反击)的能力。相似的资源意味着企业双方具有相似的攻击和反击能力。如果双方的资源相似性越大,为了避免两败俱伤,采取降价等掠夺性竞争行动的可能性越低。

图2-5概要地呈现出竞争者分析与企业间竞争对抗的关系。从中我们可以看到,企业间的竞争对抗是动态且复杂的,企业所采取的竞争攻击(或反击)行为是获取市场优势竞争地位的基础。企业运用该模型可以理解如何准确地预测竞争对手的竞争性反击,从而对企业的市

场地位及财务表现产生积极影响。

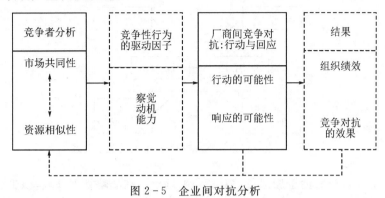

图 2-5 企业间对抗分析

④谋求企业可持续发展。为了获得竞争优势,企业往往会持续地采取竞争性的攻防行动。动态竞争理论认为,企业的任何一个优势都是暂时的。企业只有在每一次竞争对抗中,尽可能地获得每一次竞争的优势,才能够打造企业长久的可持续发展。一般来说,企业竞争优势可保持的程度主要受两方面因素影响:一是企业的竞争性优势会多快被模仿;二是模仿的成本有多大。为了提高竞争者的模仿难度和模仿成本,不断地否定自己,不断地超越对手,是保持竞争优势的最佳做法。

否定自己分为三种:一种情况是由自己否定自己,这需要企业有非常强的危机意识。在这方面,英特尔是一个最好的例子。英特尔就是不断地否定自己,通过不断地推出新一代芯片,甚至推出 Intel Inside 的制造商品牌,而得以不断前进。另一种情况是由竞争对手来否定自己,这种情况会对企业自身造成非常大的生存和发展压力。柯达公司就是最好的例子,原本是相机龙头,却赶不上科技的进步,以至于市值蒸发掉 99%,并沦落到申请破产。第三种情况是企业在市场上捕捉到很好的发展机会,根据这个机会调整自己的发展战略。比如星巴克成为体现白领阶层生活方式的一个品牌,就是星巴克比对手早一步看到了这个机会,勇于挑战自己、打破传统对咖啡销售的看法,重新将自己打造成卖生活方式和生活经验的品牌,而不只是卖咖啡的品牌。

2.3.3 对动态竞争理论的评价及其与行业结构学派的比较

1) 对动态竞争理论的评价

动态竞争的研究许多都来源于熊彼特的"创造性破坏"理论。"创造性破坏"被定义为领先企业在经历了与挑战者攻击与反击的过程后,不可避免地会使其市场地位衰落。在这种动态的环境中,产业领先者为了追求新机会的创造性行动会引发其他竞争者的反击,以破坏领先者期望的优势。根据熊彼特的观点,产业领先者与挑战者攻击与反击的方式与过程,决定了他们长期的绩效与生存的概率。根据这一理论,创新的先动者往往会由于对手反击的时滞,享受短暂的垄断优势以及非正常利润。

动态竞争理论对于我们细致入微地观察和审视竞争,深入地理解企业战略,都是大有裨益的。

首先,既有研究已经在动态竞争理论与资源论以及产业组织理论之间建立了一定的联系。如图 2-6 所示,企业的资源配置与产业结构都会对企业间的攻击与反击行动产生影响。而竞争互动的结果也会进一步改变企业资源配置,改变其在产业中的地位,甚至改变产业的结构。

动态竞争理论使得战略管理中的资源论与产业组织理论更加完善，且更具动态性。

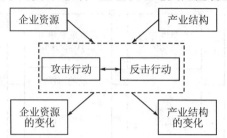

图 2-6　企业资源、产业结构与企业间的互动关系

其次，动态竞争理论有助于加深我们对竞争的理解。在战略管理领域，很少有对竞争强度界定与衡量问题的研究。动态竞争理论恰巧弥补了这一空缺，它借助对企业竞争性行动的直接观察与测量，运用多种与行动相关的变量来测度竞争。同时，对竞争领域的研究可以划分为几个层次：组织生态层次、产业经济层次、战略群组层次和企业层次。动态竞争视角所关注的是企业间一对一的竞争行动与回应，也就是在战略群组层次和企业层次间隙加入了攻防互动的竞争分析。正是由于这种基于行动层面的分析方法，使动态竞争理论建立了得以弥补结构取向与群组取向的竞争研究所缺失的细致分析，使战略研究者与实践者能够从最基本的视角，理解竞争并有效地参与竞争。

2）动态竞争理论与行业结构学派的比较

行业结构学派和动态竞争理论之间存在很大差异：①波特的静态五力竞争分析运用的是宏观产业结构思维，强调追求持久的绝对竞争优势；而动态竞争重视在攻防互动中行动—回应的思维，更强调暂时的相对优势，而不关心长期的绝对优势，因为持久优势只是暂时相对竞争优势的综合。②波特的五力分析着重外部产业结构分析，动态竞争的动态攻防分析则强调内部资源与外部环境的平衡考虑。③波特的静态五力分析假设同一产业或战略群组类的企业是同质的，而动态竞争假设每一个企业都是不同的，每一对竞争关系都是独特的。如表 2-2 所示。

表 2-2　波特竞争观点与动态竞争理论的比较

比较构面	波特竞争观点	动态竞争理论
思维观点	静态五力分析（结构思维）	攻防互动分析（行动—回应思维）
分析重点	着重外部产业结构分析	强调内部资源与外部环境的平衡
假设前提	同一产业内或战略群组内的企业是同质的	每一个企业都是不同的，每一对关系都是独特的
理论论述	从产业经济与管制观点演绎理论逻辑	观察企业的实际竞争行为，通过实证分析来归纳理论脉络
竞争优势	战略的目标在于追求持久性的绝对竞争优势	企业只有短暂的相对竞争优势，没有持久性的绝对竞争优势
企业关系	对称性	不对称性
分析思维	纯粹理性分析（经济取向）	除了理性，更贴近人性思维（社会/心理取向）
哲学概念	西方科学分析	中国哲学与西方科学的整合

（资料来源：陈明哲. 学术创业：动态竞争理论从无到有的历程[J]. 管理学季刊，2016(3)：1-16.）

关键词

行业结构学派(the school of industry structure)　　五力模型(five forces model)
成本领先战略(overall cost leadership)　　差异化战略(differentiation)
聚焦战略(focus)　　价值链分析(value chain analysis)
资源基础理论(resource-based theory, RBT)　　动态竞争理论(dynamic competition theory)
组织生态层次(population and community)　　产业经济层次(industry economies)
战略群组层次(strategic groups)　　企业层次(firm-level)
攻击(action)　　反击(response)
攻击者(actor)　　反击者(responsor)
市场共同性(market commonality)　　资源相似性(resource Similarity)

课后测试

1.（　　）在《竞争战略》中提出采用"五力模型"来分析行业竞争状况。
　　A. 波特　　　　　　B. 沃纳菲尔特　　　C. 皮特瑞夫　　　D. 巴尼

2. 行业结构学派的主要代表人物（　　）提出了三种基本竞争战略。
　　A. 波特　　　　　　B. 沃纳菲尔特　　　C. 陈明哲　　　　D. 巴尼

3.（　　）被称为"现代企业资源观之父"。
　　A. 陈明哲　　　　　B. 沃纳菲尔特　　　C. 波特　　　　　D. 巴尼

4. 下列不属于竞争战略三部曲中的著作是（　　）。
　　A.《竞争优势》　　B.《竞争战略》　　C.《国家竞争优势》　D.《动态竞争》

5. 动态竞争理论提出企业建立相对竞争优势、决定竞争成败的关键"四部曲"，该理论提出的AMC(awareness-motivation-capability)分析法可用在其中的哪一步？（　　）
　　A. 识别真正的竞争者
　　B. 深刻了解竞争者
　　C. 努力降低竞争者对抗性
　　D. 打造每一次竞争的短暂优势，以谋求企业的长久、可持续发展

6. "伺机而动"是哪个学派指导企业进入新行业的战略理念？（　　）
　　A. 行业结构学派　　B. 资源学派　　　　C. 动态竞争理论　D. 核心能力理论

7. "人们弄不清楚自己或别人为何成功，它们为什么具有竞争优势和经济利润，其竞争优势和经济利润来自何处"，这是导致资源异质原因中的（　　）。
　　A. 历史与路径依赖性　　　　　　　　B. 因果关系模糊性
　　C. 社会复杂性　　　　　　　　　　　D. 小决策的重要性

8.（　　）提出了"竞争不对称性"的概念，以此来解释企业与竞争者彼此认知的差异。
　　A. 行业结构学派　　B. 资源学派　　　　C. 动态竞争理论　D. 核心能力理论

9.（　　）其实质就是以企业为分析单位，以"资源"为企业战略决策的思考逻辑中心和出发点，着眼于分析公司拥有的各项资源，通过"资源"联结企业的竞争优势与成长决策。
　　A. 行业结构学派　　B. 资源学派　　　　C. 动态竞争理论　D. 核心能力理论

10.（　　）提出竞争者之间的市场共同性和资源相似性两个概念，利用其对竞争企业的市

场形态和企业资源进行比较和分析,来判断他们是否属于真正的竞争者。

A.行业结构学派　　　B.资源学派　　　　　C.动态竞争理论　　　D.核心能力理论

复习与思考

1. 请说明波特提出的五力模型是如何分析行业竞争状况的。
2. 简述波特的竞争战略理论的基本逻辑。
3. 资源基础理论的假设是什么?
4. 简述"VRIO"分析框架的主要内容。
5. 导致资源异质的主要原因是什么?
6. 试比较行业结构学派与资源基础理论的异同。
7. 如何理解"动态竞争"?
8. 行业结构学派与动态竞争理论有哪些区别?
9. 简述动态竞争理论"四部曲"。

知识拓展

[1] 陈冬梅,王俐珍,陈安霓.数字化与战略管理理论——回顾、挑战与展望[J].管理世界,2020,36(5):220-236.

[2] 马浩.战略管理研究:40年纵览[J].外国经济与管理,2019,41(12):19-49.

[3] 王金河.企业战略管理理论的嬗变与新趋势[J].管理观察,2019(34):20-21.

[4] 邹国庆,郭天娇.制度分析与战略管理研究:演进与展望[J].社会科学战线,2018(11):91-97.

[5] 吕迪伟,冉启斌,蓝海林.认知学派与战略管理思想演进、发展与争鸣[J].南开管理评论,2019,22(3):214-224.

[6] 许志行,曹骞.企业战略思维研究述评与展望[J].外国经济与管理,2019,41(5):58-73.

[7] 马浩.战略管理学50年:发展脉络与主导范式[J].外国经济与管理,2017,39(7):15-32.

[8] 罗伯特·M·格兰特.现代战略分析(第七版)[M].中国人民大学出版社,2016.

[9] 徐二明,李维光.中国企业战略管理四十年(1978—2018):回顾、总结与展望[J].经济与管理研究,2018,39(9):3-15.

[10] 谢广营,徐二明.21世纪战略管理研究将走向何方——兼与国际比较[J].北京交通大学学报(社会科学版)2019,18(3):85-103.

[11] 贾蕊蕊,刘海燕,郭琨.中国农村商业银行经营绩效及其外部影响因素分析[J].管理评论,2018,30(11):26-34.

第 3 章　战略分析

 管理名言

知己知彼,百战不殆;不知彼而知己,一胜一负;不知己不知彼,每战必殆。

——孙子兵法

能够生存者,不是那些最顽强的物种,也不是那些最有智慧的物种,而是那些能够对变化做出正确反应的物种。

——查尔斯·达尔文

 **学习目标**

1. 掌握环境的特征以及宏观环境 PESTEL 分析,了解行业特性分析。
2. 掌握行业寿命周期、经验曲线效益、波特的五种竞争力量模型。
3. 理解利益相关者构成及分析方法。
4. 了解企业资源分类及企业资源分析内容,理解企业资源与能力对竞争优势的贡献。
5. 掌握价值链分析内容。

引入案例

大腕的赌局

在 2012 年中国经济年度人物的颁奖现场,私交甚好的万达集团董事长王健林和阿里巴巴集团董事会主席马云进行了一场"电子商务能否取代传统实体零售"的辩论,设下一亿元的赌局。赌的是 10 年后电商是否能在零售市场份额过半。马云认为电子商务一定可以取代传统零售百货,王健林则认为电子商务虽然发展迅速,但传统零售渠道也不会因此而死。在王健林看来,购物重在体验,大量消费行为是在现场氛围带动下实现的。无法提供更加丰富的体验是虚拟网络的局限性所在,但电子商务兴盛时代,能够实现和传统商业融合,将会产生巨大的价值,而万达要做的就是这件事。王健林称:"2022 年,10 年后,如果电商在中国零售市场份额占到 50%,我给马云一个亿。如果没到,他给我一个亿"。

当然,这个赌局并非真正意义上的豪赌,而是对各自行业发展态势的一个判断。王健林在 2013 年央视财经论坛上说:"关于打赌,那是开玩笑的,亿元豪赌纯粹是个笑话。"事实上,随着阿里巴巴和万达相继上市,万达开始了业务转型,阿里巴巴也不断拓展其业务,两人逐渐都进入了对方的领域,线上和线下的竞争势不可挡,线上线下互不示弱的竞争更像是相伴的长跑。

3.1 企业环境及其特征

3.1.1 企业环境的含义

企业环境是企业进行生产经营活动的各种约束因素的总和。影响企业生产经营活动的因素很多,既有来自企业内部的资源和能力方面的因素,又有来自企业外部宏观环境和产业环境方面的因素。企业内部环境由企业内部的资源与能力等因素构成。企业的资源与能力,决定了企业能做什么,是制定有效战略的基础;是有别于其他企业的关键战略维度;决定了适合于企业的可利用的市场机会的范围。企业外部环境是存在于企业周围的、影响企业经营活动的各种客观因素与力量的总和。任何一个企业都不是孤立存在的,总是要与周围环境发生物质、能量和信息的交换,离开了与外部环境的交流与转换,企业将无法生存与发展。这些影响企业成败又非企业所能全部控制的外部因素,就形成了企业的外部环境,即企业的生存与发展要受到其所处的外部环境的影响和制约。在企业与外部环境相互关系中,其环境的力量不以企业意志为转移,总是处在不断变化之中。

3.1.2 企业环境的特征

1)环境具有不确定性

环境的不确定性是环境的不可预测的性质,环境不确定性增加了企业各种战略失败的风险,使企业很难计算与各种战略选择方案有关的成本和概率。美国学者邓肯(Robert Duncan)认为环境不确定性表现为:①决策时缺乏相关的环境因素信息;②无从得知决策结果;③无法预测环境对决策的影响。他同时指出,应该从两个维度来确定企业所面临的环境不确定性(见表3-1):一是企业所面临环境的动态性,即组织环境中的变动是稳定的还是不稳定的。环境条件的动态性可用环境因素变化的速度和频率表示。它不仅取决于环境中各构成因素是否发生变化,而且还与这种变化的可预见性有关。二是企业所面临环境的复杂性,即环境简单或复杂的程度。复杂性程度可用组织环境中的要素数量和种类来表示。通常外部因素越少,环境复杂性越低。通常情况下,环境条件越多变和越复杂,环境的不确定性就越大。

表3-1 环境不确定性评估框架

动态性	复杂性	
	简单	复杂
稳定	简单+稳定=低不确定性 1.外部因素较少,且性质比较接近 2.因素趋于稳定,如有变化也比较缓慢,如啤酒批发商、面粉加工厂等	复杂+稳定=低至中等程度不确定性 1.外部因素较多且性质差异较大 2.因素趋于稳定,如有变化也比较缓慢,如综合大学、银行保险公司等
不稳定	简单+不稳定=中至高程度不确定性 1.外部因素较少,且性质比较接近 2.外部因素变化频繁,且无预见性,如时装公司、玩具工厂等	复杂+不稳定=高程度不确定性 1.外部因素较多且性质差异较大 2.外部因素变化频繁,且无预见性,如电子通信、航空航天等

(资料参见:DUNCAN, R B. Characteristics of organizational environments and perceived environmental uncertainty[J]. Administrative Science Quarterly,1972(17):313-327.)

> 知识链接

"乌卡"(VUCA)时代

"VUCA"被用来描述已成为"新常态"的、混乱的和快速变化的商业环境。VUCA,即不稳定性(volatility),不确定性(uncertainty),复杂性(complexity)和模糊性(ambiguity)。不稳定性是指事情变化非常快;不确定性是说我们不知道下一步的方向在哪儿;复杂性意味着每件事会影响到另外一些事情;模糊性表示关系不明确。VUCA的概念最早是美军在20世纪90年代,引用来描述冷战结束后的越发不稳定的、不确定的、复杂、模棱两可和多边的世界。在2001年9月11日恐怖袭击发生之后,这一概念和缩写首字母形成的单词才被正式使用。宝洁公司(Procter & Gamble)首席运营官罗伯特·麦克唐纳(Robert McDonald)借用这一军事术语来描述这一新的商业世界格局:"这是一个 VUCA 的世界。"

"百年未有之大变局"

中共中央政治局2020年7月30日召开会议,会议认为,"十四五"时期是我国全面建成小康社会、实现第一个百年奋斗目标之后,乘势而上开启全面建设社会主义现代化国家新征程、向第二个百年奋斗目标进军的第一个五年。当前和今后一个时期,我国发展仍然处于重要战略机遇期,但机遇和挑战都有新的发展变化。当今世界正经历百年未有之大变局,和平与发展仍然是时代主题,同时国际环境日趋复杂,不稳定性不确定性明显增强。

早在2017年12月28日,习近平主席接见回国参加2017年度驻外使节工作会议的全体使节并发表重要讲话,其中就提到"放眼世界,我们面对的是百年未有之大变局。新世纪以来一大批新兴市场国家和发展中国家快速发展,世界多极化加速发展,国际格局日趋均衡,国际潮流大势不可逆转。"其后在多个场合习近平主席都提到"百年未有之大变局"。

2)信息的不完善性

企业决策需要来自环境提供的大量信息,信息的不完善是邓肯所说的环境不确定性的原因之一,同时也是环境本身的重要特征。信息的不完善性体现在以下几个方面:①企业经营活动过程中往往难以捕捉决策所需要的真实信息。信息时代,人们坐在家中,就可以知道全球各地正在发生的事情。信息多,得来容易,这是目前这个时代的特点之一;另一方面,由于信息"爆炸"的冲击,确认信息真伪的步骤多被省略了。尤其在互联网时代,伪信息更是充斥网络,其中的信息有多少可信?这样的大背景给企业获取真实信息增加了难度。②难以迅速捕捉到必要的信息。这里有两个关键的点:"迅速"和"必要"。由于信息"爆炸",海量信息充斥市场,无形中使企业在海量信息中迅速捕捉企业经营决策所需要的必要信息变得困难。③不可知性。决策中需要大量信息,有些是企业明确知道的所需要的信息,但世界是未知的,还存在着哪些信息会有助于企业决策的不确定的情况。

3)组织资源与市场机会的有限性

市场经济条件下,资源是稀缺的,环境能提供给组织的人、财、物都是有限的,组织内部能够动用的资源也是有限的,同时,市场机会也是一种稀缺资源,因此企业要想利用有限的资源去抓住有限的机会,合理配置资源就至关重要了。

4)存在威胁生存的竞争对手

企业不是在真空中生存,环境中存在威胁企业生存与发展的竞争对手,市场竞争存在优胜劣汰法则。

3.2 外部环境分析

总的来看,外部环境分析可分为宏观环境分析、行业环境分析以及利益相关者分析。

3.2.1 宏观环境分析

宏观环境由企业外部的许多方面组成,每个行业以及行业中的企业都会受到宏观环境各个方面因素的影响。这些因素对企业非常重要,因此扫描、监测、预测和评估对企业来说是一种挑战,企业所做的这些努力最终应当转化为对环境变化、趋势、机会和威胁的正确认识。宏观环境的分析可采用 PESTEL 分析模型(见图 3-1)。PESTEL 分析模型是分析宏观环境的有效工具,不仅能够分析外部环境,而且能够识别一切对组织有冲击作用的力量。它是分析组织外部影响因素的方法,其中包括 6 大因素:政治因素(political factor)、经济因素(economic factor)、社会文化因素(sociocultural factor)、技术因素(technological factor)、自然环境因素(environmental factor)和法律因素(legal factor)。

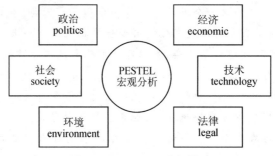

图 3-1 PESTEL 分析模型

1)政治因素

政治因素指一个国家的社会制度,执政党的性质,政府的方针、政策,以及国家制定的有关法律、法规等。如近年来美国政府对我国企业的打压,以政府扶持破坏市场规则和危害美国国家安全为由,美国政府不遗余力地打击中国取得巨大科研成果的高科技创新型企业,试图遏制中国高科技的发展。在通信行业称得上是"龙头"的华为便是这一类企业的典型代表,也是美国的主要打击目标。美国联邦通信委员会(FCC)将华为列为"国家安全威胁"清单中的一项,并要求美国的电信商不得采购任何华为的设备,也不能去帮助华为的设备进行修改、维护或者升级,试图以霸权主义的方式封锁华为。面对美国一系列的封锁和打压,华为没有屈服。据美国媒体报道,在当地时间 2020 年 11 月 4 日,华为向美国的一家上诉法院对 FCC 提出诉讼,称其阻止用户购买中国 5G 设备的行为不符合程序,是越权的表现。实际上,华为和美国机构的"硬刚"早已成为惯例,早在 2019 年 12 月份 FCC 将华为列为"国家安全威胁"时,华为就发起了对 FCC 的诉讼,称其行为违反了程序正义,是滥用职权的表现。

2)经济因素

经济因素是指企业面临的宏观经济发展水平及其运行状况、发展趋势、社会经济结构、宏观经济政策、交通运输、资源等情况,是影响企业生存和发展的重要因素。经济因素可分为国内经济因素和国际经济因素。一般情况下,企业会寻求在相对稳定的、具有强劲增长潜力的经济环境下竞争。由于经济全球化增强了国家之间经济上的相互依赖,企业尤其需要监测、预测和评估本国以外的国家的经济状况。如2020年初爆发的新冠病毒疫情就对世界经济产生了一系列的影响。中国人民银行2020年11月初发布的《中国金融稳定报告(2020)》中指出:"疫情走势尚不明朗、各国应对力度存在差别,全球经济面临极大不确定性。尽管各国均出台了防控疫情的相关措施,但政策力度和实施效果存在差异,且缺乏有力的国际协调,或将导致疫情在全球出现反复,拖累经济复苏。即使一国成功设计和推行了缓解经济急速下行的政策组合,也无法避免世界其他地区应对政策不充分带来的负面冲击。疫情如何演化、各国如何应对、实体经济如何消化冲击、金融市场如何反应,都面临着很大的不确定性,并直接影响全球经济的后续走势。"

3)社会文化因素

社会文化因素与一个社会的态度和价值观取向有关,因为态度和价值观是构建社会的基石,它们通常是政治、经济、技术、法律等因素变化的动力。社会文化因素包含的内容十分广泛,如人口统计因素、行为规范、生活方式、文化传统、风俗习惯等。人口统计因素(demographic factor)包括人口数量、人口密度、年龄结构、地区分布、民族构成、职业构成、宗教信仰构成、家庭规模、家庭的构成及发展趋势、收入水平、受教育程度等,是决定市场规模的重要因素。不同的国家和社会的文化往往有不同的价值取向和趋势,而且个人的社会态度和文化取向总是不稳定的。社会文化因素的复杂及多变意味着企业必须仔细扫描、监测、预测和评估这些因素,来识别和研究与此相关联的机会和威胁。

4)技术因素

技术因素(或技术环境)指与企业生产经营活动相关的科学技术要素的总和,包括新产品的开发情况、知识产权与专利保护、技术转移与技术更新的周期、信息技术与自动化技术的发展情况、整个国家与企业研发资源的投入情况等。战略分析时应重点关注技术发展水平以及技术进步的状况。

技术进步以不同的深度和广度影响着社会的方方面面,其影响主要来源于新产品、新流程和新材料。由于技术进步很快,迅速而全面地研究技术因素对企业而言非常重要。人们发现,最先选用新技术的企业通常能够获得更高的市场份额和更高的回报。互联网给企业提供了绝佳的扫描、监测、预测和评估宏观环境的能力。企业应持续地研究互联网的作用,从而能够预测如何通过互联网为顾客创造更多价值以及未来的趋势。互联网也为全世界的企业带来了大量的机会与威胁。到2019年,全球已有45.4亿互联网用户。总的来说,企业可以预测到,未来将是一个"会拥有更多用户(尤其是在发展中国家)、更多移动用户、更多全天使用着各种各样设备的用户、更多人参与到越来越吸引人的媒体"的互联网时代。2017年每天发送和接收的电子邮件约为2690亿封,预计这一数字将在2021年增加到每天近3200亿封电子邮件。而且手机联网的需求呈爆炸式增长,这些激增的网络用户可能带来的影响对企业来说具有重大的启示意义。

虽然互联网作为主要的技术进步对企业产生了深远的影响,但无线通信技术仍然被预测是下一个关键的技术机会。手持设备和其他无线通信设备已被用于获取基于网络的服务。拥有无线网络连接功能的笔记本电脑,能够浏览网页和安装各种App的手机等大量增加,并迅速成为沟通和商业贸易的主流模式。

5）自然环境因素

自然环境因素是环绕生物周围的各种自然因素的总和，如大气、水、其他物种、土壤、岩石矿物、太阳辐射等，是生物赖以生存的物质基础，通常把这些因素划分为大气圈、水圈、生物圈、土壤圈、岩石圈等五个自然圈。全世界的企业都很关心自然环境问题，很多企业在报告中以"可持续性"和"企业社会责任"等词汇记录下它们将要为此采取的行动，越来越多的企业对可持续发展产生了兴趣，可持续发展是指"既满足当代人的需求，又不损害后代人满足其需求的发展"。从企业战略管理的角度看，生态和环境保护是企业战略环境分析时应关注的重点。

6）法律因素

法律因素是企业外部的法律、法规、司法状况和公民法律意识所组成的综合系统，具体包括：世界性公约、条款、宪法、民法、劳动保护法、公司法和合同法、行业竞争法、环境保护法、消费者权益保护法、行业公约等。

总之，政治的稳定性及其所采取的政治主张及行为，将直接对整体的经济环境带来不同程度的正、负面影响。经济水平所处的不同阶段和经济发展的不同速度又对其所属的社会文化及生活方式等产生不同程度的影响；经济为科技发展提供了物质保证，同时，技术革新又推动了经济不断向前发展。经济、科技的飞速发展，就要新增刚涉足领域的相关立法以及完善和健全已知领域中相关法律法规，而环保又是人类及世界经济实现可持续发展的根本。

3.2.2 行业环境分析

行业（industry）是从事相同性质的经济活动的所有单位的集合，是按企业生产的产品（劳务）性质、特点以及它们在国民经济中的不同作用而形成的产业类别。行业是由这样一组企业组成的，他们生产几乎可以相互替代的产品。

研究一个行业时，企业必须分析行业的最主要经济特性以及影响行业中所有企业盈利能力的五种竞争力量。行业主要经济特性包括市场规模、市场增长率、行业的整体盈利水平、市场竞争的地理区域、竞争厂商的数量及其相对规模、购买者的数量及其相对规模、该行业前向一体化及后向一体化的普遍程度、产品工艺革新、推出的新产品及其技术变革的速度、行业寿命周期阶段、竞争对手的产品服务是标准化的还是差别化的、规模经济和经验曲线效应的程度、必要的资源以及进入和退出的难度等方面。五种竞争力量即新进入者的威胁、供应商的议价能力、购买者的议价能力、替代品的威胁以及现有竞争者之间竞争的激烈程度。

这里主要介绍一下行业寿命周期、经验曲线效益和五种竞争力量。

1）行业寿命周期

行业寿命周期（industry life cycle）是指从行业出现直到行业完全退出社会经济活动所经历的时期。行业寿命周期可划分为四个阶段：导入期、成长期、成熟期、衰退期（见图3-2）。可采用市场增长率、需求增长率、产品品种、竞争者数量、进出屏障、技术变革、用户购买行为等标志来识别行业寿命周期阶段。

（1）导入期：销售增长缓慢、产品设计未定型、生产能力过剩、竞争少、风险大、利润很少甚至亏损。

（2）成长期：顾客认识提高、销量大增、产品形成差异化趋势、生产能力出现不足、竞争形成、利润增长迅速。

（3）成熟期：重复购买成为顾客行为的主要特征、销售趋向饱和、产品设计缺乏变化、生产

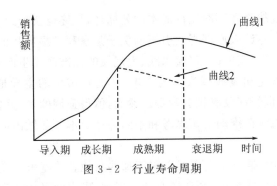

图 3-2 行业寿命周期

能力开始过剩、竞争激烈、利润不再增长甚至回落。

(4)衰退期:销量明显下降、生产能力严重过剩、竞争激烈程度由于部分企业的退出而趋缓、风险难以预料、利润大幅度下降。

2)经验曲线效应

(1)经验曲线的含义。

经验曲线又称经验学习曲线、改善曲线,它分为狭义的与广义的两种。狭义的经验曲线是一种表示生产单位时间与连续生产单位之间关系的曲线,即当个体或组织在一项任务中习得更多的经验时,他们完成任务的时间会变得更短,效率会变得更高;而如果将经验曲线运用到生产成本与产量的关系上,就有了广义的经验曲线效应(experience curve effect),即当某一产品的累积生产量增加时,产品的单位成本趋于下降。

波士顿咨询集团公司20世纪60年代研究发现,在许多产业中,单位产品的生产成本与产品的累计生产量之间存在高度相关性,在一定的生产量区间中,随着累计生产量的增加,单位产品的生产成本会以一定的比率逐步降低,这种效应常用单位产品的生产成本与累计生产量(代表经验的积累)的关系曲线来表示。经验曲线的基本结论是:经验曲线是由学习、分工、投资和规模的综合效应构成的;每当积累的经验翻一番,成本就会下降大约20%到30%;企业某项业务的市场份额越高,体现在这项业务上的经验曲线效应也就越高,企业就越有成本优势,相应的获利能力就越强。

(2)形成经验曲线的原因。

一般而言,形成经验曲线的原因有三项:①学习效果,即工人在大量的重复工作后,对产品的生产制造流程有了非常清楚的了解,进而可以用最高的效率完成工作。②科技进步,即工人在从事一项工作一段时间后,可以根据实践经验与问题对生产过程作出改善。③产品改善,即企业的产品销售一段时间,并得到顾客反馈后,企业就可以清楚地了解顾客的偏好,进而对产品进行设计与改善,在不影响功能的情况下减少成本。

(3)经验曲线的局限。

20世纪80年代早期,学术界和媒体都指出了经验曲线的许多局限性。1985年,在《哈佛商业评论》的一篇文章中,哈佛大学的潘卡基·格玛沃特列举了一些事实:不同行业的曲线斜率其实非常不一样,通常也并非大多数公司所预期的15%~20%。在市场需求正在迅速增长的产品领域应用经验曲线的效果最好,如半导体。但经验曲线并不适用于成熟行业,如啤酒和水泥行业,因为这些行业中累积经验翻倍的步伐已经异常缓慢,而且多数低效企业早已被挤出了市场。

另外,陷入经验曲线战略和不断压低成本的死循环,最终也会导致公司忽视消费者的偏好和技术的变化。对于这一点,人们都喜欢引用的例子是亨利·福特和他的T型车(Model T):虽然福特实施了类似经验曲线的战略(流水线、大规模的标准产品生产)并取得了成功,却忽视了消费者对多样化、小型化和流线型汽车的需求,从而将市场的主导地位拱手让给了通用汽车,并在之后的整个20世纪都没有机会翻身。然而,值得强调的是,这些批评并没有否认经验曲线的价值,或者质疑曲线在推动公司思考和不断降低成本方面做出的贡献。

3) 五种竞争力量

企业研究竞争环境时,通常情况下只着眼于那些与他直接竞争的企业。然而,当研究行业环境时,企业必须搜寻更广的范围,企业还必须意识到,供应商可能会变成竞争对手(通过前向整合),买者也是如此(通过后向整合)。例如,在制药行业,一些公司通过并购分销商或批发商,实现前向整合。此外,进入新市场的企业和那些生产的产品对现有产品有着很强替代性的企业,也很可能变成竞争对手。

迈克尔·波特的五力模型扩展了竞争分析的领域。五种竞争力量模型(five forces model)(见图3-3)是迈克尔·波特(Michael Porter)于20世纪80年代初提出的,他认为行业中存在着决定竞争规模和程度的五种力量,这五种力量综合起来影响着产业的吸引力以及现有企业的竞争战略决策。五种力量模型确定了竞争的五种主要来源,即新进入者的威胁、供应商的议价能力、购买者的议价能力、替代品的威胁以及现有竞争者之间竞争的激烈程度等五种行业力量。通过五力分析,企业应当能够对所在行业的竞争状况和吸引力做出判断,看是否有机会获得足够的甚至超额的投资回报。

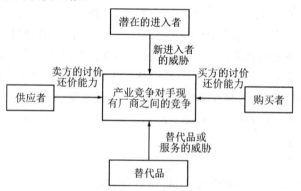

图3-3 波特的五种竞争力量模型

(1) 新进入者的威胁。

鉴别新进入者对企业来说非常重要,因为新进入者增加了行业的总产能,它们可能威胁到现有竞争者的市场份额。除非产品和服务的需求增长,否则额外的产能必然会降低产品价格,从而导致竞争企业收入和回报的下降。而且,新进入者通常更有兴趣和热情追求更大的市场份额,因此,新的竞争对手可能迫使现有企业提高效率,学习如何在新的领域展开竞争(比如使用基于互联网的分销渠道)。

企业进入新行业的可能性由两个因素决定:进入壁垒和对行业内现有企业实施报复行为的预期。

①进入壁垒。

进入壁垒使新的企业很难进入某一行业,而且就算它们能够进入也会处于不利的竞争地位。这样,高进入壁垒增加了行业内现有竞争者的利润,也可能使为数不多的企业形成对整个行业的控制。因此,为了阻止潜在竞争者的进入,现有竞争者(特别是赚取超额利润的企业)总是设法给行业制造进入壁垒。当研究一个行业的环境时,在特定行业中竞争的企业通过研究这些壁垒,来判定它们的竞争地位在多大程度上减小了新的竞争者能够进入市场与它们竞争的可能性。考虑进入某一行业的企业要通过研究进入壁垒来判定自己找到具有吸引力的竞争地位的可能性。

②预期的报复。

意图进入某个行业的企业还要估计行业中现有企业的反应。如果预计反应将会是迅速而强烈的竞争行动,则该企业进入的可能就较小。现有企业如果与该行业利益攸关(比如专用的固定资产,几乎不能用于其他行业),或者拥有大量的资源,或者行业的增长缓慢或受到限制,则该现有企业采取激烈报复的可能性会很大。

定位于行业内现有企业还未能提供服务的利基市场,新进入者就能避开进入壁垒。小的创业企业最好是寻找并服务于那些被忽视的细分市场。本田进入美国摩托车市场时,专注于小排量的摩托车市场,这个市场一直被哈雷戴维森等企业所忽视,通过定位于被忽视的利基市场,本田避开了竞争。在市场地位稳定后,通过推出更大排量的摩托车,向竞争对手发起攻击,在更广泛的市场上与对手展开竞争。

(2)供应商的议价能力。

供应商可能会通过提高价格或者降低产品质量来影响行业内的竞争者,在以下几种情况下,供应商将具有更强的议价能力:①供应掌握在少数几个大公司手中,其所在行业与其销售对象所在的行业比起来行业集中度更高;②供应商的产品没有很好的替代品;③对整个供应商行业而言,该行业中的企业不是其重要客户;④供应商的产品对购买者而言非常关键;⑤供应商的产品已经给行业企业制造了很高的转换成本;⑥供应商可前向整合,进入购买者企业所在的行业。

(3)购买者的议价能力。

企业总是寻求投资回报的最大化,换句话说,购买者(企业或行业客户)总是希望用尽可能低的价格购买产品,为了降低成本,购买者通常会讨价还价,要求更高的质量、更好的服务以及更低的价格。客户(由购买者组成的集团)在以下情况下拥有更强的议价能力:①其购买量占行业产出的很大比例;②购买产品产生的销售收入占供应商年收入的大部分;③能够不花费很大代价就转换到其他产品;④行业产品差别不大或者说标准化,并且存在购买者后向整合进入供应商行业的可能性;⑤客户在制造商的成本方面掌握了更大量的信息,并且互联网为销售及分销方式提供了更多选择。

供应商间的激烈竞争也会提高购买者的议价能力。如航空业,尽管供应商很少,但是干线客机的需求量相对也少。波音和空中客车争夺大型客机的绝大部分订单,在这个过程中给购买者创造了更大的议价能力。当一家大型航空公司发出信号,表明自己需要一批宽体客机,而这笔订单在空中客车和波音都能生产时,这两家公司很有可能会为这笔业务大打出手并安排融资,这强调了在这场潜在交易中购买者的议价能力。

(4)替代品的威胁。

替代品是指那些来自特定行业以外的产品和服务,而且这些产品和服务与现有行业提供的产品和服务类似或相同。例如,电子邮件替代传统信件,塑料容器替代玻璃瓶,茶叶替代咖啡,智能手机替代电脑,高铁替代航空运输等。

一般来说,如果客户面临的转换成本很低甚至为零,或者当替代品的价格更低或质量更好、性能接近甚至超过竞争产品时,替代品的威胁就会很强。在顾客认为有价值的方面(如价格、质量、售后服务、选址等)进行差异化,可以降低替代品的吸引力。

(5)现有竞争者之间竞争的激烈程度。

因为一个行业内的企业是相互制约的,企业的行为通常会引发竞争反应。如果企业受到来自竞争者的挑战,或者认识到一个显著改善其市场地位的机会,竞争者间的竞争行为就会加剧。

同一行业中的企业很少完全相同,它们在资源和能力方面各有不同,并努力使自己与竞争者不同。通常,企业会在顾客认为有价值的方面努力使自己的产品与竞争者提供的不同,并以此获得竞争优势。竞争一般都会基于价格、售后服务、创新或快速反应(加速新产品进入市场)等维度展开。

影响企业间竞争强度的最主要因素有:

①有大量或旗鼓相当的竞争者。

有很多企业参与行业竞争,竞争通常很激烈。如果有众多的竞争者,总会有人设想是否可以采取不致引发竞争者反应的行动。然而,有证据表明,其他企业通常都能注意到竞争的举动,并且通常会做出反应。另一种极端情况,一个行业如果只有少数几个规模和力量相当的企业,竞争也会非常激烈。这些企业拥有大量且规模类似的资源基础,允许企业采取强有力的竞争行动和反应。中国移动通信领域的中国移动、中国联通、中国电信,飞机制造领域的空中客车和波音之间的竞争战就是旗鼓相当的企业之间激烈竞争的典型例子。

②行业增长缓慢。

当市场处于成长阶段时,企业会将资源尽量用于有效要求不断扩充的顾客。在成长的市场中,企业很少会有从竞争对手那里争夺顾客的压力。但是,在不增长或增长缓慢的市场,企业会投入战斗并试图吸引竞争对手的顾客来扩大自己的市场份额,这样的竞争将会非常激烈,竞争引起的市场不稳定会使行业中所有企业的利润均有不同程度的下降。

③高额固定成本或库存成本。

如固定成本占了总成本的一大部分,企业就会想办法最大化地利用其生产能力,这样就可以用更大的产出量来分摊成本。但是当众多企业都试图将产能最大化时,整个行业将会出现产能过剩。为了减少库存,某些企业就会开始降低产品价格,给顾客提供回扣或其他特别的折扣。然而,这种做法经常引发激烈的竞争。行业的剩余产能引发企业激烈竞争的情形,经常可以在那些具有高库存成本的行业看到。例如,那些容易腐烂变质的产品,其价值随时间的推移迅速降低。当库存增加时,生产者通常会使用灵活的定价策略,使产品能够更快销售出去。

④缺少差异化或低转换成本。

当购买者找到一个能够满足其需求的差异化产品之后,他会一直忠诚地购买同样的产品。如果行业中企业的产品能够成功地实现差异化,则企业间的竞争程度就较低,能够开发并保持竞争者难以模仿的差异化产品的企业,往往容易赚取更高的利润。然而,当购买者认为产品同质化严重(即产品缺乏差异化特征和能力)时,竞争程度就会很高。这时,购买者的购买决策主要基于价格,然后考虑服务。个人电脑越来越成为同质化商品,因此联想、戴尔和惠普等电脑生产商之间的竞争非常激烈,这些企业会努力使其产品差异化。

⑤退出壁垒高。

有时由于企业面临着很高的退出壁垒,尽管该行业投资回报很低甚至为负数,但企业仍会留在该行业,坚持参与竞争。常见的退出壁垒包括:①专门化的资本(只有在特定的产业或地区有价值的资产);②退出的固定成本(如劳工合同);③战略相关性(公司一种业务与其他业务之间有着相互依存的某种关系,如共享的设施、融资渠道等);④情感障碍(由于担心自己的前途、忠诚于员工等原因,不愿采取激烈的经济调整措施);⑤政府和社会约束(政府对失业和地区经济影响的关注)。

管理案例

我国新闻客户端的五力分析

1. 供应商:内容霸权与平台霸权

我国新闻客户端产品的供应商指的是新闻内容的生产者。在经济学中,供方主要通过其提高投入要素价格与降低单位价值质量的能力,来影响行业中现有企业的盈利能力与产品竞争力。新闻内容生产者力量的强弱取决于其内容产出。我国新闻行业有其运行的特殊性,新闻行业有严格的市场准入机制。作为我国新闻客户端的两个内容供应主体之一的媒体机构拥有采访权,而自媒体和影响力较弱的门户网站都暂时不具备采访权,传统媒体的内容生产更多符合新闻传播的规律,兼顾时效性的同时也注重真实性与权威性,对于许多重大社会热点事件,多处于"辟谣者"位置。毫无疑问,传统媒体处于"内容霸权"的绝对地位。

与传统媒体同处生产者位置的自媒体,在内容原创度方面没有明显优势,却由于其强大的内容基数对各大内容平台有强大吸引力,拥有大量用户基础的各内容平台则处于"平台霸权"的位置。自媒体在如今的媒介融合大环境下展现出的优秀信息策展能力和对传播语态、热点的精准把握等方面值得肯定。自媒体本身的影响力相比传统媒体有限,所以其展示平台显得尤其重要,聚合类新闻客户端以及微信、微博等交互性较强的平台成为自媒体内容产生的重要平台。内容生产的专业性不再为新闻从业者专享,但同时层出不穷的侵权事件,以及为追求轰动效应、追求偏激的"新闻价值"而忽略"社会价值"的资讯引发了媒体人的危机意识:必须提升新闻业的专业门槛。新闻伦理、新闻专业精神和特许牌照三个方面被视为在新闻行业边界竞争中获得合法性的保障。

2. 用户:长尾效应催生新闻客户端类型更加丰富

新闻客户端产品的购买者即用户和广告商,用户即受众,是新闻信息的接收者,是广大网民。目前受众的细分化倾向更加明显。美国传播学者布鲁默将受众称为"mass",意指其为"乌合之众"。

随着时代的发展和传播学研究的深入,这一理论逐渐被"社会分化论"所取代。人们逐渐认识到受众并不是没有差异的"乌合之众"。相反,在全媒体和富媒体时代受众越来越分层化。细分化的受众给了基于个性化推荐的内容以广阔市场。长尾效应催生新闻客户端的类型更加丰富,网民有需求,新闻热点实时更新,自媒体爆文、爆款的出现就是对传统媒体资讯信息发布无法企及的"即时性"做出的修正。即使在头部效应明显的综合类新闻客户端的大平台之下,自媒体人仍在不断探索垂直细分领域的新闻资讯的表现形式。长尾效应下的利基市场,以及AI、VR、AR等新技术加持,新闻资讯市场被发现仍有巨大发展潜力。

3. 新进入者:寻找新闻传媒行业的相对蓝海

以时间轴线来看,我国垂直领域的新闻客户端是我国新闻客户端行业的新进入者,新进入者在给行业带来新生产能力、新资源的同时,希望在已被现有企业瓜分完毕的资讯市场中赢得一席之地,这就有可能会与现有企业发生原材料与市场份额的竞争。目前,我国垂直领域的新闻客户端正如火如荼地发展,尤其在体育、科技、军事等领域获得受众信赖。在新闻客户端领域红海状态下,头部效应日趋明显,面对激烈的互联网竞争,新进入者面对新闻业痛点,更应寻找新闻客户端行业的相对蓝海。如新进入者做好市场的分析,避免几个热点细分领域的簇拥。深耕细分,合理布局发力点,找好自身市场定位。

4. 替代品:"两微"等应用程序的外部威胁

从新闻客户端行业外部来看,面临的竞争更加激烈。移动终端不仅仅是一个媒体终端,更是一个多元化、多功能的通信、娱乐、社交平台,所以新闻客户端会面临各种游戏娱乐、社交通信、办公学习、理财购物等应用程序的竞争。两个处于同行业或不同行业中的企业,可能会由于所生产的产品互为替代品,从而产生竞争行为。根据人民网和艾媒咨询2016年中国传统媒体移动端传播渠道的占有情况可以发现,我国传统媒体在移动端开通微信账号的比例接近100%;已入驻聚合App的比例为85.75%;而自身运营转型App的占比仅为69.25%。在《关于推动传统媒体和新兴媒体融合发展的指导意见》发布之后,"两微一端"成为传统媒体的标配。然而在实际运行过程中,新闻客户端由于开发、运营和维护成本较高,"一端"的落地较微信、微博、聚合平台的入驻,显得尤为缓慢。

比如,"今日头条"与微信的市场竞争日趋激烈,"今日头条"不仅开通了"头条号",培养自身平台的自媒体作者,同时积极发展自身的社交属性,鼓励留言,发展多种基于社交的附属客户端。

5. 内部竞争要素:内容生成是核心

内容生成是指新闻客户端内容生产机制,包括内容来源、内容创作方式、内容特色打造方式等内容生成策略的设计。新闻客户端是以提供新闻信息为主要功能的应用,因而内容生成是新闻客户端的主要竞争因素。

界面设计和品牌经营等其他方面,对新闻客户端的内部竞争同样重要。用户界面是新闻客户端的"门面",也是用户使用和操作新闻客户端的方式。独特的界面风格、优秀的操作逻辑,可以增加受众对客户端的好感度。品牌经营也是分析客户端竞争策略的重要内容,良好的品牌经营对于新闻客户端的推广有重要作用。

聚合类新闻客户端的技术特点丰富了其内容来源。一方面,新闻客户端产业的内部竞争与传统类新闻客户端的内容大战激烈展开,在内容版权方面都要维护自身的合法权益。另一方面,两类新闻客户端之间积极尝试内容合作。聚合类新闻客户端通过信息流分成的方式给原创内容的提供者传统类新闻客户端以利益分成,传统类新闻客户端积极学习聚合类新闻客户端的算法以及个性化推送技术。两者由完全竞争逐渐转向竞合关系。

(资料来源:张卫力,王真,刘伟敬.我国新闻客户端竞争态势分析:基于波特五力模型视角[J].青年记者,2018(17):18-19.)

3.2.3 利益相关者分析

"乌卡"时代、移动互联时代的企业处于动态、复杂的生态系统之中,企业边界和企业竞争已经发生深刻变化,企业竞争的产业边界日渐模糊,企业竞争层次已经从产业链竞争升级到生态系统的竞争。企业生态系统是企业与企业生态环境形成的相互作用、相互影响的系统。企业生态系统超越了传统的价值链、生产链、管理链、资金链,涉及包括供应商、经销商、外包服务公司、融资机构、关键技术提供商、互补和替代产品制造商、竞争对手、客户和监管机构与媒体等在内的相关利益相关者。而且,这些利益相关者之间也存在着合作和竞争关系。在这个生态系统中,对每一家企业来说,生活在它周围的其他企业、组织和社会经济环境构成了其生存的外部环境。企业与外部环境通过物质、能量和信息的交换,构成一个相互作用、相互依赖、共同发展的整体。因此,在制定公司战略时,不能只着眼于公司本身,还应了解整个生态体系状况及公司在系统中扮演的角色。基于生态体系的战略不仅使公司自身得利,而且使所有体系成员共同受益,形成生态链上的良性循环。

> **管理案例**
>
> **阿里巴巴的商业生态系统**
>
> 阿里巴巴,以淘宝、天猫等为平台收集用户数据,形成大数据平台,利用数据优势进军金融服务领域,包括第三方支付、小额贷、互联网基金、互联网银行、互联网保险等,同时控制线下物流体系,打通商品信息流、物流和资金流,基于互联网和移动互联网围绕消费者生活构建生态系统。阿里巴巴还根据特定业务打造商业生态系统。例如飞猪,在阿里云平台上,以阿里在线及移动电商架构为基础,天猫、淘宝网、蚂蚁金服、支付宝、聚划算等许多商业主体集聚在买家和卖家周边,以利益共享的方式形成了相互支持和促进的商业生态系统。

"利益相关者"(stakeholder)这一词最早被提出可以追溯到1984年,爱德华·弗里曼(Edward Freeman)出版了《战略管理:利益相关者管理的分析方法》一书,明确提出了利益相关者管理理论。利益相关者分析模型与传统的行业分析模型不同,该理论认为:企业经营管理者是为综合和平衡各个利益相关者的利益要求而进行的管理活动;任何一家企业的发展都离不开各个利益相关者的参与,利益相关者会影响企业的决策和活动;从本质上说,企业追求的是利益相关者的整体利益,而不仅仅是某些特定主体的利益,如股东、管理者、员工的利益。

作为一个分析框架,企业的利益相关者总体上包括了企业的股东、债权人、雇员、消费者、供应商等交易伙伴,也包括政府部门、本地居民、本地社区、媒体、环保主义组织等,甚至包括自然环境、人类后代等受到企业经营活动直接或间接影响的客体。比如,克拉克森引入了专用性投资的概念,认为利益相关者是指那些在企业的生产活动中进行了一定的专用性投资,并承担了一定风险的个体和群体,其活动能够影响或者改变企业的目标,或者受到企业实现其目标过程的影响。按照爱德华·弗里曼的分类,利益相关者包括两类:一类是那些对企业行为和绩效产生影响的全部个体和群体;另一类是那些利益受到企业行为和绩效影响的全部个体与群体。国内学者李维安、王世权(2007)在综述了相关文献后将利益相关者进行了狭义和广义的概括。狭义的利益相关者是指组织没有其支持,就不能存在的群体或个人,如股东、员工、管理人员、顾客、债权人、供应商等。广义的利益相关者是任何能够影响组织目标的实现或受这种实现影响的群体或个人,如股东、债权人、雇员、供应商、消费者、政府部门、相关的社会组织和社会团体、周边的社会成员等。

不同类型的利益相关者对企业管理决策的影响,或者被企业活动影响的程度是不一样的,企业要正确识别出自己的利益相关者,尤其是那些重要的利益相关者,显得非常重要。对于利益相关者识别的方法,比较主流的是美国学者 Mitchell 和 Wood 于 1997 年提出来的米切尔评分法。根据该方法,利益相关者必须具备合法性、影响力、紧急性这三种属性中的至少一种,否则就不能算作利益相关者(见表 3-2)。所谓合法性(legitimacy)是指某一群体是否被赋予法律上、道义上或者特定的对于企业的索取权;所谓影响力(power)是指某一群体是否拥有影响企业决策的地位、能力和相应的手段;所谓紧急性(urgency)是指某一群体的要求能否立即引起管理层的关注。

表 3-2 米切尔评分法

利益相关者	合法性			影响力			紧急性		
	很不重要	一般	非常重要	很不重要	一般	非常重要	很不重要	一般	非常重要
股东		√				√			√
顾客	√					√			√
供应商		√			√			√	
大学		√		√				√	
政府部门			√		√				√
本地社区		√				√		√	
宗教团体		√		√				√	
其他	√			√				√	

在明确界定出企业的利益相关者之后,从三个方面的重要性进行评分,根据评分大小来划分利益相关者的类型。利益相关者可分为三种类型:

①决定型利益相关者(definitive stakeholders),这类利益相关者需要同时拥有合法性、权利性和紧迫性。这就成为企业首先需要关注的对象,主要包括股东、员工和顾客。

②预期型利益相关者(expectant stakeholders),这类利益相关者在三种属性中的任意两种上都有较高的评分,通常也是需要企业加以关注的对象,主要包括投资者、政府部门、媒体等。

③潜在型利益相关者(latent stakeholders),这类利益相关者往往在三种属性中的其中一种上表现出较高的评分。这类群体往往不是当前企业需要重点关注的对象,但也可能发展成为预期型利益相关者和决定型利益相关者。

界定和识别出了企业的各类利益相关者之后,企业的关键任务是如何更好地满足利益相关者的利益诉求,否则,利益相关者会对企业的行为和绩效形成压力。所以,理解不同利益相关者的预期特点对于满足其诉求至关重要。比如,公司 CEO 作为内部非常重要的利益相关者,其主要看重企业的短期利润、个人的社会声誉、个人的成长性及在企业内部的权力,这些利益因素会直接影响其在经理人市场上的价值。公司股东尤其是大股东,比较看重企业能否分红,公司能否保持一定的稳定成长性以及业绩等的平稳性。关键客户则重点关注公司是否提供优惠购买条件,是否能与公司相关人员形成个人关系,是否可以更早获取新产品信息,企业能为自己提供什么激励。公司所在地政府主要看重公司发展为地方创造的就业机会和税收。

研发人员则看重企业能否提供创新和支持性环境、自主性与自由度(见表3-3)。

表3-3 关键利益相关者及其期待

关键利益相关者	可能的期待
CEO	短期利润、声誉、成长、在企业的权力
大股东	分红、可持续的增长、稳定发展
关键客户	优惠的购买条件、个人关系、获取新产品早期信息、个人利益
本地政府	就业岗位、税收
研发人员	创新和支持性环境、自主性与自由度

3.3 内部环境分析

3.3.1 企业资源

所谓资源,是企业在创造价值过程中的各种投入,是可以用来创造价值的资料。企业的有些资源(企业生产过程中的投入品)是有形的,有些资源则是无形的。有形资源(tangible resources)是指那些可见的、能够量化的资产。生产器械、制造设备、销售中心等,都属于有形资源。有形资源可归为四种类型:财务资源、组织资源、实物资源以及技术资源(见表3-4)。无形资源(intangible resources)则是指那些深深根植于企业的历史之中,长期以来积累下来的资产。由于以一种独特的方式存在,无形资源通常不易于被竞争对手了解、分析和模仿。知识、管理者和员工之间的信任和联系、管理能力、组织制度、研发能力、创新能力、品牌、企业凭借自己的产品和服务获得的声誉以及组织文化,这些都属于无形资源。无形资源需要得到扶持来保持其能力以帮助公司获得竞争优势。无形资源可归为三种类型:人力资源、创新资源以及声誉资源(见表3-5)。

表3-4 有形资源

财务资源	企业的借款能力 企业产生内部资金的能力
组织资源	企业正式的报告结构,以及正式的计划、控制和协调系统
实物资源	企业的厂房和设备的先进程度以及获取原材料的能力
技术资源	技术的含量,如专利、商标、版权和商业机密

表3-5 无形资源

人力资源	信任、管理能力、组织惯例
创新资源	创意、研发能力、创新能力
声誉资源	客户声誉 对产品质量、耐久性和可靠性的理解 供应商声誉 有效率的、有效的、支持性的和双赢的关系以及交往方式

作为有形资源,企业的借款能力以及物质设施的状况都是可见的。许多有形资源的价值可以在财务报表中得到反映,但是这些报表忽略了一些无形资源的价值。有形资源的价值是有限的,因为企业很难更深地挖掘它们的价值,也就是说,企业很难从有形资源中获取额外的业务或价值。例如,飞机是一种有形资源或资产,但你不能让同一架飞机同时飞行在五条不同的航线上,你也不能让同一名飞行员同时飞行在五条不同的航线上,针对飞机做出的财务投资也属于有形资源,难以为企业提供额外的价值。

尽管生产性资产是有形的,但使用这些资产的很多流程却是无形的。因此,与制造设备这样的有形资源相关的学习过程以及潜在的专有流程都拥有独特的无形资产性质,如质量控制流程、独特的生产流程,以及随时间不断发展并为企业带来竞争优势的先进技术等,与有形资源相比,无形资源是一种更高级、更有效的核心竞争力来源。

由于无形资源不可见,而且难以被竞争对手所了解、购买、模仿或替代,企业更愿意将无形资源而不是有形资源作为开发企业能力和核心竞争力的基础。实际上,一种资源越不容易观察得到(即无形),以之为基础建立起来的竞争优势就越具有持续性。无形资源具有的与大多数有形资源不同的另一个优势是,它们的价值可以得到更大程度的利用。举例来说,企业员工之间的知识共享,对于其中任何一个人而言价值都不会减少;相反,两个不同的人如果能够共享各自的知识,他们的知识集合就会得到更充分的利用,这通常会创造出更多的知识。对于双方来说那些都是全新的知识,它们能够帮助企业进一步提高经营业绩。

如表 3-5 所示,声誉这种无形资源是企业能力及核心竞争力的一个重要来源,良好的声誉能够为企业创造价值。但良好的声誉是依靠企业的行动和宣传培养出来的,是企业用自己连续数十年在市场上的出众表现换来的,体现了企业各利益相关者对企业竞争力的认可。声誉表明了企业的发展能够被利益相关者所认识到的程度,同时也表明了他们对企业经营状况的认同程度。拥有一个高知名度且备受重视的品牌名称,就是把声誉转化为企业竞争优势的一种应用方式。

3.3.2 企业能力

1)能力

企业的能力分析是战略管理领域中一种传统的分析方法。所谓能力,是企业运用一组资源完成某一任务或活动的潜力,通常可以把能力分为营销能力、生产能力、财务能力、组织能力、研发能力等五类。

资源与能力的关系,从广义上讲,任何对企业创造价值有用的东西,或可以作为企业选择和实施战略基础的东西,都可以看作是企业资源,如资产组合、对外关系、品牌形象、员工队伍、管理人才、知识产权等。根据这一广义理解,企业的能力也可以看作是一种企业资源,一种能够帮助企业发现、获取、组合、应用和更新企业资源的高层次资源。从狭义上讲,资源和能力是完全不同的。前者主要是从企业所拥有的各种资产的角度来解释的,后者主要是从解决企业问题的角度来解释。资源可以看作是相对静态的资产、项目、属性、关系和存在;能力可以理解为组合和应用资源的技能和手段,以及经营活动中具有行动导向的功能操作水平。企业将有形资源和无形资源进行组合以形成能力。反过来,能力又可用来完成企业生产、分配和售后服务所需的组织任务,从而为消费者创造价值。

2) 核心能力

核心能力也称为核心竞争力(the core competence of the corporation)。1990年普拉哈拉德和哈默在《企业核心能力》一文中指出:"核心竞争力是在一个组织内部经过整合了的知识和技能,尤其是关于怎样协调多种生产技能和整合不同技术的知识和技能。"普拉哈拉德和哈默把核心能力比作企业竞争优势之树的根,由能力之根生长出核心产品,再由核心产品到各经营单位生产出各种最终产品。多种经营的企业就好比是一棵大树,树干和树枝是核心产品,较小的树枝是经营单位,而树叶、花、果实则是最终产品。树的根系则提供了大树所需的营养,大树的稳定性就是核心能力。

按照麦肯锡咨询公司的观点,所谓核心能力是指某一组织内部一系列互补的技能和知识的结合,它具有使一项或多项业务达到竞争领域一流水平的能力。核心能力由洞察预见能力和前线执行能力构成。洞察预见能力主要来源于科学技术知识、独有的数据、产品的创造性、卓越的分析和推理能力等;前线执行能力产生于这样一种情形,即最终产品或服务的质量会因前线工作人员的工作质量而发生改变。

3.3.3 企业资源与能力对竞争优势的贡献

资源与能力的具体形式多种多样,都是企业经营活动过程中不可或缺的,但不同形式的资源与能力对企业的重要性以及企业价值创造中的贡献是不同的。一项企业资源要有价值,要能对竞争优势有贡献,则必须满足三个方面的条件:能够用来更好满足顾客需求、具有稀缺性和难以模仿性、具有可获得性。有价值的资源就存在于这三方面的交叉区域(如图3-4)。

①顾客需求。资源价值的第一个决定因素处于产品市场中,一个有价值的资源必须是能够以顾客愿意支付的价格来满足顾客的需求,企业必须不断地重新评估他们赖以竞争的行业所具有的吸引力,以及他们的资源对当前或未来需求的满足程度。从顾客需求的角度来讲,只有当企业的资源能够比竞争对手的资源更好地满足顾客需求,其资源才具有价值。

②资源稀缺性及难以模仿。资源价值所必需的第二个条件就是它是否处于短缺供应状态,是否稀缺。如果这种资源供应充足,任何竞争对手都能够轻易获得,则竞争优势也就不成其为竞争优势。不可模仿性限制了竞争,也是有价值资源的必要条件。当资源具有物理上的独特性、路径依赖性、因果含糊性和经济制约性中的一种或一种以上的特点时,企业资源就具有了难以模仿的特征。

③可获得性。只有资源拥有者获得了该资源创造的利润,该资源才是有价值的资源。

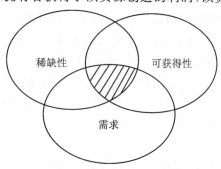

图3-4 价值创造区域

巴尼提出的"VRIN"分析框架也提供了一个思路,可以用来分析资源和能力是否对竞争优势的形成有贡献(见表3-6)。

①有价值(V)。能带来竞争优势的资源与能力应该是有价值的;应当有利于企业效率的提高,应该能使企业利用外部机会或减少外部威胁;能够使企业在创造价值和降低成本方面比竞争对手更优秀。同时,它也能给消费者带来独特的价值和利益。

②稀缺(R)。一个企业拥有的核心能力应该是企业独一无二的,只有少数企业在现在和将来拥有同类资源,而其他企业不具备、至少暂时不具备。如,矿藏企业拥有的天然矿产资源、高科技企业的核心技术等。

③难模仿性(I)。核心能力在企业长期的生产经营活动过程中积累形成,深深打上了企业特殊组成、特殊经历的烙印,其他企业难以模仿。例如专利技术、巨额投资项目等。

④难替代性(N)。由于核心能力具有难以模仿的特点,因而依靠这种能力生产出来的产品(包括服务)在市场上也不会轻易被其他产品所替代。

表3-6 VRIN与竞争优势

有价值	稀缺	难模仿	难替代	竞争后果	对效益的含义
无	无	无	无	无竞争优势	低于平均水平的回报
有	无	无	无	竞争均势	平均水平的回报
有	有	无	有/无	暂时的竞争优势	高于或等于平均水平的回报
有	有	有	有	可持续的竞争优势	高于平均水平的回报

3.3.4 价值链分析

在确认由企业控制的、具有潜在价值的资源和能力时,一种可行的方法是研究其价值链。价值链是企业的一系列商业活动,包括产品和服务的开发、生产及营销。企业价值链中的每一环节都需要不同资源和能力的运用与融合,由于不同企业对可采用的价值链活动存在多种选择,因此它们最终可能开发出不同的资源和能力,这些选择通常意味着企业所采取和实施的战略。1985年,迈克尔·波特在其出版的《竞争优势》一书中提出了价值链分析(value chain analysis)的方法。

1)价值链分析的基本原理

迈克尔·波特提出:企业每项生产经营活动都是其为顾客创造价值的经济活动,所有的互不相同但又相互关联的价值创造活动叠加在一起,便构成了创造价值的一个动态过程,即价值链。他认为,把企业作为一个整体来看待,是无法理解企业的竞争优势的,战略的基本单位是"活动",竞争优势来源于企业在设计、生产、营销、交货等过程和辅助过程中所进行的许多相互分离而又相互衔接的活动。企业是通过比竞争对手更廉价或更出色地开展价值创造活动来获得竞争优势的,他认为,如果企业所创造的价值大于成本,就能盈利;企业所创造的价值大于竞争对手创造的价值,就会拥有更多的竞争优势。

2)价值链分析模型

在波特的价值链分析模型中(见图3-5),创造价值的活动被分为两大类:基本活动和辅助活动(支持性活动)。

(1)基本活动,是指生产经营的实质性活动,包括内部物流、生产运营、外部物流、市场营销和服务，这些活动直接与商品实体的加工流转有关，是企业的基本增值活动，每种活动又可以根据具体产业和企业的特性进一步细化为若干项活动。其中，内部物流包括了与产品投入有关的采购、仓储及分销等活动，如原材料的装卸、入库、盘存、运输等。生产运营指将投入转化为最终产品的活动，如加工、装配、包装、设备维修、检测等。外部物流是指与产品的库存、配送给购买者相关的活动，如最终产品的入库、接收订单、送货等。市场营销是指促进和引导购买者购买最终产品的活动，如广告、定价、销售渠道等。服务则指与保持和提高产品价值有关的活动，如培训、维修、零部件的供应和产品调试等。

（2）辅助活动，是用以支持基本活动而且内部又相互关联的活动，包括企业基础设施、人力资源管理、技术开发、采购等。其中，基础设施是企业的组织结构、惯例、控制系统以及文化等活动，由于企业高层管理人员在企业这些方面往往发挥着重要影响，因此高层管理人员也常被视为基础设施的一部分。人力资源管理是指企业职工的招聘、雇用、培训、提拔和退休等管理活动，在调动员工生产经营积极性上起着重要作用，影响着企业的竞争力，这些活动支持着企业中每项基础活动及整个价值链。技术开发是指可以改进企业产品与工序效率的一系列技术活动，既包括生产性技术，也包括非生产性技术，它们不仅与企业的最终产品直接相关，也支持着企业的全部活动，成为影响企业竞争力的一个关键因素。采购是指购买用于企业价值链各种投入的活动，而不是外购投入本身（外购的投入包括原材料、储备物资和其他易耗品，也包括各种资产）。

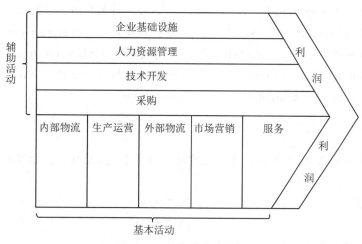

图 3-5 波特价值链分析

3）价值链分析的意义

研究企业的价值链将促使我们在更微观的层面考虑企业的资源和能力。通常情况下，考察每个企业所从事的具体活动，对于我们理解企业的财务、物质、人力及组织资源的类型更有帮助，从这个意义上讲，价值链分析可以帮助企业更详细地理解基于资源的竞争优势来源。

以石油行业为例，这个产业里存在一系列将原油转化为最终消费品（如汽油）的环节，包括原油勘探、原油钻探、原油抽取、原油运输、原油购买、原油精炼、向分销商销售精炼产品、运输精炼产品以及向最终客户销售精炼产品等，这些环节形成一个产业链，如图 3-6 所示。

产业中从事不同环节的企业往往会具有非常不同的资源和能力。例如，原油勘探和成品油销售，在原油勘探环节需要大量的资金投入，因而企业需要具有雄厚的财务资源、土地开发

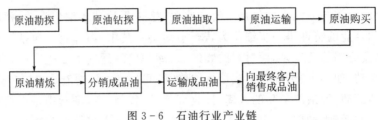

图 3-6 石油行业产业链

权(物质资源)、丰富的科技知识(人力资源)等,而成品油销售企业需要的资源投入包括用于加油站建设的财务资源与物质资源,也包括从事产品销售所需的人力资源与组织资源,二者通常差别非常大。

即使对处于相同价值链环节的企业而言,它们所采取的经营方式也可能相差甚远,因而形成非常不同的资源和能力。例如,对两家从事成品油销售的企业而言,一家可能通过自建渠道来完成销售,而另一家则可能借助经销商来进行销售。尽管这两家企业可能拥有类似的人力资源和组织资源,但第一家企业的财务资源和物质资源与第二家却存在很大不同。

关键词

宏观环境(macro environment)　　　　行业环境(industry environment)
五力模型(five forces model)　　　　　PESTEL 分析(PESTEL analysis)
行业寿命周期(industry life cycle)　　　经验曲线效应(experience curve effect)
利益相关者分析(stakeholder analysis)　有形资源(tangible resources)
无形资源(intangible resources)　　　　价值链分析(value chain analysis)
核心竞争力(the core competence of the corporation)

课后测试

1. 美国学者邓肯认为:决策时缺乏相关的环境因素信息,无从得知决策结果、无法预测环境对决策的影响是指环境的(　　)。
   A. 不稳定性　　　　　　　　　B. 不确定性
   C. 复杂性　　　　　　　　　　D. 模糊性
2. 按照美国学者邓肯的观点,复杂且不稳定的环境属于(　　)。
   A. 低不确定性　　　　　　　　B. 低至中等程度不确定性
   C. 中至高程度不确定性　　　　D. 高程度不确定性
3. 不属于 PESTEL 分析内容的是(　　)。
   A. 行业经济特性　　　　　　　B. 政治因素
   C. 社会文化因素　　　　　　　D. 经济因素
4. "销售增长缓慢、产品设计未定型、生产能力过剩、竞争少、风险大、利润很少甚至亏损"属于行业寿命周期哪个阶段的特征?(　　)
   A. 导入期　　B. 成长期　　C. 成熟期　　D. 衰退期
5. 产生经验曲线效应的原因是(　　)。
   A. 学习效果　　B. 科技进步　　C. 产品改善　　D. 以上三者都包括

6.供应商可能会通过提高价格或者降低产品质量来影响行业内的竞争者,在哪种情况下,供应商议价能力较弱(   )。

A.供应商可前向整合,进入购买者企业所在的行业

B.供应商的产品有很好的替代品

C.对整个供应商行业而言,该行业中的企业不是其重要客户

D.供应商的产品对购买者而言非常关键

7.进入壁垒使新的企业很难进入某一行业,而且就算它们能够进入也会处于不利的竞争地位,下列属于进入壁垒的是(   )。

A.战略相关性　　　B.情感障碍　　　C.高转换成本　　　D.专门化的资本

8.按照米切尔评分法,属于决定型利益相关者的是(   )。

A.股东　　　　　　B.政府部门　　　C.媒体　　　　　　D.社会公益组织

9.资源是企业在创造价值过程中的各种投入,是可以用来创造价值的资料。企业的有些资源是有形的,有些则是无形的。下列属于无形资源的是(   )。

A.财务资源　　　　B.实物资源　　　C.技术资源　　　　D.创新能力

10.巴尼提出的"VRIN"分析框架可以用来分析资源和能力是否对竞争优势的形成有贡献,当企业拥有有价值、稀缺、难模仿和难替代的资源和能力时,其竞争后果是(   )。

A.无竞争优势　　　　　　　　　　B.竞争均势

C.暂时的竞争优势　　　　　　　　D.可持续的竞争优势

11.在波特的价值链分析模型中,创造价值的活动被分为两大类:基本活动和辅助活动,下列属于基本活动的是(   )。

A.人力资源管理　　　　　　　　　B.技术开发

C.生产运营　　　　　　　　　　　D.采购

12.提出价值链分析方法的是(   )。

A.罗伯特·格兰特　　B.普拉哈拉德　　C.巴尼　　　　D.迈克尔·波特

复习与思考

1.环境具有哪些特征?

2.企业宏观环境分析要考虑哪些因素?

3.行业分析一般包括哪些因素?

4.什么是行业寿命周期?说明行业寿命周期各阶段的特征。

5.请使用企业资源分析框架(VRIN)对你熟悉的组织进行分析。

6.试用波特的五种竞争力量模型分析一个行业的竞争结构。

7.利益相关者由哪些主体构成?

8.如何理解企业资源与能力对竞争优势的贡献?

9.如何对企业资源进行分类?

10.请说明价值链分析的基本原理。

11.宜家家具的很多用户都选择自行组装,请通过价值链分析来解释这一现象。

知识拓展

[1] DUNCAN,R. B. Characteristics of organizational environments and perceived environmental uncertainty[J]. Administrative Science Quarterly,1972,17(3):313-327.

[2] 黄传荣,陈丽珍.衰退产业研究现状及展望[J].湖南科技大学学报(社会科学版),2012,15(6):94-97.

[3] 李超,李伟,张力千.国外新兴产业生命周期理论研究述评与展望[J].科技进步与对策,2015,32(2):155-160.

[4] 董雪艳,王铁男,赵超.企业资源的效用度量和匹配测度模型[J].管理评论,2016,28(5):107-121.

[5] 陈其然.基于PESTEL分析的重庆跨境电子商务发展环境研究[J].现代经济信息,2020(5):148-149.

[6] 周至,孙宇祥.五力模型与OODA环模型相融合的企业战略决策模型[J].河海大学学报(哲学社会科学版),2020,22(3):74-81,107-108.

[7] 郭旭,周山荣.基于"五力模型"的中国酱香型白酒产业竞争环境分析[J].中国酿造,2019,38(6):212-217.

[8] 张卫力,王真,刘伟敬.我国新闻客户端竞争态势分析:基于波特五力模型视角[J].青年记者,2018(17):18-19.

[9] 刘明.战略集团与企业业绩的关系:基于中国水泥上市公司(2005—2010年)的实证研究[J].首都经济贸易大学学报,2012,14(3):60-65.

[10] 罗辉道,项保华.战略集团研究综述[J].科研管理,2005(6):9-14,19.

[11] 王蕾.基于"五力模型"的新疆葡萄酒产业价值链分析[J].中国酿造,2017,36(1):196-200

[12] 迟晓英,宣国良.价值链研究发展综述[J].外国经济与管理,2000(1):25-30.

第4章 基本竞争战略

📝 **管理名言**

  战略是定位、取舍和建立活动之间的一致性,就是企业在竞争中做出取舍,其实质是确定什么可以不做。
——迈克尔·波特

  竞争战略就是采取进攻性或防御性行动,在产业中建立起进退有据的地位,成功地对付五种竞争力量,从而为公司赢得超常的投资收益。
——迈克尔·波特

 学习目标

1. 理解竞争优势的表现形式以及竞争优势与竞争战略的匹配。
2. 理解总成本领先战略、差异化战略、聚焦战略的含义及优缺点、适用条件。
3. 了解定位的概念、四步定位法。

引入案例

"不走寻常路"的顺丰

  2016年4月20—25日,顺丰速运(简称"顺丰")接连在烟台、无锡、深圳开了三场发布会,向供应商推介顺丰最新的水果寄递行业定制化解决方案——"五攻高强":从"攻异、攻鲜、攻快、攻准、攻优"五个方面确保将供应商的生鲜水果精准送到客户手中。这一举动再次彰显了这家在业内以"不走寻常路"而知名的快递企业对于冷链物流这一差异化细分市场的野心。纵观顺丰的整个发展历程,"不走寻常路"似乎已成为其融于企业文化的一种特质。

  在我国,快递业是一个高度竞争的行业。在激烈的行业竞争中,逐步诞生了以顺丰和"四通一达"为代表的一大批民营快递企业,同时,以 DHL、FedEx、UPS 和 TNT 四大快递巨头为代表的国外快递企业也逐步进入中国市场。目前,中国快递市场已经形成了中国邮政、民营快递企业、国外巨头三分天下的竞争局面。由于快递行业服务高度同质化,民营快递企业为了在竞争中取得优势地位纷纷采取价格竞争,彼此之间不断压价,使得诸如恶意竞争、服务态度恶劣、快递员从业素质参差不齐等行业乱象时常见诸报端。圆通速递华中管理区副总王泽义对此表达了诸多担忧:"一单一两元利润的时代早就过去了,现在一单只有几角钱的利润。"他称,由于行业内多年来的无序竞争,一直还打着价格战,特别是电商业务的爆发,快递企业虽然业务量逐年递增,但同样人工、仓储、车辆等成本也在增加,导致利润越来越少。面对这样的竞争状况,顺丰并没有加入"价格大战",反而勇于挑战"谁先涨价谁死"的行业潜规则。在2015年伊始顺丰发布涨价通知,整体涨幅达2%。顺丰为何有这样的底气呢?要想回答这一问题就不得不提及其长期经营的差异化优势。

  在很多人眼中,中国只有两种快递公司:一种叫顺丰,另一种叫其他。顺丰与其他快递公司在最初的也是最深刻的区别是经营模式的差异。不同于业内竞争对手所采用的加盟连锁的经营模式,顺丰的所有快递网点均由其直接经营。在这种模式下,顺丰能够对各个网点进行更有效的监控,实行公司定制的标准化工作流,让服务质量和运营效率得到体制上的保障。同时,直营模式也使得顺丰在全国范围内更好地普及和使用其信息系统和技术设备,利用这些信息系统和技术设备,顺丰得以更快速地处理客户数据,完成分拣运输,同时能够监控整个运输流程,保证快件的安全。此外,顺丰在内部实行"罚点"等更加强有力的管控机制,对送检错误的员工给予重罚,保障了快递揽送过程的准确、安全。

为了满足目标客户对于快递速度的需求,顺丰在业内最先尝试使用货运飞机进行运输。2003年,"非典"肆虐,航空公司生意惨淡。趁着航空运价大跌,顺丰和当时刚成立的扬子江快运(海航集团旗下)签约,租用下5架737全货机,在广州—上海—杭州这三个集散中心间往返。这让它成为国内第一家用飞机运送快件的民营快递企业。同时,它还和国内多家航空公司签订协议,利用230多条航线的腹舱,在全国各个城市之间运送快件。到2009年,顺丰终于获得中国民航局批准,成立了自己的航空公司,专做航空快递运输服务,还拥有自己的机队。截至2019年底,顺丰拥有自营投产飞机架数58架,外部包机架数13架,位于国内民营快递公司之首。

经过二十多年的经营,顺丰已经在快递行业内享有广泛的赞誉和知名度,"顺丰"在快递行业内已经成为"快""准时""安全"的代名词,优质服务塑造了良好的企业形象和品牌价值。

1. 满意度连续11年稳居行业榜首

根据国家邮政局发布的《2019年快递服务满意度调查结果通报》,顺丰速运在"快递企业总体满意度"榜上排名第一。这是自国家邮政局2009年首次公布快递服务满意度排名以来,顺丰控股连续11年蝉联第一。

2. 快递服务全程时限排名第一

2020年1月,国家邮政局发布《2019年快递服务时限准时率测试结果》,对比了行业中10家主要快递公司,顺丰控股在全部6项指标中,包括全程时限、寄出地处理时限、运输时限、寄达地处理时限、投递时限和72小时准时率全部位列第一。自国家邮政局2013年首次公布快递全程时限排名以来,顺丰控股连续7年蝉联第一。

3. 顺丰品牌获得社会广泛认可

2018年5月29日,全球传播集团WPP和凯度携手发布"2018年BrandZ全球最具价值品牌百强榜",顺丰首次入围该榜单。2019年5月6日,WPP和凯度携手发布"BrandZ2019最具价值中国品牌100强"排行榜,顺丰速运排名第16,连续两年位列榜单前列,在快递企业中保持第一。2019年10月,顺丰控股被《财富》杂志评为2019年"最受赞赏的中国公司",排名第9位。2019年12月,顺丰入围由中央广播电视台主办的"2019中国品牌强国盛典榜样100品牌",并获得年度十大新锐品牌荣誉。差异化战略的实施使得顺丰获得了巨大的成功,差异化竞争优势也一度成为其应对行业竞争的"法宝"。

4.1 竞争优势与基本竞争战略

4.1.1 竞争优势的含义

对竞争优势(competitive advantage)的理解有多种不同表述:①竞争优势是指企业经过长期积累而具备的、短时间内不容易被其他企业仿效的特有的"专长"和"特色";②竞争优势指的是企业所处的一种状态,即企业以自身的资源或组织能力为基础,能够提供给顾客认为物有所值的产品或服务,比竞争对手更好地创造顾客所需的价值,竞争优势是用企业满足顾客需要的程度来衡量的,比竞争者给顾客创造更多的价值,就能够在竞争中胜出,企业就有竞争优势;③竞争优势是指企业具有而其竞争对手没有或相对缺乏的、能更为有效快捷地为顾客提供所需产品和服务的特殊能力,也指企业在与顾客需求保持动态变化时所呈现出的、优于竞争对手的状态或水准。本书比较倾向于第一种表述,竞争优势是特有的专长和特色,而且短期不易被竞争者模仿,并且往往需要长期积累。

未来是不确定的,但企业为顾客服务、向顾客提供价值的使命却是不会改变的,基于顾客的观点,以顾客为中心,通常情况下,竞争优势可通过价值(values)、吸引力(attraction)、持久力(lasting-power)三个维度来评价。

1) 价值

价值包括是否有与特定顾客需求相匹配的优势资源,是否有能够满足顾客需求的价值内涵(是否能实现由满足顾客需求提升到向顾客提供价值的转型),是否比竞争对手向顾客提供的价值更高等内容。

2) 吸引力

吸引力是竞争优势评价的核心,一般包括三个方面内容:

(1) 是否有体现竞争优势的令人可信赖的证据,例如:①不可替代性,即在一定时期内不被竞争者所替代的优势。②独特性,即特有资产,竞争者无法模仿的资产。③价值比与性价比,即与竞争对手为顾客提供的价值比较以及自身的性能与价格之比。

(2) 是否有向顾客传递企业价值的高效方式,即传播方式是否能有效地让顾客了解、认识公司优势,从而吸引顾客注意力。

(3) 是否最终创造出顾客对公司竞争优势的更高感知度,如果顾客没有注意到公司某种战略优势就根本谈不上吸引力,谈不上锁定顾客。

3) 持久力

企业有一定的优势资源,也有创建竞争优势的机会,超越竞争者并不难,但竞争优势要持久地超越竞争对手是需要有持久力的。持久力是竞争优势评价的关键,一般包括:①企业在竞争中要持久地领先竞争对手一步,主要通过考察与竞争对手的竞争态势来进行评估;②优势资源提高的速度与等级,主要考察建立优势资源的投资及投资回报率等;③企业保持优于竞争对手的市场地位(竞争地位)是否稳定与可持续;④企业竞争优势是否为顾客永久记忆;⑤创造新的战略优势。战略优势创新是持久力的灵魂,不断创造新的战略优势又在为顾客提供了新的价值,从而永葆战略优势的青春活力。

4.1.2 竞争优势的基本表现形式及内部来源

波特认为,竞争优势归根结底来源于企业为客户创造的超过其成本的价值,价值是客户愿意支付的价钱,而超额价值产生于以低于对手的价格提供同等的效益,或者所提供的独特的效益补偿高价而有余。他认为,企业竞争优势有两种最基本的表现形式:成本领先(低成本)和差异化。这两种竞争优势之所以成为优势,取决于企业凭借二者可以比对手更有效地处理五种竞争力量。

竞争优势一般源自企业内部的研发、生产、营销、销售、运输等多项相对独立的活动,这些活动既是铸就企业成本地位的依据,同时也是构成企业差异化竞争优势的基础。由于价值链可将企业的各种活动以价值传递的方式分解开来,并体现企业的成本特性以及现有与潜在的差异化竞争优势来源。因此,通过了解企业组织结构与价值链,价值链的内部链接方式以及企业与供应商或营销渠道间的外部链接关系,并由此制订一套适当的协调形式与组织结构,将极大地帮助企业创造并保持竞争优势。

4.1.3 竞争优势与竞争战略的匹配

竞争战略就是企业为了在某个行业中寻求一个有利的竞争地位而进行的总体谋划,其目的就是针对决定竞争的各种影响力而建立一个有利可图的和持久的地位,即确立企业的竞争优势。"竞争战略"是由被誉为"竞争战略之父"的美国学者迈克尔·波特(Michael E. Porter)于1980年在其出版的《竞争战略》(*Competitive Strategy*)一书中提出。结合竞争范围和竞争优势两个维度,波特提出了三种基本的竞争战略:总成本领先战略、差异化战略和聚焦(集中一点)战略(如图4-1)。总成本领先战略和差异化战略追求的是较广的产业竞争范围(全产业范围),而聚焦战略(包括成本集中和差异化集中两种情况)则在较窄范围内(特定细分市场)寻求建立自己的优势。

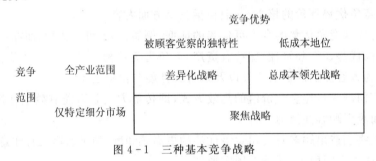

图 4-1 三种基本竞争战略

4.2 总成本领先战略

4.2.1 总成本领先战略的概念

总成本领先战略(overallcost leadership strategy)亦称低成本战略,是企业通过有效的途径降低经营过程中的成本,使企业以较低的总成本赢得竞争优势的战略。其核心就是在追求规模经济效益的基础上,通过加强成本控制,在研发、生产、销售、服务和广告等领域把成本降到最低限度,使其全部成本低于行业竞争对手的成本,成为行业中的成本领先者,并获得高于行业平均水平的利润的一种战略。这种情况下,企业凭借其成本优势,可以在激烈的市场竞争中获得有利的竞争优势。企业通常可以通过获取规模经济效益和经验曲线效益来取得低成本的效果。

总成本领先战略的目的是通过不断强化业务经营运作方式的高度成本有效性,获得相对于竞争对手的持久的成本优势,从而塑造本企业及其产品的市场竞争力。需要注意的是:

(1)总成本领先战略的目标是获得比竞争对手相对低的成本,而不是获取绝对低的成本,即只要得到相对于竞争对手较低的成本,就可以认为达到了目标,也就构筑了成本优势的基础。

(2) 在努力获得低成本领导地位时,管理者必须注意保持那些被购买者认为是至关重要或基本的产品特色和服务,不可为了降低成本而不加区别地降低产品的功能、特色或过度降低其服务标准、减少服务项目。如果企业过分追求低成本,将导致产品粗制滥造、品质下降以及服务水准明显降低,会使产品或服务太"简单"而吸引不了顾客。低成本供应商的产品,必须包含足够的属性以吸引预期的购买者。如果产品或服务过于简单,没有任何附加价值,将会削弱而不是增强其竞争力。

4.2.2 总成本领先战略的优势

总成本领先战略是企业最普遍、最通用的竞争战略之一,实施这种战略的优势可以用一句话概括:总成本领先可以使企业有效对抗五种竞争力量。

为方便分析,设 $\pi = P - AC$,其中:π 是单件产品利润,P 是产品价格,AC 是单件产品成本。

(1) 就竞争者而言,若企业的成本优于同行业中的其他企业,下面两种情形对低成本企业均有利:①若企业的产品以行业平均价格进行销售,则企业取得的利润 π 就高于同行业的平均水平。②若企业的产品以低于行业平均价格进行销售,则无形中能够增加产品的竞争力,可以利用低价格 P 的吸引力从竞争对手那里挖掘销售额和市场份额。如果行业内的企业竞相降价打价格战,其他企业由于削价,其盈利 π 必然降低甚至接近于零或负,而低成本的企业却仍存在盈利空间,成为价格战的最终赢家。概言之,低成本企业可以在价格竞争激烈的市场中,凭借更大的边际利润或者更大的销售量,获得超出平均水平的利润。

(2) 就客户而言,一方面,由低成本派生的低价格 P 是积极争取客户、扩大销售量和市场占有率的有力手段,低价格使原来没有使用该产品的客户也开始使用,使已经使用该产品的客户更多地使用,还使从前使用竞争对手同类产品的顾客转向使用本企业的产品;另一方面,相对于其他企业而言,由于低成本使得企业存在较大的边际利润 π,如果客户议价能力较强,要求降价,企业也有足够的利润空间同顾客达成双方都比较满意的价格,达到巩固和维护现有市场占有率和企业市场地位的目的。

(3) 就供应商而言,由于企业的成本低,相对于竞争对手而言具有较大的对原材料、零部件价格上涨的承受能力,当强有力的供应者提高价格时,能够在较大边际利润范围内承受各种不稳定的经济因素所带来的负面影响。此外,企业具有伴随低成本的规模经济效益,对供应商的需求量较大,因而为获得廉价的原材料或零部件提供了可能性,同时也便于同供应商达成长期稳定的协作关系。

(4) 就潜在进入者而言,在规模经济和成本优势方面形成了进入障碍,使潜在进入者进入难度提高,进入风险增加,从而可阻挡潜在的进入者进入该行业。

(5) 与替代品竞争时,对价格敏感的客户,低价格 P 会更具吸引力,企业会比竞争对手处于更有利的地位。

4.2.3 总成本领先战略的不足与陷阱

企业在采用总成本领先战略时,应充分意识到该战略的一些不足以及由此引发的陷阱。

1) 对新技术的采用及技术创新反应迟钝

产业技术上的突破,或竞争对手开发出更低成本的生产方法,都可能使本企业的总成本领先战略失效。例如,竞争对手利用的技术或更低的人工成本,形成新的低成本优势,使得企业原有的优势不复存在。低成本策略下的规模化经营,往往投资较大,而企业大量投资于现有技术和设备,也可能会对新技术的采用及技术创新反应迟钝,会妨碍产品的及时更新换代。技术上的重大变化会把过去的投资和经验积累一笔勾销,技术上的突破可能为竞争对手打开降低成本的天地,使得一个低成本领导者过去获得的在投资和效率方面的利益瞬间变得一文不值。公司易于受到新技术的伤害,为使成本降低而投入的大量资本也使公司陷入两难境地。

2) 被竞争对手模仿

当企业的产品或服务具有竞争优势时,竞争对手往往会进行模仿,形成与企业相似的产品和成本给企业造成困境,因此必须重视企业获取成本优势的方式是否可能被竞争对手轻易地模仿。成本优势的价值取决于它的持久性,如果竞争对手发现模仿领导者的低成本方法相对来说并不难,或并不需要付出太大的代价,那么,低成本领导者的成本优势要在长时间里维持就会很难,也难以产生有价值的优势。

3) 忽视顾客偏好的改变

购买者的兴趣可能会转移到价格以外的其他产品特征上。比如,购买者对附加的特色和服务兴趣增加,对价格的敏感性降低,一些新的时尚变化可能改变购买者使用产品的方式;或者消费者以"一分钱一分货"来衡量产品,对产品质量更为看重。如果购买者转向高质量、创造性的性能特色、更快的服务以及其他一些差别性的特色,那么对低成本的热忱就有被甩掉的危险。而前期成功实施总成本领先战略可能会使企业难以洞察顾客需求的重大变化,忽视顾客需求特性和趋势的变化、对产品差异的兴趣及对价格敏感性的降低,从而失去进行战略转变的时机。

4) 把成本领先看成是简单的价格竞争

企业选择成本领先战略,在实现其低成本运营时,其成本优势必然体现在价格竞争优势上。然而,成本优势并不等同于价格优势。低价策略若使用得当,将有助于企业抢占市场,扩大销售,加速资金周转,树立物美价廉的良好形象。若一味追求低价销售,削价至远低于竞争者的价格水平,将抵消其成本低廉本应带来的薄利多销的收益,造成企业盈利过低。过度削价使利润非升反降,是低成本战略的最大陷阱。企业只有在削价幅度低于成本优势的规模,或产品销量的增加足以使在降低单位销售产品利润率时仍增加总利润的情况下,才有可能获得低成本优势。此外,企业若太热衷于低价销售,发动价格战,将导致树敌过多,不仅引起竞争对手的反击,造成经营的被动,更严重的是将恶化企业生存和发展的生态环境。

4.2.4 实施总成本领先战略的条件

在实践中,实施总成本领先战略要想取得好的效果,需具备相应的条件:

1) 大规模生产

大规模生产是指要有大批量的生产,产量要达到经济规模。低成本总是与大规模联系在一起的,大规模的生产制造能够在采购、管理成本分担、专业化的生产设施、生产能力充分利用方面具备优势,而这些都体现在成本的降低上;与大规模生产相对应,总成本领先战略要求组织高度集权化、规范化和专业化。此外,如果企业掌握一些独特的工艺秘诀,能够在成本控制过程中领先于对手,也将构成成本领先战略极好的基础。

2)较高的市场占有率和销售增长率

大规模生产是降低成本的一个途径,但如果没有较高的市场占有率和销售增长率,企业产品无法实现从"商品资本"向"货币资本"的跳跃,则大规模、低成本也失去了意义。在卖方厂商之间的价格竞争异常激烈的情况下,产品成本领先的企业有降价空间,可以通过降低产品的价格赢得较大的市场份额;市场份额的增加又可以促进生产规模的扩大,生产规模的扩大又为更大力度的降价提供了可能,由此建立起一个良性的循环。

3)产品是标准化或同质化的

当市场的产品基本上是标准化产品或者是同质化产品时,购买者很容易从众多卖方厂商那里获得,购买者从一个卖方厂商转向另一个卖方厂商所承担的转换成本很低。在这种条件下,低售价就成为购买者选择产品的主要影响因素,购买者自然愿意转向那些低价格、同质量的厂商。

4)产品具有较高的价格弹性

一般而言,购买者对价格越敏感,就越倾向于购买价格最优的厂商的产品,总成本领先战略就越有吸引力。这种情况下,低成本能够使价格低于竞争者,从而提高市场份额和销售额,甚至将一些竞争者彻底逐出市场。

管理案例

廉价航空——春秋航空公司

春秋航空是国内航空客运企业中唯一一家以 B2C 网上销售和手机直销为主要销售渠道的航空公司。作为中国首批民营航空公司之一,春秋航空借鉴国际上知名的低成本航空运营模式,通过"两高"(高客座率、高飞机利用率);"两单"(单一机型、单一舱位);"两低"(低销售费用、低管理费用)的运营模式,在确保安全的同时,大幅度降低了运营成本和票价,被广大旅客和媒体称为"平民航空""老百姓自己的航空公司""高性价比的航空公司"。春秋航空自 2005 年 7 月 18 日开航,到 2015 年初拥有 48 架空客 A320 飞机,到 2017 年底拥有 75 架空客 A320 飞机。截至 2020 年 12 月初,春秋航空(9C)及春秋航空日本公司(IJ)已拥有 102 架空客 A320 系列飞机和 6 架波音 737 系列客机,航点覆盖了中国、东南亚、东北亚主要商务和旅游城市,已经发展成为国内最大的低成本航空公司。在运营方面,春秋始终坚持低成本与创新并进,追求安全、平稳运行的目标。

在春秋航空创始人王正华进军航空业的路上,美国西南航空的成功经验让他坚定了走廉价航空的道路,从而掀开他在中国民航业"滚地雷"的序幕。2004 年,六十岁的王正华获得了中国航空首批民营牌照,在中国首创廉价航空模式。春秋航空也以"99"系列出名,即在航班上投放 9 元、99 元、199 元等价格的特价机票。

航空界的"另类"

2015 年 1 月 21 日,春秋航空挂牌上市,成为国内廉价航空第一股,也是国内第五家上市的航空公司。随着春秋航空的上市,王正华离自己的廉价航空梦想又近了一步。值得关注的是,此前上市的航空公司中,股价最高的中国国航不到 8.5 元/股,春秋航空的发行价格 18.16 元/股远高于同行股价。尽管发行价颇高,但春秋航空仍然受到市场强烈热捧,上市当日,开市即涨停,涨至 26.15 元/股,涨幅 44%。广发证券甚至认为,其能实现 300 亿元市值规模。

而与如今被追捧的热闹相比,春秋航空曾一度被认为是航空界的"另类"。航空业被公认为是一个高投入低回报的产业,尤其民营航空业刚性成本占80%,而剩下的20%中,人力成本省不了,尤其是低成本航空的人力成本,都要比传统的航空公司高50%左右。很多人都认为民营的低成本航空公司在中国很难做成。

但春秋航空偏在夹缝中存活了下来,当年与春秋一起试水的第一批民营航空公司不是被收购就是转为国有,可春秋自起飞后连年盈利。数据显示,2011年、2012年和2013年,公司的净利润分别为4.8亿元、6.2亿元和7.3亿元,呈持续增长势态,盈利能力超过国内其他航空公司。即使在2008年行业性亏损的情况下,春秋航空也是少数实现盈利的航空公司之一,实现盈利超过4500万元。

春秋也曾因推出低价票遭到国有航空公司的阻挠。299元、199元、99元,甚至1元的票价,让一度高高在上的对手们纷纷起来指责王正华是价格屠夫,廉价航空就是恶性竞争。2006年12月底,因在上海—济南航线推出1元机票,济南市物价局向其发出扰乱市场的警告,并开出15万罚单。

为了降低票价,在成本上,王正华有自己的一套"省钱"办法。

为了降低起降费、机场服务费,春秋航空采取着陆相对空闲的二类机场、远机位停靠、半小时停留等手段使每次的泊机费减少了五六千元。为了节省油料,在不影响飞行安全的前提下让飞机飞高些减少阻力,降低油耗,在该项目公司每年至少节约3000万元。

定位于"草根航空",春秋航空在节俭上做到极致,单一A320机型、单一经济舱舱位、95%以上的高客座率、高飞机利用率、以网络直销为主却不开实体门店的低销售费用……这都让春秋航空节约了不必要的开支。

向国际低成本航空转型

此前为了节省成本,一直局限于东南亚等地的春秋航空也正在筹划自己的"春秋大业"。王正华表示:"国际航线运力占比由目前的16%增至30%,增加量希望是前3年的总和。"按照春秋航空的说法,投入国际化的"兵力"和力度,谋求国际网络布局,春秋航空正在向一家立足上海、辐射东南亚以及北亚的国际低成本航空公司转型。春秋航空把低成本航空领头羊——美国西南航空作为努力的方向。

4.3 差异化战略

4.3.1 差异化战略的概念

差异化战略(differentiation strategy),又称差别化战略,是企业为了使产品或服务形成差异以有别于竞争对手而突出一种或数种特征,借此胜过竞争对手的一种战略,其核心是取得某种对顾客有价值的独特性。实现差异化的方式多种多样,在设计或品牌形象、技术特点、外观特点、客户服务、经销网络等多个方面均可展示独特性,如产品质量差异化、产品可靠性差异化、产品销售差异化、产品创新差异化、产品品牌差异化。差异化战略通常在全产业范围中形成具有独特性的产品或服务。

管理案例

三一重工的差异化竞争之路(记者采访三一集团总裁唐修国实录)

记者：您认为三一高速成长的原因是什么？

唐修国：第一点，企业的盈利能力归根到底来说来自创新。我觉得三一全部发展史可以用我们一系列的创新来概括：不断有新产品上市，然后在研发方面进行巨额投入，新产品又不断出来，形成良性循环。国家几次调控的时候，很多企业经济效益下滑，我们的老业务也未必都能够增长，但我们恰好因为有创新，不断有新业务出来。新业务出来以后，对我们来说就是新起步，所以又有增长。这样一来，就平衡了我们老业务的下滑。比如说，我们过去搞焊接材料，现在已经不做了，就是被新业务替代掉。

第二点，走差异化竞争之路。我们提出要"品质改变世界"，要在全球去让人们感受到"中国制造比其他地方制造还好"。我们怎么办呢？替代进口。所以三一所有的产品从头至尾，像混凝土拖泵、泵车等全部是替代进口的。这些产品的定价是怎么来的呢？按照进口产品定价！接近甚至超过进口产品品质的水平，然后又是中国制造的成本，我们的效益不就好了吗？所以三一产品是按照价值来定价的。价格是通过竞争由客户来决定的，而不是按照成本来定价的。如果实行低价竞争策略，我们哪有今天占销售额5％至7％的研发费用投入，形成不断为客户创造更加节能环保新产品的能力呢？

回过头来看，我们走的这条路其实是一条差异化竞争之路。市场竞争有两条路可走，一是价格战，不断降价，利用制造成本低的优势，挤占市场份额；二是走差异化竞争之路，通过大力自主创新，赋予产品以更好的功能，贴近用户需求，从而吸引客户。我们选择了后一条道路。

我们的"替代进口"策略就是一种差异化。同进口产品相比，我们的差异化在哪里呢？是接近他们的质量水平，更好的服务，同时又是中国制造的成本。我们开发了很多中国客户习惯的功能，而进口产品则以一个傲慢的姿态进入中国市场，他觉得他这个东西这么好，欧洲人能用，美国人能用，日本人能用，你们中国人为什么不能用？所以他是在教训我们，而我们给了中国用户以很好的尊重，这是与进口产品的差异化。跟国内产品的差异化就更显而易见了，就是大幅度高于国内产品品质和服务标准。以前在工程机械上，中国企业从来没有答应客户真不满意了就能退货，但三一可以。24小时内如果机器维修不好的话，三一就赔偿。过去中国工程机械故障率那么高，要赔的话不是全部赔掉了？而我们有了这个品质之后，就有了赔的基础了，我们赔得起。所以我们是真赔。怎么赔？人家租一台产品是多少钱我们就赔你多少钱，直到把这个机器修好。

搞"价格战"固然容易，但带来的问题是由于要大力压缩成本，研发投入就会不足，技术储备难以跟上，服务也难得到保证，国外产品一升级我们就麻烦了，只能跟在别人身后亦步亦趋。从短时间内看，价格战收效明显；长期看，弊大于利，你能用这招，别人也会。特别是在工程机械行业，如果选择低成本、低价格的策略，最终很有可能就是牺牲产品和服务的品质，损害消费者的利益，也不利于企业长期发展。

(资料来源：揭开三一重工制造业成功的秘诀：走产品差异化道路. http：//m. pifamm. com/news/201207/13/news_info_1652_6. html.)

对差异化战略的理解，要注意以下几个方面：

(1)产品差异化的具体内容反映在整体产品的不同层次上。在产品性能、设计、质量和附加功能等方面与竞争对手相区别的独特性,可称为产品内部因素差异化,而在定价、分销渠道以及促销因素组合形态等方面的变化,则称为产品外部因素差异化。在多种经营战略下,企业要对每一种产品项目都采用内部因素差异化战略,显然存在较大困难,而实行外部因素差异化,通过营销组合中其他因素的差异化,可以减少费用,争取到优势的市场占有率。

(2)差异化战略是提供与众不同的产品和服务,满足顾客特殊的需求,其中,产品和服务的独特性至关重要。但是,独特性的获得需要付出代价,不计代价为差异而差异是差异化战略的一大误区。差异化战略绝不意味着可以忽略成本,如果差异化的成本过高,即便全产业范围的顾客都认可公司产品的独特品质,也并不是所有顾客都愿意或有能力支付公司要求的高价格。所以,企业要成功地实施差异化战略,就要以顾客的需求为核心,在价格、产品、服务、形象等不同方面进行需求组合,在差异化和代价之间求得平衡。

(3)不同的战略会导致不同程度的差异化。差异化不能保证一定会带来竞争优势,尤其是当标准化产品可以充分满足用户需求,或竞争者有可能迅速模仿时。最好能设置防止竞争者迅速模仿的障碍,以保证产品具有长久的独特性。成功的差异化意味着更大的产品灵活性、更大的兼容性、更低的成本、更高水平的服务、更大的方便性或更多的特性。

4.3.2 差异化战略与总成本领先战略的关系

波特认为在总成本领先战略和差异化战略之间,存在明显的互相排斥。两种战略的定位各不相同,成本领先战略主攻的是市场份额,而差异化战略欲收获的则是单位产品利润率。在竞争性市场上,市场份额和单位产品利润率互为代价。同时,差异化几乎总是与高成本形影相随,为了能较好地满足不同消费者的需要而进行的差异化,不得不进行多品种、小批量生产,势必增加生产成本和销售费用,不仅与低成本的诉求背道而驰,而且牺牲市场份额也在所难免。

因此,波特指出,总成本领先战略与差异化战略是一个"两难"选择,二者犹如鱼和熊掌不可兼得。既追求低成本带来的市场份额之"势",又渴望差异化带来的可观之"利",必然遭遇"夹在中间"的尴尬。同时,两种战略要求的资源禀赋大相径庭,业务流程、组织安排、营销手段、管理风格也迥然有别。

当然,对差异化战略与总成本领先战略的关系也有不同的看法,明茨伯格在1988年所著的《一般战略——走向综合结构》一书中指出,波特的总成本领先战略实质与差异化战略如出一辙,低成本只是手段,低价格才是真正目的,通过降低成本而调低售价来吸引顾客才是企业最关心的事情。低成本其实是一种特殊的差异化,即价格差异化。同理,聚焦战略也是差异化战略中的一种,即范围或区域上的差异化。因此,波特的三大基本战略本质上就是一种战略:差异化战略。

然而,在低成本和差异化之间,同样可以走出第三条道路。企业完全可以通过不同的价值链组合,兼顾低成本与差异化,实现二者的兼容。实际上,"规模化定制"就是对低成本和差异化兼顾融合的最好诠释,其中,规模化表征低成本,定制表征差异化。

4.3.3 企业采用差异化战略的优势与不足

1)采用差异化战略的优势

(1)形成进入障碍。由于产品的特色,顾客对产品或服务具有很高的忠诚度,从而使该产品和服务具有很强的进入障碍。潜在的进入者要与该企业竞争,则需要克服这种产品的独特性。

(2) 降低顾客价格敏感程度,形成竞争隔离带。由于差异化,顾客对该产品或服务具有某种忠诚度,当这种产品的价格发生变化时,顾客对价格的敏感程度不高。生产该产品的企业便可以运用产品差异化战略,在行业的竞争中形成一个隔离带,避免竞争者的伤害。

(3) 增强讨价还价的能力。产品差异可以产生较高的利润,增强企业对付供应者讨价还价的能力;同时,由于购买者对价格的敏感程度低,且别无选择,企业可以提高对购买者讨价还价的能力。

(4) 防止替代品的威胁。由于产品有特色,又赢得了顾客的信任,在与替代品的竞争中比其他企业处于更有利的地位。

2) 差异化战略的不足

(1) 差异化往往是以成本的提高为代价,因此产品价格较高,大多数购买者或难以承受产品的价格,企业也就难以盈利。竞争对手的产品价格降得很低时,购买者就不再愿意为差异化的产品支付较高的价格。

(2) 买主对差异化所支付的额外费用有一定支付极限,若超出支付极限,竞争优势就会下降。

(3) 同行业竞争对手随时都可能创造出更高级的差异化战略。竞争对手推出更具差异化的产品,使企业的原有购买者转向竞争对手。

(4) 购买者不再需要本企业赖以生存的那些产品差异化的因素。例如,经过一段时间发展,产品质量不断提高并趋于稳定,则顾客会对价格越来越敏感,这些产品差异化的重要性就降低了。

(5) 由于特色产品是为了满足特定顾客的需求,且价格较高,有时可能要放弃获得较高市场占有率的目标。

4.3.4 实行差异化战略的途径

差异化并不仅仅是营销和广告部门策划出来的,管理者必须能够充分地理解创造价值的各种差异化途径以及能够推动独特性的各项管理活动,从而制定优秀的差异化战略。差异化最重要的是要理解购买者看重什么,创造差异化需要哪些资源和能力,在价值链的哪一环节创造差异化的属性。实际上,在价值链的每一项活动之中都存在差异化的可能性,如:

① 那些最终会影响公司终端产品的质量或者性能的采购活动。

② 以下列各项内容为目标的产品研发活动:改善产品设计和性能特色;扩大产品的最终用途和应用范围;缩短新产品开发的提前期;增加产品种类;增加用户安全设施。

③ 能够达到下列目的的技术研发活动:使公司能够以有效的成本进行用户订单式制造;使生产方式在环境方面更有安全性;能够提高产品质量。

④ 能够达到下列目的的生产制造活动:降低产品缺陷;防止成熟期产品失败;延长产品的寿命;改善使用的经济性;增加最终用户的方便性;改善产品的外观。

⑤ 能够达到下列目的的成品物流和分销活动:快速交货;提高订单完成的准确性;减少产品脱销现象。

⑥ 能够达到下列目的的市场营销、销售和顾客服务活动:为顾客提供卓越的技术支持;加快维护及修理服务;增加和改善产品的信息;增加和改善为终端用户所提供的培训材料。改善

信用条件,加快订单处理过程,增加销售访问次数,提高顾客的方便程度。

4.3.5　实施差异化战略的条件

实施差异化战略应满足的内外部条件:

(1)外部条件包括:①存在多种途径来创造与竞争对手产品之间的差异,并且这种差异被顾客认为是有价值的;②顾客对产品的需求和使用要求是多种多样的;③采用类似差异化途径的竞争对手很少;④技术变革很快,市场上的竞争主要集中在不断推出新的产品特色。

(2)企业应具备的内部条件包括:①企业奉行创新文化,企业创新氛围浓郁;②企业面对技术和市场需求的变化要具有较高的适应能力、应变能力和敏锐的洞察力,企业在产品的研究、设计和开发上具有较强的创新能力;③企业有足够的经费投入研发活动;④基础研发、应用研究和产品开发以及市场营销等职能部门之间,具有很强的协调性;⑤企业在市场营销中要有明确的目标市场。

4.4　聚焦战略

4.4.1　聚焦战略的概念

聚焦战略(focus strategy)亦称集中一点的战略,是指把经营战略的重点放在一个特定的目标市场上,为特定的细分市场或特定的购买者集团提供特殊的产品或服务。聚焦战略并非单指专门生产某一产品,而是针对某一类型的顾客或某一地区性市场从事经营,其核心是瞄准某个特定的用户群体、某种细分的产品线或某个细分市场。聚焦战略与其他两个基本的竞争战略不同,总成本领先战略与差异化战略面向全行业,在整个行业的范围内进行活动,而聚焦战略则是围绕一个特定的细分市场进行生产经营活动,要求能够比竞争对手提供更为有效的服务。选择聚焦目标的一般原则是,企业要尽可能选择那些竞争对手最薄弱的目标和最不易受替代产品冲击的目标。大体上,聚焦的焦点可分为产品线聚焦、顾客聚焦和地区聚焦三大类。企业一旦选择了目标市场,便可以通过产品差异化或成本领先的方法,形成聚焦战略,也就是说,聚焦战略有两种:成本集中和差异化集中。成本集中是以某个狭窄的购买者群体为焦点,通过为这个小市场上的购买者提供比竞争对手成本更低的产品或服务来战胜竞争对手。差异化集中则是以某个狭窄的购买者群体为焦点,通过为这个小市场上的购买者提供能够比竞争对手更能满足购买者的需求的定制产品或服务来战胜竞争对手。

聚焦战略的指导思想是,通过满足特定消费者群体的特殊需要,或者集中服务于某一有限的区域市场,来建立企业的竞争优势。该战略通过专一化,能以更高的效率和更好的效果为某一狭窄的细分市场服务,从而超越在较广阔范围内的竞争对手。如王老吉,"怕上火就喝王老吉",王老吉最初只是区域小品种,市场主要集中在广东区域,当时人们对凉茶的认知还存在区域性,国内凉茶市场是一片荒漠,王老吉借机开始发力,作为行业的开荒者,王老吉以迅雷不及掩耳之势占领了"凉茶"行业的市场。坚持聚焦,2018年是王老吉品牌诞生190周年,王老吉再次瞄准了新生代市场,以当红人气明星代言开启了与年轻受众新的对话方式,通过携手新生代明星力量,提升自身品牌对年轻一代消费者的亲和力,为品牌成长不断拉新。

4.4.2 聚焦战略的优势与面临的风险

1）聚焦战略的优势

首先由于集中和聚焦，使其小而精、小而专、小而强、小而特成为可能，因而可以使企业在本行业内获得高于一般水平的收益。聚焦战略不是在整个行业的范围内进行活动，而是集中于整体市场的一个狭窄的部分，即细分后的目标市场。目标细分市场，既可按地域的独特性来界定，也可按使用产品的专业化要求来界定，还可按产品的属性来界定，其终极目的是比竞争对手更好地服务目标细分市场的购买者。

其次采取聚焦战略的公司，拥有服务于目标小市场的专业能力，使其应对五种竞争力量的基础更加坚实：①相对于实行聚焦战略的厂商而言，定位于多个细分市场的竞争厂商，很难透彻理解目标客户的期望，也很难拥有服务细分目标小市场的独特能力；②竞争者进入聚焦厂商的目标细分市场会相对比较困难，而这种障碍可以有效地阻止潜在的新进入者；③聚焦厂商服务于小市场的能力也是替代产品生产商必须克服的一个障碍；④对具有谈判优势的强大客户来说，会因为他们自己不愿意转向那些不能如此满足自己期望的厂商而在某种程度上削弱他们的谈判优势。

此外，聚焦战略还有一些突出的优势：①经营目标集中，便于集中使用整个企业的力量和资源，更好地服务于某一特定的目标；②更好地调查研究与产品有关的技术、市场、顾客以及竞争对手等各方面的情况，做到"知彼"，才有可能提高企业的实力；③经济效果易于评价，战略管理过程容易控制，从而带来管理上的简便；④更快地响应市场变化，可以针对竞争对手最薄弱的环节使用聚焦战略采取行动。

2）聚焦战略的风险

实施聚焦战略的企业，由于聚焦，也使得企业对环境的适应能力差，经营风险大。企业在实施聚焦战略时，可能面临以下风险：

①由于技术进步、替代品的出现、价值观念的更新、顾客偏好变化等多方面的原因，目标市场与总体市场之间的产品或服务的需求差别变小，企业原来赖以形成聚焦战略的基础因此而丧失，企业容易受到冲击。

②以全产业范围为目标的竞争者会认识到聚焦战略的有效性而采用同样的聚焦战略，或者竞争对手从企业的目标市场中找到了可以再细分的市场，并以此为目标实施更集中的战略，从而使原来采用聚焦战略的企业失去优势。

③购买者细分市场之间差异的减弱会降低目标小市场的进入壁垒，从而会为竞争对手争取聚焦厂商的客户打开一扇方便之门。

④实施聚焦战略的厂商，通常使用的是非标准的专用设备，一旦市场发生变化，其退出成本和代价往往很高。

4.4.3 聚焦战略的适用条件

实施聚焦战略要想取得好的效果，需具备的基本条件应该是企业的目标细分市场与行业中其他细分市场之间有明显的差异性。进一步讲：

（1）在行业中（或某一地区）有特殊需求的顾客存在，购买群体在需求上存在差异，用户有独特的偏好或需求。

(2)没有其他竞争对手试图在企业的目标细分市场中采取聚焦战略;定位于多个细分市场的竞争厂商,很难满足目标小市场的专业化或特殊需求,或者如果要满足这个市场的专业化需求,其代价往往非常昂贵;而实施聚焦战略的企业,服务小市场的成本比竞争对手的成本低或能够给小市场的购买者提供他们认为更好的东西。

(3)企业经营实力较弱,不足以追求广泛的目标市场,整个行业有很多小市场和细分市场,本企业资源实力有限,没有足够的资源和能力进入整个市场中更多的细分市场,但拥有有效服务目标细分市场的资源和能力,从而选择与自己能力相符的有吸引力的目标小市场。

(4)产品在各细分市场的规模、成长速度、获利能力、竞争强度等方面有极大差别,小市场具有很好的成长潜力,目标小市场足够大,可以盈利,因而使部分细分市场有一定的吸引力。

4.5 定位理论

4.5.1 定位理论的起源和含义

20世纪60年代末70年代初,美国的商业竞争越来越激烈,竞争的速度、深度和广度前所未有,竞争空前惨烈,传统的注重组织内部运营效率提升的各种管理理论、管理工具已经不能帮助企业取得成功,如何应对竞争成为商业竞争的主题。

"定位"(positioning)一词源自传播领域。1969年,艾·里斯和杰克·特劳特提出商业领域"定位"的概念。随后,菲利普·科特勒在20世纪70年代最先将"定位"引入到营销之中,作为STP重要部分之一,以引导企业营销活动的方向。1980年,迈克尔·波特将"定位"引入战略领域,认为战略定位的实质就是选择与竞争对手不同的运营活动,以定位作为战略的核心,开创了竞争战略。

关于定位理论的产生,艾·里斯和杰克·特劳特在《定位》里归结出以下几个方面:①媒体的爆炸,广播、电视、录音带、录像带、光盘、互联网(互联网时代,新媒体出现,许多旧媒体形式如录音带、录像带、光盘已经基本消失),使消费者目不暇接。②产品的爆炸,从耐用消费品到日用品,即使同一种产品也是规格型号繁多,给人眼花缭乱的感觉。③广告的爆炸,电视广告、广播广告、报刊广告、街头广告、楼门广告、电梯广告,尤其当前的互联网广告,可谓无孔不入。信息爆炸时代,人类各种信息传播渠道拥挤和阻塞,几乎把消费者推到了无所适从的境地。因此,定位就显得非常必要。

什么是定位?杰克·特劳特认为,所谓定位,就是令你的企业和产品与众不同,形成核心竞争力,对受众而言,即鲜明地建立品牌。艾·里斯认为,定位就是在顾客头脑中寻找一块空地,扎扎实实地占据下来,作为"根据地",不被别人抢占。按照艾·里斯与杰克·特劳特的观点:定位从产品开始,可以是一件商品、一项服务、一家公司、一个机构,甚至是一个人。但是定位不是围绕产品进行的,而是围绕潜在顾客的心智进行的,也就是说,将产品定位于潜在顾客的心智中。杰克·特劳特曾说过:"彼得·德鲁克自1954年开始,终其一生都在说'企业存在的唯一目的是创造顾客。我则花了40多年时间,来告诉全球的企业人士如何创造顾客:关键在于通过精准定位获得顾客心智的认同。'"

邓德隆认为,所谓定位,就是让品牌在消费者的心智中占据最有利的位置,使品牌成为某个类别或某种特性的代表品牌,这样当消费者产生相关需求时,便会将定位品牌作为首选,也就是说这个品牌占据了这个定位。"定位理论"启发了无数品牌开始在用户的心智中寻找"位置":王老吉找到了"怕上火"的位置;香飘飘找到了"小饿小困"的位置;老板油烟机找到了"大吸力"的位置。定位的真谛就是攻心为上,消费者的心灵才是营销的终极战场。从广告传播的角度来看定位,它不是要琢磨产品,因为产品已是生出来的孩子,已经定型,不大容易改变,而容易改变的是消费者的心。

定位的本质,是令企业成为某个领域的"第一",或者创造一个能够成为"第一"的领域,因为只有数一数二的企业才能长期取得良好经营业绩。企业必须通过战略取舍,确定战略核心(即定位),并围绕定位配置资源、建立运营体系,从而实现差异化,成为第一。定位本身不是战略,它是基于市场机会的战术行为。

4.5.2 消费者的五大思考模式

要抓住消费者的心,必须了解他们的思考模式,这是进行定位的前提。特劳特在《新定位》一书中列出了消费者的五大思考模式,以帮助企业占领消费者心目中的位置。

模式一:消费者心智容量有限。消费者只能接收有限的信息,在超载的信息中,消费者会按照个人的经验、喜好、兴趣甚至情绪,选择接受哪些信息,记忆哪些信息。因此,较能引起兴趣的产品种类和品牌,就拥有打入消费者记忆的先天优势。

模式二:消费者喜欢简单,讨厌复杂。在各种媒体广告的狂轰滥炸下,消费者最需要简单明了的信息。广告传播信息简化的诀窍,就是不要长篇大论,而是集中力量将一个重点清楚地打入消费者心中。

模式三:消费者缺乏安全感。由于缺乏安全感,消费者会买跟别人一样的东西,以免花冤枉钱或被朋友批评。所以,人们在购买商品前(尤其耐用消费品),都要经过缜密的商品调查。而广告定位传达给消费者简单而又易引起兴趣的信息,正好使自己的品牌易于在消费者中传播。

造成消费者缺乏安全感的因素有很多,其中一个是感知风险,比如人从购物这种基础行为中所感知的风险。感知风险有5种表现形式:①金钱风险(要是买了它,我可能会浪费钱);②功能风险(它可能用不了,或者起不到它应有的作用);③身体风险(它看起来有些危险,可能会伤害到我);④社会风险(要是我买了它,朋友们会怎么看);⑤心理风险(要是买了它,我会心生内疚,觉得自己不负责任)。

模式四:消费者对品牌的印象不会轻易改变。虽然一般认为新品牌有新鲜感,较能引人注目,但是消费者真能记到脑子里的信息,还是耳熟能详的东西。

模式五:消费者心智容易失去焦点。虽然多元化、扩张生产线增加了品牌多元性,但是却使消费者模糊了原有的品牌印象,因此要避免品牌延伸的陷阱。但企业对品牌延伸有不同看法,企业从经济的角度看待品牌延伸,为了优化成本和获得行业合作者的接受,他们会将一个原本高度聚焦、代表某一产品或概念的品牌,变成涣散、代表两三个甚至更多产品或概念的品牌。但从心智的角度看待品牌延伸问题,品牌承载越多不同的产品,心智越容易对它丧失焦点。

所以,企业在定位中一定要掌握好这些原则:消费者接受信息的容量是有限的,广告宣传"简单"就是美,一旦形成的定位很难在短时间内消除,盲目的品牌延伸会摧毁自己在消费者心目中的既有定位。因此,定位非常重要且要慎之又慎。

4.5.3 四步定位法

在凸透镜聚焦阳光引燃火柴的例子中,只有阳光(力量),阳光不集中(方向不正确),火柴不能被点燃;有阳光,力量也集中,即产生了聚焦作用,但是焦点不正确,也无法引燃火柴;有了阳光,力量集中,焦点正确才能点燃火柴。而这个关键的焦点就是所要寻找的定位,如图4-2所示。

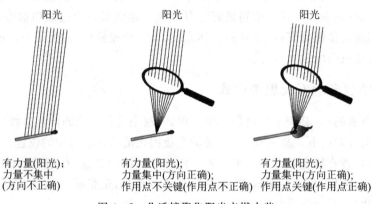

图4-2 凸透镜聚焦阳光点燃火柴

如何寻找定位,在具体运用上,特劳特与里斯提出了四步定位法:

第一步:分析行业环境。

分析行业环境,确定"我们的竞争对手是谁,竞争对手的价值是什么"。过多的选择、有限的心智,决定了经营方式已从顾客导向递进为竞争导向。要明确我们的竞争对手是谁,他们的产品和服务跟我们的有什么相同的地方和不同的地方,他们能够提供给顾客的价值是什么,他们的优势是什么,顾客选择他们的理由是什么。知己知彼,才能做到百战不殆。

第二步:寻找区隔概念。

寻找区隔概念,也就是差异化。明确竞争对手之后,企业就要分析自己,看自己有哪些区别于竞争对手的优势;其中最核心的优势是什么,这个优势是不是足以让顾客选择自己而不是竞争对手;然后尽可能找到一个足以让客户选择自己的优势,并把这个优势作为自己的定位。或者说,寻找区隔概念,避开竞争对手在顾客心智中的强势,或是利用其强势中蕴含的弱点,确立品牌的优势位置——定位。

第三步:获得信任支持。

当企业明确了一个定位以后,重要的就是让客户相信这个定位,为这一定位寻求一个可靠的证明——"信任状"。在定位理论中,"信任状"是品牌沟通非常重要的一环,是品牌在消费者心智中的担保物,要让企业差异化体现得更为可信。比如东阿阿胶以"本草纲目记载滋补三大宝:人参、鹿茸与阿胶"作为信任状。

第四步:关键战略配称。

当企业有了定位,也有了足够好的信任状,是否可以高枕无忧了?答案是否定的。企业要在每一个传播活动中尽力体现出差异化的概念;另一方面,一个真正的差异化概念也应该有行动指南做支撑,也就是战略配称。具体体现在企业围绕差异化配置企业资源,贯穿于产品、包装、价格、顾客、渠道、市场、广告、公关、组织中,去促使差异化实现,最大限度地利用和宣传差异化。也就是说,要将这一定位整合进企业内部运营的方方面面,特别是在传播上要有足够多的资源,以将这一定位植入顾客的心智。

管理案例

香飘飘十年定位路

2019年3月20日,香飘飘食品董事长蒋建琪应邀在陆家嘴定位论坛发表主旨演讲,讲述了香飘飘如何通过定位成长为一家市值过百亿的优秀公司。

1. 香飘飘的企业背景

我在2004年底开创了纸杯装的奶茶品类,在这之前,市场上没有这个品类。我们在做出了产品之后,在2005年成立了香飘飘食品有限公司。在2005年到2007年这三年时间,公司的发展速度非常快,一下子实现了4.8亿元的销售额,创造了当时快消品行业的一个神话。但在2007年之后,市场开始出现大批仿冒者,竞争白热化。

2008年公司开始与特劳特公司合作,通过实施战略定位,公司击败竞争对手,牢牢占据了杯装奶茶领导者地位,从2008年到2016年,经营业绩持续增长。2017年,香飘飘食品公司不含税的销售额是26.4亿元,净利润2.68亿元。当年,香飘飘食品股份有限公司(603711)正式在上交所挂牌上市。2018年,公司实现营业总收入32.5亿元,同比增长23.1%;净利润3.15亿元、同比增长17.5%,今天(2019年3月20日)公司市值突破了130亿元。

2. 我的创业历程

在2004年之前,我经营过一个叫"老顽童"的品牌,销售一款类似棒棒冰的产品。当时面临最大的问题是这款产品淡旺季很明显,一到冬天没活干,员工就会流失,我一直在想解决办法。

2004年,我在杭州街头发现一家奶茶店,很多人都在排队,我也跟着去排队,喝了以后觉得味道不错。我突发奇想,为什么不把奶茶店里的现调奶茶,做成类似于方便面一样的方便奶茶?

浙江人的特点就是想到就干,失败也不怕。2004年我们的第一杯纸杯装奶茶做出来了,开卖以后广受欢迎。之后,香飘飘把"让人们更好享受生活"作为我们的使命,到现在为止从来没变过,这对未来的发展起到了定海神针的作用。

在这个过程中,我有一个体会,在2004年之前,香飘飘的诉求还是解决产品淡旺季的问题,但实际上,我们真正的初心是让人们可以随时随地享受一杯奶茶,随时随地享受生活。

围绕这个使命,公司的基因是什么?产品方面,香飘飘更重视美味、好喝,而不是成本;包装方面重视颜值,要漂亮、要炫(我们设计一款包装,动辄就是60万、80万设计费,但我们认为值得);传播方面更重视娱乐,香飘飘在湖南卫视、浙江卫视、东方卫视的很多栏目都进行了冠名。

从2004年一直到2007年,香飘飘的日子非常好过。但是2007年之后,这个行业竞争突然激烈起来,全国的跟风者达到100多家,包括喜之郎旗下的优乐美奶茶、联合利华的立顿奶茶、大好大集团旗下的香约奶茶等。

2008年,优乐美奶茶几乎追平了我们,我们非常着急,但又没有办法。在渠道、资源和资金上,我们和优乐美奶茶不是一个级别的,它背靠着喜之郎,实力很强大。在此之前,香飘飘已经开了三家奶茶店,还花3000多万投资了一个方便年糕的项目,再加上原来就有的香辣花生业务和房地产业务。香飘飘一方面面临着竞争对手的强烈追击,另一方面企业内部因为业务分散也面临危机。

就在这时,我看到一本手册叫《王老吉为什么这么红》,里面描述的案例跟香飘飘的情况很像。于是我自己亲自打电话找特劳特合作,特劳特向香飘飘提出了如下战略要求:

第一,聚焦杯装奶茶,舍弃其他业务;

第二,明确战略定位:杯装奶茶开创者和领导者;

第三,围绕战略定位,系统配称运营。

我们以"杯装奶茶开创者和领导者"为定位,并围绕这个定位系统配称运营:传播渠道集中在头部媒体,重点是湖南卫视、浙江卫视、东方卫视、央视三套。销售渠道聚焦在主流城市的主流终端,力求实现高铺货率。在产品定价方面,香飘飘奶茶要比竞争对手高出20%到30%,因为领导者就是具有行业定价权的。通过这一波的运营配称,香飘飘成功巩固了"领导者"定位。

同时我们接受特劳特的建议,砍掉了方便年糕、香辣花生和房地产业务,全力聚焦杯装奶茶。

到了2011年,香飘飘在杯装奶茶品类的市场占有率已经达到了58%。目前,香飘飘的市场占有率进一步提高,达到63%,已经牢牢占领了杯装奶茶领导者的地位。

主导杯装奶茶品类之后,香飘飘的战略中心转向对"品类价值"的诉求,香飘飘杯装奶茶,有5元的,也有10元左右的,不含任何添加剂,香飘飘通过持续升级品类,不断引领品类升级。

现在,杯装奶茶品类已经很完善了,公司适时开展多品牌战略,推出了新品类——果汁茶,作为新一代茶饮,这一产品刚上市就成为网红,非常热销;同时推出液体奶茶,包括MECO牛乳茶,以及从香港收购的港式奶茶始祖品牌——兰芳园。

在我看来,香飘飘由冲泡类跨到直饮类,并且多个品牌协同发展,已经具备了复制品牌的能力,这对于一个企业来说是非常重要的。一个品牌的成功有偶然因素在里面,当第二个品牌也能成功的话,那一定是你初步掌握了一套如何开创品牌的方法论。

就定位来讲,谈谈我的体会:企业的定位明确后,需要以此作为战略方向,形成系统性的运营配称,将这个定位落实到公司运营的各个方面,包括产品如何改进、销售渠道如何开拓、广告营销如何配称,甚至公司的管理制度和流程也要相应调整,一切的一切都要围绕这个定位展开,从而为品牌创建差异化的价值,高效开创顾客。

关键词

竞争优势(competitive advantage)　　竞争战略(competitive strategy)
总成本领先战略(overall cost leadership strategy)
差异化战略(differentiation strategy)　　聚焦战略(focus strategy)
规模化定制(mass customization)　　定位(positioning)　　心智(mind)

课后测试

1. 竞争优势一般有两种类型:一是价格优势,二是(　　)优势。
   A. 质量　　　　B. 渠道　　　　C. 促销　　　　D. 差异化

2. 三种基本竞争战略是(　　)提出来的?
   A. 彼得·德鲁克　B. 钱德勒　　C. 迈克尔·波特　D. 安索夫

第4章 基本竞争战略

3. 聚焦战略一般有两种变化形式,一种是低成本集中化,另一种是(　　)。
   A. 差异的集中化　　B. 产品线集中化　　C. 顾客集中化　　D. 地区集中化
4. 所谓差异化战略,是指为使企业产品与(　　)有明显的区别,形成与众不同的特点而采取的一种战略。
   A. 原产品　　　　　　　　　　B. 竞争对手产品
   C. 本企业产品　　　　　　　　D. 同行业产品
5. 企业通过有效途径降低成本,使企业的全部成本低于竞争对手的成本,甚至在同行业中是最低的成本,从而获取竞争优势的一种战略是(　　)。
   A. 总成本领先战略　　　　　　B. 营销战略
   C. 竞争优势战略　　　　　　　D. 差异化战略
6. 以下哪一个不是波特提出的基本竞争战略(　　)。
   A. 总成本领先战略　　　　　　B. 差异化战略
   C. 集中一点战略　　　　　　　D. 收缩战略
7. 以下是企业实施差异化战略的风险,除了(　　)。
   A. 在竞争对手的模仿和进攻下,企业不能保持差异化
   B. 技术突破使过去的生产及经验成为无用的资源
   C. 企业形成差异化的成本过高
   D. 市场需求发生变化
8. 1969年,(　　)将源自传播领域的"定位"概念引入到商业领域。
   A. 菲利普·科特勒　　　　　　B. 艾·里斯和杰克·特劳特
   C. 迈克尔·波特　　　　　　　D. 明茨伯格

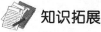 复习与思考

1. 有哪三种基本战略?简述三种基本竞争战略的含义。
2. 简述总成本领先战略优缺点及适用条件。
3. 简述差异化战略优缺点及适用条件。
4. 简述聚焦战略优缺点及适用条件。
5. 简要说明特劳特提出的消费者的五大思考模式。
6. 请说明定位理论的四步定位法。

知识拓展

[1] 王育豪.企业三种基本竞争战略的风险分析[J].成都行政学院学报,2007(6):40-41.
[2] 李海舰,聂辉华.企业的竞争优势来源及其战略选择[J].中国工业经济,2002(9):5-13.
[3] 夏清华.从资源到能力:竞争优势战略的一个理论综述[J].管理世界,2002(4):109-114.
[4] 高伟,霍国庆.基本竞争战略的整合模式研究[J].科技管理研究,2005(8):154-156,171.
[5] 米增渝.企业基本竞争战略理论评述[J].经济学动态,2004(8):99-103.
[6] 周小虎,陈传明.企业竞争战略的选择理论:对波特"夹在中间"理论的修正[J].现代管理科学,2004(7):8-10.
[7] 周润仙.选择一般竞争战略类型的理论与方法[J].中南财经政法大学学报,2003(3):11-16.

[8] 余光胜.企业竞争优势根源的理论演进[J].外国经济与管理,2002(10):2-7.
[9] 叶广宇,蓝海林.供应链分析与基本竞争战略的选择[J].南开管理评论,2002(1):33-36.
[10] 朱廷珺,安占然.波特竞争优势理论:基本架构、最新发展与质疑[J].兰州商学院学报,2001(4):55-58.
[11] 杰克·特劳特.什么是战略[M].北京:机械工业出版社,2010.
[12] 里斯战略定位咨询中国官网:http://www.ries.com.cn/.
[13] 特劳特伙伴公司中国官网:http://www.trout.com.cn/.

第5章　不同行业的竞争战略

管理名言

从战略制定的观点看,新兴产业的基本特征是没有游戏规则,新兴产业的竞争问题是全部规则都必须建立,使企业可以遵循并在这些原则下发展繁荣。缺乏规则既是风险又是机会的来源。

——迈克尔·波特

学习目标

1. 理解不同市场竞争地位下的竞争战略。
2. 掌握新兴产业和衰退产业中的竞争战略。
3. 了解分散型产业中的竞争战略。

引入案例

昔日国产手机老大回归,联想手机还有机会吗?

曾经风靡全国的"中华酷联",当时代表了国产移动手机的发展,这4家公司分别是中兴、华为、酷派和联想,如今除了华为外,其他3家公司已经默默无闻,不复当年辉煌,取而代之的是"华米OV",也就是华为、小米、OPPO和vivo。

2020年11月3日,联想集团中国区总裁刘军透露,主打欧美市场的联想手机已经回归国内,未来会专注高端商务和高端高性能游戏两大市场。联想集团CEO杨元庆也定下小目标:无论采取何种手段,手机业务一定要盈利。只不过,如今的联想手机早已不为大众熟知。2020年下半年,联想接连发布两款高端手机,分别是售价12499元的摩托罗拉刀锋折叠屏手机,以及针对细分市场的拯救者电竞手机Pro。两款手机均在中国首发,但这并未抵消大众"联想还做手机"的疑问,以及沦为"others"的宿命。

曾经,联想有国内手机出货量第一的荣誉。联想做手机起步极早,且从战略上看,被创始人柳传志寄予厚望。2010年,面对停滞已久的台式机电脑市场,被迫进入转型期的联想,发布设计五年之久的智能手机"乐Phone",挺进移动互联业务。有媒体报道,乐Phone的发布会上,一向闲庭信步的柳传志拿着手机,兴奋得手发抖,决心要与iPhone一较高下。而联想也的确具备这个实力,到2012年8月,联想智能手机市场份额跃居国内第二,达到13.1%,仅次于三星。而在那时,华为手机只是运营商的"代工",无论是研发还是品牌,都无法与联想手机相提并论。

但之后,剧情急剧反转。随着2014年三大电信运营商大幅削减手机补贴,依赖运营商合作模式的联想业务崩坏,从巅峰跌倒谷底,堪比坐过山车。2014年联想斥资29亿美元收购摩托罗拉,也未能挽救颓势。此后联想集团一度放弃联想品牌手机,在国内市场销声匿迹,改而专注 MOTO 品牌和海外市场。后来华为手机快速增长,小米、OPPO 等各种新势力崛起,而联想手机则持续下滑。按照 2020 年 2 季度的数据,全球前 7 大手机品牌的排名分别是华为、三星、苹果、小米、OPPO、vivo、联想,份额分别为 20%、20%、14%、10%、9%、8%、3%。3%的份额已经远远被其他厂牌甩在后面,而且联想的全球销量基本上是摩托罗拉撑起来的,在北美地区,摩托罗拉的手机销量依旧能排进前四名。不过,近几年摩托罗拉转入联想旗下之后鲜有大动作,特别是在国内市场,几乎没有它的踪迹。

如今,面对如此错综复杂的手机市场,扎根海外市场许久的联想重新在国内市场崛起并非易事,除了用好产品说话,如何挽回昔日在消费者心中的品牌印象,这个问题更加考验联想的高层。

5.1 不同市场地位者的竞争战略

5.1.1 不同市场地位者

1)市场占有率(market share)

通常情况下,企业的销售绩效并不能反映出其相对于竞争对手的经营状况如何,企业销售额增加,可能是由于企业所处的整个经济环境的发展,或可能是因为其市场营销工作较之其竞争者有相对改善。市场占有率则是剔除了一般的环境影响来考察企业本身的经营工作状况。如果企业的市场占有率升高,表明它较其竞争者的情况更好;如果下降,则说明相对于竞争者其绩效较差。企业通常非常看重市场占有率,因为市场占有率状况是反映企业在目标市场中地位的首要指标,是企业竞争地位最集中、最综合、最直接的反映,在很大程度上反映了企业的竞争地位和盈利能力,在一个适当界定的目标市场中,市场占有率最高的企业所能享受到的低成本和高利润要优于其他竞争者。具体可以从三个方面理解:①获得规模经济。市场占有率高的企业往往对应着较大的经营规模,企业可因此获得规模经济效益。②反映出并进一步提升竞争能力。市场占有率高是企业具有较强竞争力的原因和结果。一个企业在目标市场上的市场占有率的高低,说明了该企业在目标市场销售商品或者提供劳务的数量在交易总额中所占比例的大小。在需求不变的情况下,该企业市场占有率高就意味着竞争对手在这一目标市场中的商品或者提供的劳务的数量少,这反映出企业较强的竞争力,同时,高的市场占有率会进一步提升企业的竞争力。③反映出经营管理能力。优秀的经营管理者可通过计划、组织领导等最大限度合理配置资源、最大限度调动员工积极性,有效降低生产成本,积极高效开发新产品、开拓新市场从而使本企业在市场上获得高的占有率,也可以说,较高的市场占有率反映出较强的经营管理能力。

> **知识链接**
>
> **市场覆盖率**
>
> 市场覆盖率(market penetration),指本企业产品投放地区数与整个市场所有潜在的地区总数的比率,其中的地区可以以省、市、县等为单位。市场覆盖率=本企业产品投放地区数÷全市场应销售地区数×100%。一般情况下市场覆盖率只能反映出产品在该区域的覆盖情况,反映销售业绩用市场占有率更准确。

市场占有率＝本企业产品销售量÷市场上同类产品销售量×100%。市场占有率指标有：

①整体市场占有率。其是以企业的销售额（量）占全行业销售额（量）的百分比来表示。研究整体市场占有率要正确认定企业所处的行业范围，即明确本行业所应包括的产品、市场等。如，"根据艾媒咨询统计，截至2017年年底，在第三方支付综合支付市场份额中，支付宝、财付通和银联商务，分别以39.03%、27.01%和16.98%的市场份额跻身前三位"。此处的市场份额即为整体市场占有率，而其行业范围即为"第三方支付综合支付市场"。又如，《中国第三方支付移动支付市场季度监测报告2018年第一季度》中显示，"2018年第一季度，中国第三方移动支付市场交易环比增长6.99%，总交易规模超40万亿元人民币。其中，占市场交易份额最大的前三名支付宝、财付通、拉卡拉，分别占比63.41%、23.03%和5.37%，而同期的银联商务占比0.69%，排名居第八"。此处的市场份额也为整体市场占有率，而其行业范围为"第三方移动支付市场"。

②相对市场占有率。研究相对市场占有率对聚焦于一个战略集团内主要竞争对手有非常重要的意义。相对市场占有率有两种计算方式：相对于三个最大竞争者和相对于最大竞争者。

相对市场占有率（相对于三个最大竞争者）以企业销售额（量）对最大的三个竞争者的销售额（量）总和的百分比来表示。如图5-1，支付宝的整体市场占有率为31.50%，其最大的三个竞争者的整体市场占有率分别为19.30%、16.70%、6.80%，则该企业的相对市场占有率是31.50÷42.80＝73.60%。一般情况下，相对市场占有率高于33%即被认为是强势的。

相对市场占有率（相对于最大竞争者）以企业销售额（量）相对于最大市场竞争者的销售额的百分比来表示。相对市场占有率超过100%，表明该企业是市场领导者。

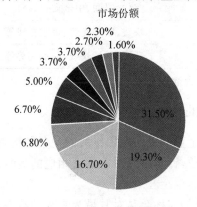

图5-1　2017年Q3中国第三方互联网支付交易规模市场份额
（资料来源：《2018年中国第三方支付平台行业分析报告》）

2）四类市场地位者

可以根据企业所处的竞争地位将其分为市场领导者、市场挑战者、市场追随者和市场利基者。

（1）**市场领导者**（market leader）。市场领导者是在某一产品或服务市场中拥有最大市场份额的企业。通常在价格变化、新产品引进、分销覆盖和促销强度上起领导作用。在某行业市场上居于统治地位的企业,如信息与通信行业的华为、房地产行业的万科、无人机领域的大疆创新、第三方支付领域的支付宝等。

(2)市场挑战者(market challenger)。市场挑战者是指那些积极向行业领导者或其他竞争者发动进攻来扩大其市场份额的企业,只要是为了扩大市场份额,对其他企业发动进攻的企业,都可以称之为市场挑战者,这些企业可以是仅次于市场领导者的大公司,也可以是让对手看不上眼的小公司。

(3)市场追随者(market followers)。在行业中安于次要地位,在战略上追随市场领导者的企业。市场追随者通过学习、借鉴、模仿市场领导者,减少风险和降低成本,并不断发展壮大。

市场挑战者和市场追随者往往是那些在市场上处于次要地位(第二、三位甚至更低位次)的企业。如第三方支付领域的财付通、银联商务等。

(4)市场利基者(market nicher)。市场利基者也称为市场补缺者,往往是行业中相对弱小的中小企业,它们选择某一特定较小的区隔市场为目标,专注于被大企业忽略的某些细分市场,并通过提供专业化的服务来获取最大限度的收益。如表5-1中多数的在垂直细分领域从业的第三方支付公司。

表5-1 部分细分领域的第三方支付公司

垂直细分领域	第三方支付公司
航旅	汇付天下、易宝支付、通联支付等
互联网金融	宝付、银联、中金支付等
电信及公共缴费	快钱、联动优势、银联在线等
跨境支付	环迅支付、快钱、联动优势等

(资料来源:《2018年中国第三方支付平台行业分析报告》)

5.1.2 梯级式竞争结构的竞争战略

行业中处于不同竞争地位的企业形成一个梯级式的竞争结构,在梯级式的竞争结构中,不同市场地位者要明确本企业的地位,针对不同位次确立相应的战略。

1)市场领导者的竞争战略

对市场领导者来说,现有的市场结构会是对其最为有利的状态,在现有的市场结构中领导者最有话语权,也是最大的得利者,对市场领导者来说最好就是保持现有状态,因此,市场领导者的竞争战略核心是:保持其领导地位,稳定市场。具体战略有:①扩大现有市场规模;②扩大现有市场份额;③维持现有市场占有率。

(1)市场领导者首先会考虑扩大现有市场规模的战略。一般地,在行业竞争结构基本不变时,在市场总规模扩大时,市场领导者得到的好处会大于同行业中其他企业。市场领导者可以通过寻找新用户、寻找新用途(如尼龙先后被用作降落伞的合成纤维、女袜的纤维、衬衫的主要原料、汽车轮胎的原料等)、增加现有用户的使用量等途径来扩大市场的总规模。

(2)市场领导者会采取扩大现有市场份额的战略。市场领导者应采取较好的、有针对性的进攻策略,来保持自己的市场地位,可以通过增加新产品、提高产品质量、增加开拓市场的费用等措施来实现扩大现有市场份额的战略。

(3)领导者可采取维持现有市场占有率的战略。通过在产品、技术、服务等方面不断创新以及各种防御战略来保持现有的市场占有率。

2) 市场挑战者的竞争战略

市场挑战者和市场追随者在市场上处于次要地位,可采取两种战略:①争取市场领先地位,向竞争者挑战,即作为市场挑战者;②安于次要地位,在"共处"的状态下求得尽可能多的收益,即作为市场追随者。作为处于次要地位的企业,一定要基于自身实力做出战略选择。

作为市场挑战者,其攻击对象可以是市场领导者、同类型企业或者是较弱小的企业。典型意义上的市场挑战者的攻击对象往往以市场领导者为主。迈克尔·波特在其《竞争优势》一书中论述了进攻领导者应具备的条件,他提到,挑战者必须符合三个基本条件:①可持久的竞争优势。在成本或差异化方面,挑战者必须拥有超过领先者的明显的、可持久的竞争优势。②其他活动相近。挑战者必须有办法部分或是全部地抵消领导者的其他固有优势,在其他活动上接近或相似于领导者,以使其竞争优势可以得以发挥。③领导者报复的障碍。挑战者必须有一些减弱领导者报复的办法,使领导者不愿或不能对挑战者实施长期持久的报复。

波特提出了三类可能的进攻路线:重构、重新定义和纯投入(见图5-2)。重构是挑战者创新价值链中的活动方式或改造整个价值链的结构。重构使得挑战者以不同的方式与领导者竞争,具体有:①产品创新,挑战者通过改变产品来进攻领导者;②外勤和服务创新,通过改变产品支持、售后服务、内外部物流等活动来进攻领导者;③营销活动创新;④下游重构,利用领导者忽视的销售渠道或抢占新出现的销售渠道等。重新定义是通过扩大或缩小来重新界定竞争范围,具体有四种模式:①目标集中,如通过买方集中、产品集中、销售渠道集中等把竞争缩小到一个细分市场;②整合或退出整合,如通过进行前后向的一体化或反过来区别于竞争者而退出一体化以增加差异化或成本优势;③地域重新定义,如通过采用地区性或全球化战略来区别于市场挑战者;④横向战略,利用各业务单元之间的关联来扩大竞争范围。纯投入是借助充分投资(包括在获取市场份额、总销售量和品牌知名度等方面的投资),获得足够的市场份额、销售量和声誉,以便在相对成本地位和差异化方面领先,这是通过更优势的资源和更强烈的愿望来获得市场地位。纯投入成功应具备两个条件:①挑战者拥有优越的财务资源;②市场领导者不愿对产业进行投资。

图 5-2 进攻领导者的路线

3) 市场追随者的竞争战略

作为市场追随者,可采取的基本战略有三种:紧密跟随战略、距离跟随战略以及选择跟随战略。

(1)紧密跟随,突出"模仿"和"低调"。跟随企业在各个细分市场和市场营销组合上尽可能模仿市场领先者,以至于有时会使人感到这种跟随者好像是挑战者,但是它会保持"低调",尽量避免刺激领先者,避免与领先者发生直接冲突。

(2)距离跟随,突出"保持合适的距离"。跟随企业在市场的主要方面,如目标市场、产品创新与开发、价格水平和分销渠道等方面都追随领先者,但仍与领先者保持若干差异,以形成明显的距离。

(3)选择跟随,突出"选择追随和创新并举"。跟随者在某些方面紧跟领先者,而在另一些方面又别出心裁。这类企业不是盲目跟随,而是择优跟随,在对自己有明显利益时追随领先者,在跟随的同时还不断地发挥自己的创造性,但一般不与领先者进行直接竞争。

4)市场利基者的竞争战略

作为市场利基者,其战略主要为聚焦战略,具体表现为专业化的营销战略,如用户专业化、产品专业化、客户订单专业化、地理区域专业化、价格专业化、分销渠道专业化等。

5.2 不同行业寿命周期阶段企业的竞争战略

按整个寿命周期阶段划分,行业阶段可分为新兴行业、成长行业、成熟行业以及衰退行业,在这里我们主要讨论新兴行业和衰退行业中企业的竞争战略问题。

5.2.1 新兴行业的竞争战略

新兴行业是指由于技术创新、新的消费需求或其他因素的变化使某种新产品或新服务成为一种现实的发展机会,从而新形成或重新形成一个行业。如20世纪90年代初我国出现的VCD,90年代末期出现的网购、第三方支付等,都是典型的新兴行业。

1)新兴行业的基本特征

(1)不确定性。不确定性体现在技术、经济和战略上。新兴产业中通常存在很高程度的技术不确定性,什么产品结构是最好的?什么生产技术是最有效的?如新兴显示技术发展的不确定性,从显示技术来看,电视经历了CRT电视、背投电视、等离子电视、LCD液晶电视、LED液晶电视等的发展演变,其中平板电视显示技术很快从背投、等离子发展为液晶,很好地说明了这一点。经济上的不确定比如新兴行业的规模经济效益如何?经验曲线效益如何?这些都有待时间去给出答案。新兴产业中企业对竞争对手、顾客特点、处于新兴阶段的产业条件、市场份额等信息知之甚少,也不存在大家"公认"的、行之有效的战略,在战略上存在着不确定性。

(2)风险性。由于不确定性,前路迷雾重重,必然导致身处其中的企业面临较大的风险:采用和发展哪种技术面临风险;以何种规模进入面临风险;尽早进入还是等待观望后进入的选择面临风险;信息缺失、判断失误、战略选择不当导致企业面临风险等。

(3)初始成本虽高但成本急剧下降。在新兴产业中,新产品和小批量往往导致较高的初始成本,而伴随初期较为陡峭而能快速趋于平缓的学习曲线和规模经济效益曲线是成本急剧下降的原因之一。

(4)新企业的建立与分裂。在新兴行业,往往没有成型的游戏规则和规模经济威慑到新成立的企业,新企业的进入较为容易;同时,或出于从"打工"到"创业"以追求更高回报的考虑,或是已立足企业的员工基于对产业的了解和产业游戏规则的不确定,使其有条件去获得好的想法,在新兴产业中"另立门户"会是一种普遍现象,这种现象会比其他寿命阶段的行业更为常见。

(5) 首次购买。新兴产业中的购买者即是首次购买者。作为"第一个吃螃蟹的人",其风险与收益并存,但多数消费者都存在规避消费风险的偏好,因此新兴产业中存在着消费者教育的任务,要告知消费者产品的相关信息以及具有的功能和能给消费者带来的满足和收益。

(6) 行业补贴。在许多新兴行业,特别是采用新技术或得到全社会关注的产业,政府往往会对新进入者给予补贴,如我国 2010 年 5 月开始的对新能源汽车的鼓励和补贴政策,在 2020 年 10 月 9 日,国务院常务会议又通过了《新能源汽车产业发展规划》,其中提出"加大对公共服务领域使用新能源汽车的政策补贴"。但要注意的是,补贴是一把"双刃剑",在促进行业发展的同时也可能导致市场竞争的不公,企业过度依赖补贴从而失去竞争力。

2) 在新兴行业中企业经常面临的问题

(1) 相关配套缺失。基础设施缺乏,原材料和零部件的供应能力较弱,像分销渠道、服务设施、零部件等在新兴行业发展初期会严重滞后。如,万燕公司是中国 VCD 产业的前辈,1993 年其开发出了世界上第一台 VCD 机。当时,万燕从压缩机、整机、碟片、版权以及教育用户、教育经销商、教育制片商和出版社等配套活动都要由自己完成,相当于这个产业都要由一家企业去做。

(2) 缺乏产品和技术标准。在新兴行业由于产品以及技术的不确定性,使行业统一标准还未形成,这也进一步加剧了原材料和互补产品的供应不足,并可能阻碍成本的快速下降。

(3) 产品质量不稳定。由于存在许多新建企业、缺乏标准和技术不确定等因素,新兴产业中产品质量经常不稳定,即使是个别企业出现的问题也可能造成整个行业的形象受损,而对行业发展造成不利影响。

(4) 顾客困惑以及产品销售困难。产品和生产技术的不成熟、眼花缭乱的产品方案和技术种类、竞争企业间不规范的竞争活动,种种的混乱现象可能导致顾客的困惑;同时对产品和行业的不了解也增加了顾客的购买风险,这些都会带来产品销售困难的可能。

3) 新兴行业中企业战略的选择

新兴行业中战略制定必须处理好在这一发展阶段的不确定性和风险问题。结构的不确定、竞争规则不确定在给企业带来巨大风险的同时也使企业具有更大的战略自由度,把握住这种战略自由度,企业应该重视以下三点:

(1) 企业塑造行业结构的能力。在新兴行业中企业首要的战略问题是塑造有利于自身的行业结构。企业可以在技术标准、营销方法、价格策略等方面建立市场游戏规则,确立企业在行业发展上的话语权,以使本企业在长期发展中获得最有力的行业地位。

(2) 企业处理好行业宣传和追求自身利益之间的平衡关系。新兴行业处理好行业宣传和追求企业自身利益之间的平衡关系是一个重要的战略问题。在行业发展初期,企业自身的成功往往依赖于行业中其他企业以及整个行业的发展。行业发展带来外部效应,行业发展给身处其中的所有企业构建起一个良好的发展环境,但这个良好的发展环境需要全行业企业共同努力,而由于存在"搭便车"现象,企业的努力可能是为别人做了嫁衣,因此如何平衡二者间关系至关重要。

(3) 进入时机的选择。早期进入有可能获得"先行者优势",但也可能面临高风险。

下列情况对早进入者有利:①若该行业的客户非常看重企业的形象和名声,则早进入者享有创始者的声誉对其十分有利;②当学习曲线效应明显且经验很难模仿,早进入者可以较早开始学习过程,积累经验;③若该行业顾客忠实度很高,早进入者可以获益;④早进入者可以率先取得原材料供应和抢占销售渠道,因而可以取得成本优势。

下列情况早进入者有很大风险:①早期市场与发展后的市场有很大的不同,早进入者在以后将面临高额的调整费用;②开创市场的费用很高,而市场开创后并不能为本企业所独享;③技术发展很快,使初始创新者的投资很快过时,而后进入者却有可能采用最新的技术及工艺。

5.2.2 衰退行业的竞争战略

一般而言,衰退行业是指在行业构成中处于发展迟缓、停滞乃至萎缩的行业。从战略分析的角度看,衰退行业是指在相当长的一段时间里行业的销售量持续下降的行业,这种下降是一种趋势性下降而非周期性下降。

1) 衰退行业影响竞争的因素分析

分析衰退行业中影响竞争的因素对身处其中的企业做出正确的战略选择至关重要。下面着重分析行业需求下降的状况、行业退出障碍以及竞争的不稳定程度等三个方面的影响因素。

(1)行业需求下降的状况。衰退行业中需求下降的过程以及剩余细分市场的特性对竞争有非常重要的影响。

第一,对行业需求下降的趋势的估计。在衰退初期非常重要的判断就是要预测此时的需求下降是暂时的、周期性的下降。还是已经是一种趋势性的下降。企业在这两种不同的判断下做出的选择差别会非常大,如果是暂时的、周期性的下降,企业可能会固守在这个行业,继续巩固自己的市场地位;如果认为是趋势性的下降,企业可能会加快退出的速度。

第二,对行业衰退的速度的估计。如果衰退趋势已经明朗,那么行业衰退的快慢会影响到企业的行为。如图 5-3 所示,在 1、2、3 种情况下,尤其是 1 和 3 两种不同的衰退情况,企业是选择坚守还是尽快退出对企业未来发展影响的差别会非常大。若未来衰退曲线是 1,企业选择坚守自己的领先者地位,或许还可以在未来的市场中继续获利,而若未来衰退曲线是 3,则企业坚守的选择可能会使自己深陷其中。

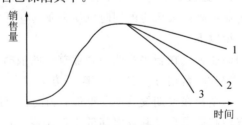

图 5-3 不同情况的行业寿命周期曲线

第三,对剩余需求结构特点的分析。一般来讲,如果剩余需求来自对价格不敏感的客户和议价能力较弱的客户,则在衰退行业竞争中存续的企业是有利可图的。衰退行业竞争中的盈利性也依赖于剩余需求对替代品、对有实力的供应商的敏感程度以及剩余细分市场的进入壁垒。进入壁垒使服务于细分市场的企业避免受到那些从失去的市场中寻找出路的企业的攻击。

第四,行业需求下降的原因分析。是什么导致了行业衰退?是技术创新带来的产品替代?是顾客规模减小而导致需求减少?是消费者需求偏好发生变化而导致行业衰退?导致衰退的原因多种多样,不同的原因对企业行为的影响大不相同,深入分析非常重要。

(2)行业退出障碍。不同行业影响退出的因素及其影响大小是不同的,在衰退期,企业要想低成本退出,必须了解企业所处衰退行业的退出障碍因素。退出壁垒高往往有以下一些原因:

①耐用和专用的资产越多则退出障碍越大。专用性资产由于只能做某种用途使用,当要退出时只能出售给打算从事相同业务的企业,而在衰退期想找到这样的买家比较困难。同时,如果是耐用资产,没有买家接手,进入清算环节,其账面残值可能会大大超过清算价值从而使企业宁愿继续经营也不愿退出。因此,当存在这种情况时,企业很难低成本退出。

②退出的固定成本越高则退出障碍越大。如高额的违约金(包括劳动合同、供应合同、销售合同)以及退出众所周知时带来的劳动生产率下降、财务状况恶化,供应商和客户迅速撤出等问题都会给企业带来较高的退出成本。

③战略性退出障碍。若欲退出的业务是整个业务的有机构成部分,由于相互关联作用,该业务的退出会损害整个业务,从而伤害整体战略的实现,或者由于纵向一体化,该业务与其他业务存在纵向关联,这些情况都会给企业带来战略性退出障碍。

④信息障碍。由于信息缺失以及各业务间业绩的相互影响,发展良好的业务掩盖了可能已经衰退的业务,使得企业难以准确判断各业务的发展趋势。

⑤管理和精神障碍。退出或"放弃"往往被视为失败;企业最初的业务随时间的发展进入衰退,而企业创始人和创业元老们基于感情因素而难以割舍创业产业等都会成为退出的巨大障碍。

⑥政府和社会的阻碍。有的情况下,由于政府对就业的关注以及对当地社区的影响,也使得低成本退出非常困难。

(3)竞争的不稳定性。由于部分企业的退出,衰退行业的竞争激烈程度往往会趋向缓和。但在衰退阶段,由于需求减少、市场萎缩以及较高的退出障碍的存在,行业的竞争也可能变得更为激烈,当存在下列情况时,剩余企业的竞争会更为激烈:该产业是日用商品行业依然有市场需求;固定成本很高使企业难以低成本退出;许多企业被退出障碍锁定在行业内不能轻易退出;许多企业意识到在行业保持地位的重要性不愿退出;剩余企业势均力敌都难以轻易胜出,等等。

2)衰退行业中企业竞争战略

处在衰退阶段的企业,其战略往往围绕两个问题:如何抽回投资或如何获利。考虑衰退行业的产业结构状况和对残存需求是否具有竞争优势,企业通常可以采用领导地位战略、利基战略、收获战略和迅速退出战略,如图 5-4 所示。

	对残存需求具有竞争优势	对残存需求缺乏竞争优势
产业结构尚佳	采取领导地位或利基战略	采取收获战略或迅速退出
产业结构不佳	采取利基或收获战略	迅速退出

图 5-4 衰退产业中竞争战略矩阵

(资料来源:迈克尔·波特.竞争论[M].北京:中信出版社,2003.)

(1) 领导地位战略。这种战略的出发点是使企业成为行业中保留下来的少数企业之一,甚至是留下来的唯一企业,从而获得平均水平以上的获利能力。采用这种战略的前提是这种企业可对衰退的过程发挥更多的控制力,并避免不稳定的价格竞争,因此领先地位可使企业获利较多。

采取领导地位战略,通常的战略性做法有:

① 在定价、营销、投资等方面做出攻击性行动,逼迫对手退出,如引发新产品和工艺改革的投资需要,增加其他竞争者的风险;公开表明留在行业内的决心,等等。

② 降低竞争对手的退出屏障,如收购竞争者,使得竞争者可以低成本退出;或对行业未来衰退的不确定性信息进行整理和公布,降低竞争对手高估行业前景的乐观幻想,消除信息缺失而导致的退出障碍,等等。

(2) 利基战略。这种战略的出发点是确认某个细分市场仍能有稳定或下降很慢的需求,而且具有能带来较高收益的结构特点。企业的战略性做法是,收回在其他细分市场的投资,先发制人占领这个利基市场的领先地位。采用这种战略时,企业所选择的细分市场竞争对手要易于退出,或增加竞争对手在该市场获利的不确定性,从而利于本企业战略目标的实现。

(3) 收获战略。这种战略的出发点是尽可能多地从衰退行业中回收投资,同时停止一切新的投资。企业的战略性做法有:减少产品型号;缩减销售渠道;放弃小客户;在交货时间(库存)、维修速度、销售补助等方面不断降低服务水准。收获战略的尾声是企业会将这个行业的资产变卖或者清算。

(4) 迅速退出战略。这种战略的观点是及早退出比缓慢退出更有利。因为越早退出,潜在买主对未来需求可能大幅下滑的不确定性就越大,越有利于企业以相对高价变现设备。当然较早退出也可能存在预测错误带来的风险。

5.3 分散行业中企业的竞争战略

在众多的行业中,有的行业表现得比较集中,会有一些企业的市场占有率占有绝对优势,成为行业的领袖企业;有的行业趋于分散,大家的规模都相对较小,没有一家企业能够成为行业领袖。通常用"产业集中度(industrial concentration)、市场集中度(market concentration)"来描述一个行业的集中程度情况。产业集中度是指某产业内少数企业的生产量、销售量、资产总额等方面对该行业的支配程度,是用于衡量产业竞争性和垄断性的最常用指标,产业集中度越高,市场越趋向于垄断;集中度越低,市场越趋向于竞争。常用行业集中度系数 CR_n(concentration ratio, CR_n)来衡量行业集中度的水平。行业集中度系数 CR_n 是利用行业中最大的前 n 家公司的产量、销售额等指标的合计值占该行业相应指标总量的比重来衡量行业集中度状态的指标,其计算公式如下:

$$CR_n = \sum_{i=1}^{n} \frac{X_i}{T}$$

公式中: n 表示产量排名前 n 位的企业数;

X_i 为排名第 i 位企业的产量(销售额等);

T 表示整个行业的相应指标的总量。

CR_n 中,通常 $n=4$ 或者 $n=8$,此时,行业集中度系数就分别表示该产业内规模最大的前 4 家或者前 8 家企业占整个行业的比重。

美国学者贝恩和日本学者植草益根据对产业集中度的划分标准,将产业市场结构粗分为寡占型($CR_8 \geq 40$)和竞争型($CR_8 < 40\%$)两类。美国学者贝恩又将寡占型分为寡占Ⅰ型——寡占Ⅴ型(见表5-2)。日本学者植草益将寡占型又细分为极高寡占型($CR_8 \geq 70\%$)和高、中寡占型($40\% \leq CR_8 < 70\%$);竞争型又细分为低集中竞争型($20\% \leq CR_8 < 40\%$)和分散竞争型($CR_8 < 20\%$)。

表5-2 贝恩对市场结构进行的分类

市场结构	集中度	
	CR_4值(%)	CR_8值(%)
寡占Ⅰ型	$CR_4 \geq 85$	—
寡占Ⅱ型	$75 \leq CR_4 < 85$	$CR_8 \geq 85$
寡占Ⅲ型	$50 \leq CR_4 < 75$	$75 \leq CR_8 < 85$
寡占Ⅳ型	$35 \leq CR_4 < 50$	$45 \leq CR_8 < 75$
寡占Ⅴ型	$30 \leq CR_4 < 35$	$40 \leq CR_8 < 45$
竞争型	$CR_4 < 30$	$CR_8 < 40$

(资料来源:龚三乐,夏飞.产业经济学[M].成都:西南财经大学出版社,2018.)

什么是分散行业?按照植草益的理论,分散竞争型的市场结构中最大的8家企业的市场份额小于20%,一般我们可以认为,分散行业由大量中小型企业组成,其中任何一个企业都不具有市场占有率上的绝对优势,从而行业中缺少有影响力的行业领袖企业。如快餐业、洗衣业、书籍出版业、汽车维修业、餐饮业、服装业、家具业、酒店业以及创意产业等。

5.3.1 形成分散行业的原因

(1)行业发展初期。行业各寿命周期阶段存在着一般的分散与集中的发展变化规律:在导入期,由于新企业不断加入,行业表现为趋于分散;在成长期,新企业继续不断加入,行业进一步趋于分散;到成熟期,弱小企业被淘汰,行业趋于集中;到衰退期,一部分企业被淘汰,行业进一步趋于集中。因此,有时行业刚出现,处在行业发展早期,尚未有大企业出现,不存在有影响力的行业领袖企业,该行业此时会表现为分散。

(2)行业进入障碍较小、退出障碍较大。行业进入障碍小,使得大量企业可以进入;退出障碍大,则将大量企业封闭在该行业内。行业内企业大量存在,往往是行业分散的重要原因。

(3)规模经济效应较小以及较高的运输成本。高额的运输费用往往限制企业的有效生产规模以及生产布局,使行业不能形成整体规模效应。如,包装印刷物的单品价值量通常较低,且受到运输半径限制,包装企业通常需要贴近客户建厂生产,导致包装行业区域分散。

(4)市场需求的多样化、企业有各自的技术专长。购买者需要的量相对小且多样,而且企业有各自的技术专长,小企业可以大量存在;市场很大,同时需要很多企业满足需求,这些都为小企业的大量存在提供了土壤,为行业分散提供了条件。

(5)市场需求分散化以及产品的供求在时间和空间上的统一。商品供求在时空上是否统一是影响行业集中或分散的重要因素。消费者需求总是在一定的时间和空间上的需求,消费会比较多样和分散。由于供求在时间空间上的分离,存在着行业分工和地区分工,许多商品生产在时间上也可以提前或延后,在空间上可以比较集中,这类生产可以是集中生产;而有些产品的供给和需求在时间和空间上是统一的,不可分离的,也就是说在生产的同时也就是在消费,如酒店提供的服务和消费者需要的住宿服务是不能分离开的,不能说在北京的一家酒店可以满足在西安的住宿者的要求。

5.3.2 处于分散行业的企业的竞争战略

1）连锁经营

连锁经营(chain-store operations)是一种商业经营模式,是经营同类商品或服务的若干个企业(或企业分支机构),以一定的纽带和形式组成一个联合体,在整体规划下进行专业化分工、实施集中化管理,把独立的经营活动组合成整体的规模经营,从而实现规模效益。

企业运用连锁经营主要是为了获得成本领先的战略优势。连锁经营把分散的经营主体组织起来,建立网络,以统一店名店貌、统一广告、统一进货、统一核算、统一库存和统一管理,可以形成规模经济。连锁经营可以拥有大量的购买力,建立区域性的配货中心,克服高运输成本的现象,减少库存成本,快速反应各经营主体和顾客的需求。由于统一管理、统一进货、直接定向供应,消费者在商品质量上可以得到保证,对连锁经营容易产生消费信任或依赖。这些都可以大幅度降低企业的成本,形成竞争优势。

连锁经营有三种形式:直营连锁、特许经营和自由连锁。

知识链接

直营连锁、特许经营和自由连锁

直营连锁是连锁企业总部通过独资、控股或兼并等途径开设门店,所有门店在总部的统一领导下经营,总部对各门店实施人、财、物及商流、物流、信息流等方面的统一管理。总部采取纵深式的管理方式,直接下令掌管所有的零售点,零售点也必须完全接受总部指挥。直营连锁是大型垄断商业资本通过吞并、兼并或独资、控股等途径,发展壮大自身实力和规模的一种形式。

特许经营指特许者将自己所拥有的商标(包括服务商标)、商号、产品、专利和专有技术、经营模式等以特许经营合同的形式授予被特许者使用,被特许者按合同规定,在特许者统一的业务模式下从事经营活动,并向特许者支付相应的费用。企业通过特许经营还可以减轻迅速增加的财务开支,并获得大规模广告、分销与管理的经济效益,使企业迅速成长。

自由连锁经营是指在激烈的商业竞争环境中,企业之间为了共同利益结合而成的事业合作体,各成员是独立法人,具有较高的自主权,只是在部分业务范围内合作经营,以达到共享规模效益的目的。

管理案例

2019 年中国超市百强 TOP20 如表 5-3 所示。

表 5-3 2019 中国超市百强 TOP20   单位:销售额(亿元)、门店数(个)

2019 位次	品牌	销售额	门店数
1	华润	951	3234
2	大润发	947	414

续表 5-3

2019 位次	品牌	销售额	门店数
3	永辉	931.5	1440
4	沃尔玛	822.8	442
5	联华	546.3	3381
6	盒马鲜生	400	250
7	物美	379	475
8	家乐福	312.8	233
9	家家悦	276.3	755
10	步步高	242.5	355
11	麦德龙	230	97
12	中百仓储	223.4	192
13	世纪华联	170.5	3903
14	欧尚	150.8	72
15	红旗连锁	135.7	3070
16	永旺	123.6	77
17	北京华联	119.9	163
18	武商超市	114.3	76
19	易初莲花	108.4	113
20	丹尼斯	103.9	67

(数据来源：中国连锁经营协会发布《2019年中国超市百强》(2020年6月29日))

报告显示：2019年中国超市百强销售规模近9792亿元，同比增长4.1%，约占全年社会食品零售总额的18.1%；超市百强企业门店总数为2.6万个，比上年增长6.6%。超市百强以区域企业为主，企业规模差异较大。2019年TOP20销售规模约7281亿元，占TOP100的74.35%。前十位百强企业销售额达到5809亿元，占TOP100的59.3%，具较明显的行业集中度。前3强的入榜门槛是900亿元，达到931亿元，前10强的入榜门槛是200亿元级别，达到240亿。前20强的入榜门槛是100亿元，达到103.9亿元。年销售增长最快的是盒马鲜生，同比增长185.7%；单店销售额最高的是成都伊藤洋华堂，店均销售额约6.7亿元；门店超千家的企业有5家，分别是华润万家、永辉、联华、世纪华联和成都红旗，这5家企业销售额达2735亿元，门店数15028个，单店平均销售额0.18亿元，企业基于连锁实现了规模效益。

2）横向整合

横向整合主要用于同行间的并购，企业可以针对不同的产品系列进行横向整合，可以通过整合产业互补、区域互补的同类企业以进一步提升企业规模。横向整合通过收购竞争对手，由此减少了竞争者以减弱竞争威胁。横向整合还可以通过收购生产类似产品的业务，以获得协同效应，同时产生一定程度的产品多样化。例如，只要根据同一基本市场信息，就可以生产各种花色不一的糖果。横向整合还可以通过收购替代品业务克服"五力模型"中提到的替代品威胁。

在分散行业中存在大量小企业，为了求得发展，企业可以通过横向整合一些产业中的中小企业，以形成大企业。如将一些地方性的企业合并成全国性的企业，使之形成规模经济效益或形成全国市场，从而使企业具备采用成本领先战略或差别化战略的条件。

3）集中一点

集中一点的战略即聚焦战略，是企业通过满足特定消费者群体的特殊需要，或者集中于某一有限的区域市场，从而建立企业的竞争优势，获得有利的竞争地位的战略。处在分散行业中的企业总体规模都较小、实力较弱，企业可以安于现状，将重点集中在细分市场上，实施聚焦战略，选择重点子市场作为自己的目标市场。

关键词

市场占有率(market share)　　市场覆盖率(market penetration)
市场领导者(market leader)　　市场挑战者(market challenger)
市场追随者(market followers)　市场利基者(market nicher)
先行者优势(first-mover advantage)　连锁经营(chain-store operations)
横向整合(horizontal integration)

课后测试

1. 在某一产品或服务市场中拥有最大市场份额，通常在价格变化、新产品引进、分销覆盖和促销强度上起领导作用的企业属于(　　)。
　A. 市场领导者　　B. 市场挑战者　　C. 市场追随者　　D. 市场利基者

2. 突出"模仿"和"低调"是作为市场追随者采取的(　　)。
　A. 选择跟随战略　B. 距离跟随战略　C. 紧密跟随战略　D. 以上都不对

3. 波特提出了挑战者可能的进攻路线，其中，挑战者创新价值链中的活动方式或改造整个价值链的结构是(　　)。
　A. 重构　　　　B. 重新定义　　　C. 纯投入　　　　D. 以上都不对

4. 出现下列情况时，往往对早进入者不利(　　)。
　A. 若该行业的客户非常看重企业的形象和名声
　B. 学习曲线效应明显且经验很难模仿
　C. 行业顾客忠实度很高
　D. 开创市场的费用很高，而市场开创后并不能为本企业所独享

5. 出现下列情况时，往往对早进入者有利(　　)。
　A. 早期市场与发展后的市场有很大的不同
　B. 开创市场的费用很高
　C. 技术发展很快，使初始创新者的投资很快过时
　D. 可以率先取得原材料供应和抢占销售渠道

6. 属于新兴行业的基本特征的是(　　)。
　A. 技术、经济、战略上确定　B. 风险性　C. 重复购买　D. 产品和技术成熟

7. 若欲退出的业务是整个业务的有机构成部分，由于相互关联作用，该业务的退出会损害

整个业务,这种情况属于哪种退出障碍?(　　)

　　A.信息障碍　　　　B.管理和精神障碍　　C.战略性退出障碍　　D.政府和社会的阻碍

8.当企业确认某个细分市场仍有稳定或下降很慢的需求,而且具有能带来较高收益的结构特点时,可采取(　　)。

　　A.领导地位战略　　B.利基战略　　C.收获战略　　D.迅速退出战略

9.按照植草益的理论,市场结构中最大的8家企业的市场份额小于20%时,该市场结构属于(　　)。

　　A.高寡占型　　　　B.中寡占型　　C.低集中竞争型　　D.分散竞争型

10.分散行业由大量中小型企业组成,其中任何一个企业都不具有市场占有率上的绝对优势,从而行业中缺少有影响力的行业领袖企业。下列不属于分散行业的是(　　)。

　　A.汽车维修业　　　B.酒店业　　C.餐饮业　　D.移动通讯业

11.(　　)的基本特征是尚未形成行业规则,即企业缺乏可以作为依据的相互交往和竞争的规则。

　　A.分散行业　　　　　　　　　　B.集中行业

　　C.新兴行业　　　　　　　　　　D.成熟行业

12.以下哪一项不是市场领导者的特征?(　　)

　　A.企业一般拥有一定的资源优势,是整个行业中最为活跃的竞争力量

　　B.在本行业市场中有较大的市场占有率

　　C.在价格制定、新产品开发、销售网络及促销方式等方面占有主导地位

　　D.是许多竞争者挑战目标,随时有可能受到其他竞争者的进攻

复习与思考

1.什么是市场占有率?为什么企业都很重视市场占有率?
2.市场领导者的竞争战略核心是什么?可采取哪些具体战略?
3.波特提出了哪些可能的进攻路线?
4.新兴行业具有哪些基本特征?新兴行业中企业会面临哪些问题?
5.新兴行业中战略制定应该重视哪些问题?
6.处在衰退阶段的企业关注的战略问题是什么?衰退行业中企业通常可以采用什么战略?
7.什么是产业集中度?按照美国学者贝恩和日本学者植草益的划分标准,产业市场结构有哪几种类型?
8.是什么导致了行业分散?
9.处于分散行业的企业可采取哪些竞争战略?

知识拓展

迈克尔·波特.竞争优势[M].北京:华夏出版社,2006.

第6章 公司战略

管理名言

最成功的企业是那些以一种专长为基础和核心进行多元化经营的公司,第二等成功的企业是向那些相关行业扩展的公司。

——彼得斯、沃特曼

学习目标

1. 理解、掌握增长型战略的特征、优缺点。
2. 理解紧缩型战略的适用条件和类型。
3. 掌握专业化战略、多元化战略和一体化战略的概念、优缺点、适用条件。
4. 理解多元化战略的实现方式,了解归核化战略。

引入案例

恒大:风风雨雨的多元化

恒大集团成立于1996年,从做实做强地产主业到开拓创新多元发展,目前发展为以民生地产为基础,文化旅游、健康养生为两翼,新能源汽车为龙头的世界500强企业集团。2020年3月31日,恒大集团发布2019年财报,报告期内,集团实现收入为人民币4775.6亿元,同比上升2.4%;毛利为人民币1329.4亿元;净利润为人民币335.4亿元,净利润率为7%。

2010年,恒大注资10亿元成立了恒大文化产业集团,这是恒大成立的第一个地产之外的产业,恒大影院是恒大文化的核心架构。截至2018年7月,恒大影院在全国数量为120家,银幕拥有851块,正在建设的影城项目为113家。恒大影院大都集中在国内三四线城市,而且规模上不比其他影院小,但单店盈利水平比较低。据了解,2018年上半年恒大影院的票房收入为3.06亿元,平均单店票房收入约为250万元。值得注意的是,国内二线影院单店票房收入约为500万元。虽然规模上恒大影院已经靠前,但是其营业收入却是业内低水平。对于资本庞大的恒大来说,恒大影院的收入水平还未达到其理想水平。

恒大多元化历经风风雨雨,恒大多元化布局之下,除了文化受挫之外,饮用水、乳业等业务也是业绩平平;曾大肆布局、3年投资数百亿元的粮油及农副产品领域,最终以27亿元打包出售;曾斥巨资建设的光伏发电站,最终也是不了了之。

在诸多业务受挫的同时,恒大将旗下产业进行了又一次布局。2019年3月26日,中国恒大发布了其2018年业绩,公司实现营业额4662亿元,同比增长49.9%;实现净利润722.1亿元,同比增长106.4%;实现核心净利润783.2亿元,同比增长93.3%,再度登上行业"利润王"宝座。恒大董事会主席许家印在公司业绩会上表示:"恒大的多元化产业布局已经全面完成,形成了以地产为基础,旅游文化、健康养生为两翼,新能源汽车为龙头的产业格局。未来五年内,恒大不会再涉足其他大产业。"欧洲管理思想大师查尔斯·汉迪在经典著作《第二曲线》中称,企业保持增长的秘诀在于要在第一条曲线归于平缓之前,开始一条可以实现二次腾飞的新增长曲线。对恒大而言,"第一曲线"地产主业目前还处在高质量增长阶段,距离"归于平缓"还言之尚早,文旅、健康、高科技等新产业有望成为恒大继地产主业之后的第二条增长曲线。

恒大旅游致力于全方位构建文化旅游综合体版图,着重打造填补世界空白的两类重磅产品"恒大童世界"和"恒大水世界"。每个恒大童世界乐园辐射半径500公里,辐射周边人口8000万,目前15个童世界项目已布局完成,预计2022年起陆续实现开业;恒大水世界由恒大筛选全球现有170多项水上游乐项目,组成最受游客欢迎的120个项目,将成为全球最大的"全室内、全天候、全季节"大型温泉水乐园。未来三年将在全国布局20~30个。

2015年开始,恒大布局健康领域。截至2018年年底,恒大健康业务营收为31.33亿元,同比上涨136%。恒大健康养生谷是组成恒大健康的主要结构,恒大健康2019年财报指出,其在2019年营收56.36亿元人民币,同比增长79.88%;毛利润18.9亿元,同比增长64.78%。恒大养生谷的落地项目数量由2018年的12个,上升到2019年的23个,未来三年计划实现恒大养生谷布局70个。

恒大的高科技产业以新能源汽车为核心,2019年恒大已经在造车上有所布局。2019年,恒大集团重点布局新能源汽车,由恒大集团董事局主席许家印亲自带队,在全球范围内完成新能源全产业链的购买和布局,目前已构建覆盖整车制造、电机电控、动力电池、汽车销售、智能充电、共享出行等领域的新能源汽车全产业链,在各关键环节拥有世界最顶尖的核心技术。在2019年一年的时间内,恒大及旗下恒大健康快速收购及入股了9家新能源汽车产业链相关公司,包括瑞典的电动汽车公司NEVS、日本卡耐、英国Protean、广汇集团等公司的股权,并表示要在中国、瑞典等国家布局十大生产基地,同步研发15款新车型。

"经过探索,我们发现一年销售几亿元、几十亿元的产业体量,跟恒大年销售6000亿元的规模是不匹配的。恒大在产业选择上,一定是非常大的产业。"许家印称,"恒大的多元化布局瞄准的都是有着巨量发展空间的领域,高标准的发展思路也将助力其迅速打开市场,为业绩带来新增长点。"2018年许家印将恒大的目标定为:"到2020年,恒大总资产将达3万亿元,年销售规模8000亿元"。所以,许家印把这个希望寄托在新能源汽车上面,因为这是一个大方向,未来新能源汽车逐步取代传统汽车是必然事件,尤其是在国内还没有一家可以独当一面的新能源汽车公司的时候。对于造车,许家印称,恒大进入新能源汽车产业已解决了五大制约瓶颈,同时,许家印还表示,除了资金实力外,恒大造车还有一些其他优势,"在产业的发展过程中,最核心的就是企业管理。恒大这些年在企业管理方面还是很有信心的,在企业制度建设、文化建设、队伍建设等方面都下了很大功夫,形成了从严管理、奖罚分明的管理文化,以及非常强大的执行力"。

6.1 公司战略的类型

公司战略,也称为企业总体战略,是企业为实现总体目标,对未来发展方向所做出的长期性和总体性谋划,是统筹各竞争战略的全局性指导纲领。因为企业决策者的视角不同,以及企业不同的内在特质和外部环境,企业会在不同的条件下选择不同的战略。在公司层面,战略管理中存在着许多可供选择的战略类型:增长型战略、稳定型战略、紧缩型战略以及混合型战略。

6.1.1 增长型战略

1）增长型战略的概念与特征

(1)增长型战略的概念。

增长型战略(growth strategies)是指企业在现有的战略基础上向更高一级的目标发展的战略,又称为扩张型战略、发展型战略、成长型战略。本质上讲,从企业发展的角度来看,只有增长型战略才能不断地扩大企业规模,使企业从竞争力弱小的小企业发展成为实力雄厚的大企业,因此,任何成功的企业都会非常重视增长型战略。

常态下,企业会采用增长型战略,这是因为:"逆水行舟、不进则退",在动态的环境中竞争,增长是一种求生存的手段;扩大规模和销售可以使企业利用规模经济效益或经验曲线以降低成本;虽然简单的总量增长有时可能意味着效率与效益的下降,但许多企业管理者往往把增长等同于成功;企业增长得越快,企业管理者就越容易得到升迁或奖励;由于存在"以点概面、以偏概全",企业会因为快速增长而掩盖其失误和低效率。

(2)增长型战略的特征。

①市场占有率增长。实施增长型战略的企业不一定比整个经济增长速度快,但他们往往比其所在的市场有更快速地增长,这不仅表现为绝对市场份额的增加,更应有相对市场份额的增加。

②更高的利润率水平。由于发展较快,这些企业更容易获得规模经济效益,从而降低生产成本,获得超额的利润率。

③鼓励企业立足于创新,倾向于采用非价格的手段来同竞争者抗衡。采用增长型战略的企业往往会在市场开发、新产品开发、管理模式等方面下功夫,一般来说总是以相对更为创新的产品和服务以及管理上的高效率作为竞争手段而不会是"伤敌一千、自损八百"的价格战。

④倾向于主动引导或创造适合自身发展的环境。快速增长的企业往往有需要也有能力去主动改变环境,而不是一味地被动适应环境。

2）增长型战略的适用条件

具体讲,企业实施增长型战略应具备以下一些条件:

(1)宽松的宏观环境和产业环境。任何一个企业都是处在特定的环境中,需要和这个环境有物质、信息、能量等的交换。企业要实施增长型战略,就必须从环境中取得较多的资源,因此必须分析战略规划期内宏观经济景气度和产业经济状况,分析外部环境是否能够提供企业快速发展所需要的各种资源投入。

(2)较强的资源获取能力。采用增长型战略需要较多的资源投入,当外部环境宽松,有相对充足的资源可供使用时,非常关键的一点就是企业获取资源的能力,因为即使环境中各种资源供给充足,但竞争会是很激烈的,在与竞争对手博弈时必须有能力获得充分的资源来满足增长型战略的要求。

(3)必须符合政府管制机构的政策法规和条例等的约束。在快速成长的过程中,企业规模和影响力会越来越大,可能会受到政府法律法规,尤其是反垄断法的约束,当然对大多数企业来讲,逼近垄断而受到管制的情况还是比较少的。

(4)有适合于增长的企业文化。这不是说企业文化决定企业战略,而是讲企业文化会促进或阻碍战略的实施。如果一个企业的文化是以稳定性为其主旋律,"小富即安、得过且过"的话,那么增长型战略的实施就要克服相应的文化阻力,企业文化就可能会给战略实施带来一定的成本。当然,企业文化也并不是一成不变的,以企业战略为指导,积极、有效的企业文化的培育可以化阻力为动力。

3) 增长型战略的优缺点

(1) 增长型战略的优点。经过扩张后的公司市场份额和绝对财富增加,可以体现出企业价值的增加;快速增长给企业带来生机和活力,可以使企业通过不断变革来创造更高的效率与效益;当同行业企业都在采用增长型战略时,实现更加快速的增长,可以保持企业的竞争实力,实现特定的竞争优势。

(2) 增长型战略的缺点。采用这种战略获得初期的效果之后,很可能导致盲目的发展和为发展而发展;过快地发展很可能降低企业的综合素质,使企业表面上繁荣,而实质上却出现内部危机与混乱;可能使企业管理者重视宏观的发展而忽视微观的问题,如更多地注重投资结构、收益率、市场占有率、企业组织结构等问题,而忽视了微观的产品和服务质量等问题。

4) 增长型战略的类型

比较典型的增长型战略有:专业化战略、多元化战略、一体化战略、企业集团战略、企业战略联盟和国际化战略。

(1) 专业化战略。

专业化战略(specialization strategy)是将公司所有资源和能力集中于自己所擅长的核心业务,通过专注于一点来带动公司的成长。核心业务构成了公司的基本骨架,是公司从事的所有经营领域中占据主导地位的业务。此处的"专业化"包含两方面的含义:一是行业专业化,即专注于某一行业经营;二是业务专业化,即专注于行业价值链中某一业务环节。专注于核心业务求发展,是公司成长最基本的战略,也是公司成长的必由之路。专注于核心业务更助于增强公司的核心竞争力,建立稳固的竞争优势,因而它所驱动的增长也会更加稳定长久。如渤海活塞,渤海活塞是国内规模最大的活塞制造企业,同时也是亚洲最大的内燃机活塞生产制造企业。活塞,可谓汽车发动机的"心脏",在发动机启动时发挥极其重要的作用。"哪里有内燃动力,哪里就有渤海活塞。"渤海活塞是目前国内唯一一家能够全面生产各种汽车、船舶、工程等动力机械用活塞的专业化企业,产品品种 1000 多个,年产能力 3000 万件,国内综合市场占有率 35%,商用车用高端产品市场占有率达到 50% 以上。

专业化的优点是可以在某一专业领域做深、做专、做精,取得较高的市场地位;但缺点是鸡蛋放在一个篮子里,抗风险能力差,还可能造成路径依赖,失去发展机会。

管理案例

长城汽车:坚持把鸡蛋放在一个篮子里

2002 年,长城汽车开始关注定位理论,定位理论的精髓思想与此前长城发展的成功经验非常一致:就是在企业小的时候去找一个足够小的市场,但是这个市场要有一个很好的发展空间,企业就能够把它迅速做大。克劳塞维茨在《战争论》提出一条重要的准则,如果不能获取绝对优势时,唯一的办法就是,以集中的力量取得相对优势。长城汽车提出,坚持把鸡蛋放在一个篮子里。

定位理论中的"竞争导向"讲:企业不是你想做什么就做什么,关键要看对手允许你做什么。所以按照这个理念,即使轿车是最主流的市场,但是由于竞争惨烈,长城汽车还是只能从竞争相对薄弱但是成长潜力巨大的SUV品类切入,然后集中资源,力争在SUV这个关键点上赶超合资。

聚焦的道理看似非常简单,但是真正实施聚焦却面临诸多的挑战。长城的聚焦究竟面临着哪些挑战呢?时间回到2008年前后,当时的背景是长城已经先后进入了皮卡、SUV和轿车这三个市场。我们把轿车作为优先发展的业务,长城已经为发展轿车准备了100亿元,而且当时已经投资了30亿元建立了轿车工厂,也有若干个轿车的产品平台在打造开发的过程当中。到了2009年的时候,长城在里斯公司的协助下,重新确立了聚焦SUV品类的战略。这是一种方向性的颠覆,意味着当时长城确定的优先业务要倒过来,要从轿车、SUV和皮卡的优先顺序变成SUV、皮卡和轿车的顺序。如此巨大的战略转型,决策之难可以想象。

聚焦能给长城带来哪些优势呢?一是先机优势。在聚焦战略的指引下,长城汽车在SUV的品类上率先形成了强大的产品矩阵,而汽车产品开发周期比较长,使长城抢先占领了市场和消费者的心智。二是成本的优势。品类聚焦和打造明星车型的做法,极大节约了企业的研发成本、制造成本,也有利于打造精品,提升品质定位,确保了产品的成功。这也是长城盈利水平领先于行业的主要原因。三是研发优势,聚焦使长城保证了在单一品类、单一车型的投入,领先于行业水平,有效提升了企业的技术实力。四是资源的优势,聚焦所带来的品类主导性的优势,让长城有机会赢得与全球领先零部件企业的长期合作,打造高性能高品质的全球化产品平台,保证了产品高品质的竞争力。五是心智优势,聚焦让哈弗在SUV的品类中建立起了更专业的认知,同时聚焦所实现的细分市场的领先地位,也让哈弗牢牢占据了经济型SUV这个品类领导者的地位,心智优势使哈弗在经济性SUV的品类上获得了消费者的优先选择,并享有更高的溢价。

长城汽车是中国最大的SUV制造企业之一,通过聚焦SUV品类,创新品牌经营,满足不同顾客需求,打造细分市场领先优势,巩固公司在SUV市场的地位。目前集团旗下拥有哈弗、WEY、长城皮卡、欧拉四个品牌,并与宝马合作,成立合资公司光束汽车有限公司并运作,产品涵盖SUV、轿车、皮卡三大品类,以及相关主要汽车零部件的生产及供应。

截至2019年,哈弗品牌全球累计销量近600万辆,连续10年保持中国SUV销量冠军;WEY品牌创立3年,已成为首个突破30万辆的中国豪华SUV品牌,并以全球化为愿景,计划进入欧洲、北美市场;早在1995年,长城汽车就锁定皮卡,通过三年的时间在这个领域做到了中国第一,截至2020年长城皮卡连续22年保持国内、出口销量双第一,国内市场占有率超35%;在新能源汽车市场,欧拉品牌实现了A00细分市场销量增速第一。2019年总销售量中SUV占80.50%,皮卡占15.57%,轿车占3.93%(见表6-1)。

表6-1 2019年长城汽车各品类产品产销量 单位:辆

主要产品	生产量	销售量	库存量	生产量比上年增减(%)	销售量比上年增减(%)
SUV	870655	852256	33598	0.10	−3.60
皮卡	170675	164861	8377	18.79	12.73
轿车(主要为新能源车)	45439	41531	4697	225.59	210.05
合计	1086769	1058648	46672	5.78	1.43

(资料来源:《长城汽车股份有限公司2019年年度报告》)

(2)多元化战略。

多元化战略(diversification strategy)是企业为了获得最大的经济效益和长期稳定经营，从而开发有潜力的产品，或通过吸收、合并其他行业的企业，以充实系列产品结构，或者丰富产品组合结构的一种经营模式，使企业同时在两个或更多个行业从事经营活动的一种公司战略，又称为多样化战略、多角化战略或多种经营战略。多元化战略属于公司级战略，主要关心两个问题：公司需要进入哪些新的行业或经营领域？公司管理机构怎样管理和引导经营单位？

(3)一体化战略。

一体化战略(integration strategy)是指企业通过资产纽带或契约方式，与其业务输入端或输出端的企业联合，或与相同业务(或互补业务)的企业联合，从而达到降低交易费用及其他成本、实现经济化目的的战略。一体化战略有两种基本类型：横向一体化战略(horizontal integration strategy)和纵向一体化战略(vertical integration strategy)，其中纵向一体化是严格意义上的一体化战略。

(4)企业集团战略。

企业集团战略是通过组建企业集团来求得发展壮大的一种战略。企业集团是指以一个实力雄厚的大型企业为核心，以产权为主要联结纽带，并以产品、技术、经济、契约等多种纽带，把多个企业、事业单位联结在一起的法人联合体。以产权为纽带，以母子公司为主体是其主要特征。在企业集团中，有一个能够起主导作用的核心企业，该企业称为集团公司(或称母公司、控股公司)，一般一个企业集团分三个层次：集团公司、子公司及孙公司。在企业集团内部，集团公司享有出资者的三项权力：战略决策及重大事项决策权、选择经营者的权力、投资收益权。集团的母公司、子公司都具有法人资格，在法律上是平等的。母子公司不是行政的上下级关系，而是股东与企业的关系，母公司对子公司不能直接进行指挥，只能进行间接控制。

(5)战略联盟。

战略联盟(strategic alliances)发端于20世纪80年代中期，进入90年代后取得了长足的进展，它是企业之间形成的一种合作伙伴关系。战略联盟的概念最早由美国DEC公司总裁简·霍普兰德(J. Hopland)和管理学家罗杰·奈格尔(R. Nigel)提出。他们认为，战略联盟指的是由两个或两个以上有着共同战略利益和对等经营实力的企业，为达到共同拥有市场、共同使用资源等战略目标，通过各种协议、契约而结成的优势互补或优势相长、风险共担、生产要素水平式双向或多向流动的一种松散的合作模式。波特认为战略联盟是企业之间达成的超出正常交易而又达不到合并程度的长期协议。战略联盟有其特征：战略联盟各方的企业往往都有各自的比较优势，可互相利用；联盟各方都有各自的战略，合作是为了实现各自的战略目标，合作不是短期行为；战略联盟各方的经营行为独立，都具有独立平等的法人资格；联盟各方都是为了追求由于联合而产生的企业外部协同效应，联盟可以优势互补，把各个企业的优势结合起来达到共赢。

管理案例

长安、华为、宁德时代结盟

2020年11月14日长安汽车在中央电视台财经频道发布"长安汽车品牌日"活动，作为ICT产业和智慧能源产业的龙头企业，华为和宁德时代同时宣布和长安汽车合作，共同打造一个高端智能汽车品牌，并且宣布了品牌发展战略，即未来五年将推出105款车型，其中包括23

款新能源汽车。

长安汽车董事长朱华荣首度透露,此次华为、宁德时代和长安汽车三方联合创建的全新汽车品牌,定位为智能汽车高端品牌,其中包括一个全球领先、自主可控的智能电动汽车平台,一系列智能汽车产品和一个超级"人车家"智慧生活和智慧能源生态,从而构成平台到车型的一套完整的生态链。

活动首次公开发布智能架构——"长安方舟架构",该架构定位为会进化的智能架构,能完整覆盖A0级—C级的所有车型。在未来智能化、电气化趋势下,长安方舟架构以智能和大数据赋能车身、底盘等整车基础性能迭代进化,集高阶自动驾驶前置化布局、智慧成长型电子电气架构、不断精进的基础模块化平台、满足全球主流安全评价体系的高安全基准和完备的流程保障体系于一体,拥有未来科技前置化、人车合一基因化、体验设计多样化及品质底线越级化的四大核心价值。

(6)国际化战略。

企业国际化战略是企业产品与服务在本土之外的发展战略,是在国际化经营过程中不断增强企业的竞争实力和环境适应性而制定的一系列决策的总称。企业的国际化战略将在很大程度上影响企业国际化进程,决定企业国际化的未来发展态势。考虑成本压力和当地市场压力,国际化战略可分为:国际战略、多国战略、全球战略和跨国战略四种(具体内容在下一章详细介绍)。

6.1.2 稳定型战略

1)稳定型战略的概念与特征

稳定型战略是指在企业的内外环境约束下,企业准备在战略规划期使企业的资源分配和经营状况基本保持在目前状态和水平上的战略,是企业遵循与过去相同的战略目标,保持一贯的成长速度,同时不改变基本的产品或经营范围。稳定型战略不是不发展,不增长,而是寻求稳定的,非快速的发展。

稳定型战略具有以下几点特征:①企业对过去以及当前的经营业绩比较满意,决定追求既定的或与过去相似的战略目标;②企业在战略规划期内所追求的绩效按大体相同的比例递增;③企业以与过去相同的或基本相同的产品和劳务服务于社会。

2)稳定型战略的适用条件

战略要与内外部环境相匹配。企业外部宏观环境及行业环境的相对稳定性会使企业更倾向于采用稳定型战略,具体包括:①宏观经济的慢速增长会使企业采用稳定性战略;②产业技术创新速度放慢会使企业采用稳定型战略;③消费者需求偏好较为稳定会使企业采用稳定型战略;④处于产品(行业)的成熟期的企业倾向于采用稳定型战略;⑤竞争格局相对稳定会使企业采用稳定型战略。

企业内部环境主要是通过与外部环境的配合来影响对稳定型战略的选择,具体包括:①当外部环境较好时,如果企业资源不够充分,企业可以采取以局部市场为目标的稳定型战略,以使有限的企业资源集中在某些自己有竞争优势的细分市场;②当外部环境较为稳定时,无论资源状况如何企业都应当采用稳定型战略。③当外部环境不利时,资源丰富的企业可以采用稳定型战略,而资源不足的企业则应视情况而定,即如果它在某个细分市场上具有优势,可考虑采用稳定型战略,否则应采用紧缩型战略。

3）稳定型战略的优缺点

(1)稳定型战略的优点。

①企业经营风险相对较小。企业追求相似的目标，采用以前成功的做法，在内外环境相对稳定的情况下，经营风险相对会小，成功概率会大大提高。

②能避免因改变战略而改变资源分配的困难。经营领域、战略措施等与过去相同或相似，不需要对人、财、物等各种资源进行重新配置，不用大幅度改变配置现状。

③能避免因发展过快而导致的弊端。行业迅速发展以及企业快速发展可能存在很多潜伏的危机和被掩盖的企业自身发展失误，稳定型发展战略一定程度上可以避免因发展过快而导致的弊端。

④能给企业一个较好的休整期。稳定型战略给企业提供一个休整、休养生息的机会，可以利于企业下一个阶段的快速发展。

(2)稳定型战略的缺点。

①由于企业只求稳定的发展，可能会丧失外部环境提供的一些可以快速发展的机会。

②采用稳定型战略可能会使企业管理者墨守陈规、因循守旧和不求变革。

③在特定细分市场上采用稳定型战略也隐含着较大的风险，如果对这部分细分市场的需求把握不准，企业可能更加被动。

④稳定型战略容易使企业的风险意识减弱，会大大降低企业对风险的敏感性、适应性和对冒风险的勇气，犹如"温水煮青蛙"。

4）稳定型战略的类型

(1)无变化战略。

无变化战略(no change strategy)，又称维持现状战略，维持企业目前的经营状态不变。在企业当前经营相当成功并且环境又没有发生重大的变化或企业的经营不存在重大问题时，企业多会采用这种战略。

(2)维持利润战略。

维持利润战略(profit strategy)，又称近利战略、目前利润战略，企业把经营重点放在维持目前利润，这种战略注重短期效果而忽略长期利益。在经济形势不太景气时，企业需要度过暂时性的难关；或在股东要求短期盈利的压力下，企业会采用这种战略，但使用不当会影响企业长期发展。

(3)暂停战略。

暂停战略(pause strategy)是在一段时期内降低企业的目标和发展速度。在一段较长时间的快速发展之后，企业有可能会遇到一些问题使得效率下降，这时就可采用暂停战略。如，并购后企业融合需要时间，可先采用一段时间的暂停战略，以便有充分的时间来重新实现资源的优化配置。

(4)谨慎实施战略

谨慎实施战略(proceed-with-caution strategy)，又称谨慎前进战略、谨慎行事战略，是企业有意识地降低实施进度，步步为营的战略。在企业外部环境中的某一重要因素难以预测或变化趋势不明显时就很有必要采用谨慎实施战略。

6.1.3 紧缩型战略

1) 紧缩型战略的概念与特征

紧缩型战略,也叫撤退战略、收缩型战略,当企业内外部环境都对企业十分不利时,企业从目前的战略经营领域和基础水平收缩和撤退,且偏离战略起点较大的一种战略。它是一种消极的发展战略,一般只是短期实行。

紧缩型战略有以下几点特征:①对企业现行的产品与市场领域实行收缩、调整和撤退策略;②对企业资源的运用采取较为严格的控制以及尽量削减各项费用支出;③具有明显的过渡性,其根本目的并不在于长期节约开支、停止发展,而是为了今后发展而积聚力量,追求"以退为进"。

2) 紧缩型战略的适用条件

采取紧缩型战略的企业可能出于不同的动机,主要是出于适应性、失败性、调整性考虑。

(1)适应性紧缩型战略是企业为了适应外界环境而采取的一种战略,这种外界环境包括经济衰退、产业进入衰退期、对企业产品或服务的需求减少等种类。在企业已经感知到外部环境对企业的威胁并且采用稳定型战略难以应对时需要采用适应性紧缩。

管理案例

出售荣耀,断臂自救!

深圳市智信新信息技术有限公司已与华为投资控股有限公司签署了收购协议。根据该协议,深圳市智信新信息技术有限公司作为收购方,完成对荣耀品牌相关业务资产的全面收购。出售后,华为不再持有新荣耀公司的任何股份。

深圳市智信新信息技术有限公司,由深圳市智慧城市科技发展集团与30余家荣耀代理商、经销商共同投资设立。

此次收购即是荣耀相关产业链发起的一场自救和市场化投资,能最大化地保障消费者、渠道、供应商、合作伙伴及员工的利益;更是一次产业互补,全体股东将全力支持新荣耀,让新荣耀在资源、品牌、生产、渠道、服务等方面汲取各方优势,更高效地参与到市场竞争中。

所有权的变化不会影响荣耀发展的方向。荣耀高层及团队将保持稳定,继续夯实荣耀成功的基石。同时,我们承诺,作为投资新荣耀的经销商和代理商,未来只享有财务上的投资回报,在业务上遵循公平交易的市场化原则,与其他经销商、代理商享受同等机会。

让我们共同携手,踏上新的荣耀之路!

(资料来源:2020年11月17日刊登在《深圳特区报》上的《联合声明》)

(2)失败性紧缩型战略是企业由于经营失误造成企业竞争地位下降、经营状况恶化而采取的一种战略,其适用条件是企业出现重大的内部问题,如产品滞销、财务状况恶化、投资明显无法收回等。

(3)调整性紧缩型战略是企业为了谋求更好的发展机会而采取的一种战略,其适用条件是企业存在一个回报更高的资源配置点,由于资源稀缺,企业可以将现有领域的资源收回而投放到其他的战略机会点上。

3) 紧缩型战略的优缺点

(1)紧缩型战略的优点。

适应性紧缩型战略能帮助企业在外部环境恶劣的情况下节约开支和费用,顺利地渡过面临的不利处境;失败性紧缩型战略能帮助企业在经营不善的情况下最大限度地降低损失;调整性紧缩型战略能帮助企业更好地实行资产的最优组合。

(2)紧缩型战略的缺点。

实行紧缩型战略的尺度较难把握,盲目使用的话,可能会扼杀具有发展前途的业务和市场;由于减员、减薪以及由于紧缩而被视为经营失败会引起企业内部人员的不满,导致员工情绪低落。

4)紧缩型战略的类型

(1)抽资转向战略。

抽资转向战略(harvesting strategy)是减少企业在战略经营单位、产品线(或特定的产品、品牌)等某一特定领域内的投资。其目的是削减费用支出和改善企业总的现金流量,然后把通过这种战略获得的资金投入到企业更需要资金的战略机会点。

(2)调整战略。

调整战略(turnaround strategy)是企业采取调整措施以扭转财务危机或挽救经营失误。其目的是提高企业运营效率,扭转企业财务恶化状况,使企业能渡过危机,等情况好转时再采用新的战略。这种战略适用于有严重问题但仍可挽救的企业。

调整战略可经过三个应用阶段:①压缩阶段,压缩企业规模和经营范围;②稳定阶段,稳定职工的情绪,留住人才,动员全体员工艰苦奋斗,度过困难时期;③重建阶段,通过调整组织机构、开发新产品、加大技术改造,使企业恢复元气,进入新的发展时期。

管理案例

海尔吃"休克鱼"

20世纪90年代在海尔实施多元化战略的时期,海尔集团通过兼并活动很好地实现了多元化的目标。海尔把兼并形象地比喻成吃"休克鱼",张瑞敏的解释是:鱼的肌体没有腐烂,比喻企业的硬件很好;而鱼处于休克状态,比喻企业的思想、观念有问题,导致企业停滞不前,这种企业一旦注入新的管理思想,有一整套行之有效的管理方法,很快就能够被激活起来。海尔看重的并不是兼并对象现有的资产,而是潜在的市场、潜在的活力、潜在的效益。海尔首创了依靠注入企业文化激活被兼并企业的模式。吃"休克鱼"的理论为海尔选择兼并对象提供了现实依据。1995年海尔兼并原青岛红星电器厂就是通过注入企业文化和管理模式激活"休克鱼",统一企业文化,用无形盘活有形,实现低成本的扩张,使企业兼并有效率,提高企业总体的竞争优势。1997年海尔又用其企业文化盘活了广东顺德洗衣机厂。

(3)放弃战略。

放弃战略(divestment strategy)是将企业的一个或几个主要部门如战略经营单位、生产线、事业部等,转让、出卖或停止经营,其目的是丢车保帅,断臂求生。

采用放弃战略会遇到多种退出障碍,如结构上或经济上的障碍;专用性强的固定资产很难出售;企业内部依存关系上的障碍,即要放弃的业务与企业其他业务有关联;管理上的障碍,企业管理人员往往会持反对意见,等等。

(4)清算战略。

清算战略(clearing strategy)是企业由于无力清偿债务而停止营业进行清理。清算是所有战略抉择中最为艰难的一种,通常是当所有其他战略都失败时才启用它。但是,在确实毫无希望的情况下,尽早地制定清算战略,尽可能回收企业资产,也是一种明智的选择。清算可分自动清算与强制清算两种,前者一般由股东决定,后者须由法庭决定。

6.1.4 混合型战略

1) 混合型战略的概念与特征

混合型战略(mixed strategy)是一种组合战略,是将稳定型战略、增长型战略和紧缩型战略等战略配合起来使用,使几种战略形成一个有机的整体。混合型战略一般是较大型的企业采用较多,因为大型企业拥有较多的战略业务单位。这些业务单位很可能分布在完全不同的行业中,它们面临的外界环境与所需要的资源条件不完全相同,有的可能有更多的机会,可以采用增长型战略;有的可能面临更多挑战与威胁,需要采用稳定或紧缩型战略。

混合型战略特征:①在市场占有率等效益指标上,混合型战略并不具备确定的变化方向。这是因为采用不同战略的各个业务单位有关指标的变化方向与大小并不一致。②在某些时候,混合型战略是不得不采用的一种方案。例如,当企业发现了一个发展机会,打算要在这一领域采取增长型战略,但企业资源有限,只好对其他业务单位实行紧缩型战略。

2) 混合型战略的类型

混合型战略按照不同的分类标志可以分为不同的种类,按照各子战略的构成不同,混合型战略可分为同一类型战略组合和不同类型战略组合;按照战略组合的顺序不同,混合型战略可分为同时性战略组合和顺序性战略组合。

(1) 同一类型战略组合。

同一类型战略组合是指企业采取稳定型、增长型、紧缩型中的一种战略作为主要战略方案,具体的战略业务单位是由不同类型的同一种战略来指导。它不是严格意义上的"混合型战略",而是某一战略态势的不同具体类型的组合。

(2) 不同类型战略组合。

不同类型战略组合是指企业采取稳定型、增长型、紧缩型中的两种以上战略的组合。这是严格意义上的"混合型战略"。不同类型战略组合与同一类型战略组合相比,在管理上更为复杂,它要求最高管理层能很好地协调和沟通企业内部各战略业务单位之间的关系。

(3) 同时性战略组合。

同时性战略组合是不同类型的战略被同时在不同战略业务单位执行而组合在一起。在企业具有多种不同经营业务或多个事业部的情况下,通常采用同时性组合的战略组合方式。采用这种组合战略应注意以下几点:①明确可供给的企业资源状况;②明确各种战略方案的组合优势;③明确战略的主从关系。

(4) 顺序性战略组合。

顺序性战略组合是一个企业根据生存与发展的需要,先后采用不同的战略方案,从而形成自身的混合型战略方案,这是各种战略在时间上的顺序组合。如,在某一特定时期先实施增长型战略,然后再使用稳定型战略,这样能够更好地发挥稳定型战略的"能量积聚"作用;或者,利用紧缩型战略避开外界环境的不利条件,先使用抽资转向战略,然后在情况好转时再实施增长型战略。

6.2 多元化战略

多元化是与专业化相对应的一个概念,从经营状况来看,二者区分的标准是"某类产品销售额占企业销售总额的比例",即专业化率。而某类产品的产品类别划分可依照《国际标准产业分类》(ISIC)以及我国《国民经济行业分类》中的四位数行业标准。按照赖利(L. Wrigley)等人的研究,当专业化率为95%~100%时,称其为专业化,当比例小于95%时,则称为多元化。企业在发展初期往往选择专业化战略,但发展到一定阶段,都会面临专业化和多元化的选择问题。如苹果公司,从PC起家,成就于智能手机,而后是iPad、智能手表、智能电视、苹果支付等;谷歌,搜索引擎巨擘,而后发明了Android手机操作系统,并先后进入无人驾驶车、智能眼镜、自动化住宅、智能手表、高空无线网络等领域;小米,曾提出"专注、极致、口碑、快"的互联网思维,之后也已不专注于发家的手机业务,而广泛进入了小米盒子、路由器、插座、手环、净化器、家装、PC等多个领域;格力,2012年以前,专注于空调生产,以"好空调,格力造"深入顾客心智,在2012年则提出要形成空调、生活电器、高端装备和通信设备四大业务板块,开始了多元化发展,作为后来者逐步进入冰箱、手机、净化器、加湿器、新能源汽车等业务领域。

6.2.1 实践和理论的产生

多元化是企业发展到一定阶段,为挖掘企业内部资源潜力,寻求长远发展而采取的一种成长或扩张行为。早在20世纪初期,美国杜邦公司、通用汽车、通用电气等已经开始了企业多元化的实践,但这一概念的提出是到了20世纪50年代。1957年,安索夫在《哈佛商业评论》上发表了《多元化战略》(Strategies for Diversification)一文,在这篇文章中,安索夫根据美国1909—1948年间最大的100家企业的发展和变化,总结出他们成长的四种基本方向:市场渗透、市场开发、产品开发和多元化。文中强调多元化是"用新的产品去开发新的市场",由此开始了多元化的理论研究。潘罗斯(E. T. Penrose,1959)在其出版的《企业成长理论》(The Theory of the Growth of the Firm)中提出,多元化是企业在基本保留原有产品生产线的情况下,扩展其生产活动,开展若干新产品(包括中间产品)的生产,并且这些新产品与原有产品在生产和营销中有很大的不同。她认为多元化包括最终产品的增加、垂直一体化的增加以及企业运作的基本领域数量的增加,她认为一体化是企业多元化的一种形式。1962年钱德勒(A. D. Chandler, Jr.)在《战略与结构——美国工业企业发展的若干篇章》(Strategy and Structure : Chapters in the History of the American Industrial Enterprise)中认为美国企业的成长一般都经历了四个阶段,各阶段对应的公司战略分别为:数量扩大战略、地区扩展战略、垂直一体化战略和多元化经营战略,并在书中提出多元化经营是企业最终产品线的增加。鲁梅尔特(R. P. Rumelt,1974)指出,多元化战略是通过结合有限的多元化的实力、技能或目标,与原来活动相关联的新的活动方式表现出来的战略,多元化的实质是拓展进入新的领域,强调培植新的竞争优势和现有领域的壮大。

6.2.2 企业进行多元化的原因

企业采用多元化战略的原因是多方面的,这里从企业内部原因、外部原因和管理者的个人动机角度进行分析。要说明的是,企业并不需要具备多个甚至是全部的理由,往往具备其中之一就可能使企业实施多元化战略。

1) **内部原因**

(1)实现企业的规模经济。企业越实行多元化经营,往往越容易将企业规模做大。即使每个业务领域的规模都有限,加总起来却可能非常可观了。但在获得规模经济的同时,由于管理幅度增大,会导致管理效率下降;并且由于企业在多个领域经营,组织成本上升,管理难度加大,对企业经营者的素质要求提高,企业规模扩大,必须与企业的管理能力相一致,否则难以使多元化业务健康发展,甚至会对企业主营业务和原有优势产生不利影响。

(2)在众多业务中形成范围经济。充分地利用企业资源,最大限度地实现"范围经济"。范围经济实质上是企业多个业务可以共享资源,尤其是充分利用企业的剩余资源(这既包括生产能力、营销、服务系统、技术开发与创新系统等有形资源,也包括商标、企业商誉、管理技巧、技术、知识等无形资源)。多元化经营可使企业通过资源共享、能力共享来提高效率。

知识链接

范围经济

范围经济(economies of scope),当同时生产两种产品的费用低于分别生产每种产品时,所存在的状况就被称为范围经济。范围经济的概念是20世纪80年代初由美国学者蒂斯(Teece,1980)、潘扎(John Panzar)、威利(Robert D. Willing,1981)以及钱德勒(Chandler,1990)等人首先使用。

令$TC(Q_X,Q_Y)$为企业生产Q_X单位的产品X,生产Q_Y单位的产品Y的总成本,则范围经济可以定义为:

$$TC(Q_X,Q_Y)<TC(Q_X,0)+TC(0,Q_Y)$$

式子的含义是:一家企业同时生产产品X和产品Y要比由两个企业分别生产的总成本要小。范围经济来自那些共享的或联合使用的并且没有完全拥挤的投入品。共享要素可能是无法分割的,因而,一种商品子集的制造造成了某个生产阶段上制造能力过剩;或者,某种人力或实物资本可能是一项公共投入品,当购买它用于某个生产过程时,还可以被另一个生产过程免费使用。

(3)分散投资,降低经营风险。企业进入新的不熟悉的领域,经营风险也会增加,就像"篮子里的鸡蛋",至少有两种放置方法:一是把鸡蛋放在一个篮子里,然后看好它;二是不把鸡蛋放在一个篮子里。这其实都很有道理,实际上我们要考虑鸡蛋所面临的风险到底是什么,不同的时期,采用不同的放法,有时需要放在一个篮子里面,有时则需要分而放之,应该视环境而定。

知识链接

著名经济学家詹姆斯·托宾

詹姆斯·托宾(James Tobin),资产组合理论的开创者,1981年获得诺贝尔经济学奖。托宾曾是耶鲁大学的经济学教授,从事教学生涯长达50年之久,成绩卓著,对经济理论做出了重大贡献。他的贡献涵盖经济研究的多个领域,在诸如经济学方法(econometric methods)、风险理论(risk theory)等方面卓有建树,尤其是在对家庭和企业行为(household and firm behaviour)以及在宏观经济学理论和经济政策的应用分析方面独辟蹊径。

托宾早期的研究为凯恩斯主义的整体经济学说提供了理论基础,并最终发展成为当代的投资组合选择和资产定价理论。1981年,托宾的"投资组合理论"获得了当年的诺贝尔经济学奖。这个理论用他自己的语言概括起来只有简单的一句话:"不要将你的鸡蛋全都放在一只篮子里"。托宾于1988年正式退休,但仍然坚持不懈地进行研究工作,撰写了大量论文和专著,其中包括1996年的《充分就业和增长》和1997年的《货币、信用和资产》。

(4)缩小企业目标差距。企业会有战略目标,如果能达成既定目标,企业就不会有强烈动机去开拓新产业领域、实行多元化经营;当企业无法完成预定目标时,企业管理层就会考虑多元化经营,当企业在经营中存在很大目标差距时,企业就会积极尝试从多元化经营中得到满足。

2) 外部原因

(1)市场容量的有限性。由于市场容量的限制,市场需求饱和与市场容量的有限性会促使企业进入新的产业领域。如,海尔在20世纪90年代选择多元化发展就是由市场占有率驱动的。海尔集团张瑞敏认为:任何产品的市场容量都是有限的,随着企业经营规模的扩大,当市场占有率达到一定的水平时,再要求进一步提高就要付出很大的代价,在这种情况下,企业适时地转向另一个竞争不太激烈的市场,是一种合乎理性的选择。

(2)市场的集中程度。市场集中度高的行业一般都是成熟行业,即产业增长率已趋于平稳甚至减缓,此时,少数企业在市场上占有绝对优势。那么对不占有竞争优势的企业来讲,要想获得高的增长机会、高经营业绩,就只有通过寻求新的市场或新的领域来进行多元化发展。对拥有绝对优势的企业来讲,其已拥有丰厚和稳定的收益,由此而产生的闲置资金投入主营业务的新产品研发和生产又无法获得满意回报的时候也会进行多元化。

(3)需求的多样性和不确定性。市场需求的多样性给企业进入新的领域提供了机会,不确定性则会诱使企业寻求新的发展空间,进行多元化经营以分散风险。

3) 高层管理者个人动机

企业是由人来运营的,高层管理者的个人动机可能也会成为企业多元化的重要原因。

(1)从管理者报酬角度看,公司规模往往与个人报酬之间存在正相关的关系,规模越大,高层管理者的个人薪资也就越高。个人薪资可能随企业规模扩大而上升成为管理者通过多元化实现规模扩张的重要激励因素。

(2)从实现和体现管理者个人价值的角度看,企业进入多个业务领域,可以很好地反映出高层管理者的成功,提高管理者的地位和体现出个人的价值,满足企业高层管理者的成就感。

(3)从个人能力与业务要求角度来看,每一项业务都对管理者的能力提出了要求,所谓"隔行如隔山",当领导者的能力不能满足业务发展的要求时,企业很难经营成功。在多元化的过程中,企业高层管理者一手促成并发展起一个个业务,总体上讲其能力结构与业务发展所需会基本匹配。而如果更换高层管理者,则很难找到合适的、能力结构匹配的管理人员,从而增强了高层管理者对企业的控制力。

6.2.3 多元化战略类型

安索夫在其1965年出版的《公司战略》一书中对多元化进行了分类,他将多元化分为四种类型:①水平多元化,企业利用现有市场向水平方向扩展生产经营领域(实际上是横向一体化)。②垂直一体化,企业进入生产经营活动或产品的上游或下游产业(这实际上是现在一般讲的纵向一体化)。③同心(concentric)多元化,指以企业原有能力(技术、资源等)为基础的以同一圆心扩展业务的多元化。其又可细分为三类:销售相关型、技术相关型、销售与技术相关型。④混合(conglomerate)多元化,企业进入与现有经营领域不相关的新领域,在与现有技术、市场、产品无关的领域中寻求成长机会。安索夫认为,同心型比混合型多元化能有较大的获利性和较低的风险性。

1970年,赖利在其博士论文《事业部制与多元化》(Divisional Autonomy and Diversification)中提出了多元化程度的测量方法及类型划分。赖利提出,以企业最大经营项目的销售额占企业销售总额的比例,即专业化率(specialization ratio,SR)来测量该企业的多元化程度:①当某一类产品所占比重大于或等于95%时,该企业为单一产品型;②当某一类产品所占比重在70%~95%时,该企业为主导产品型;③当任何一类产品所占比重都小于70%,但产品相关时,该企业为相关产品型;④条件同③但产品无关时,该企业为无关产品型。1974年,鲁梅尔特在赖利研究的基础上,提出低程度多元化、中高程度多元化和特高程度多元化。其中低程度多元化包括了单一业务型和主导业务型;中高程度多元化包括了相关约束型和相关联系型两种;特高程度多元化则是非相关型(见表6-2)。鲁梅尔特研究发现,高度多元化企业的绩效不如多元化程度低的企业,且相关多元化企业的绩效总是比不相关多元化企业好。

表6-2 赖利-鲁梅尔特多元化分类表

多元化类型			专业化率(SR)	企业增长特点
低程度多元化	单一业务型		0.95<SR<1	企业只是通过扩大原有产品的规模来实现增长
	主导业务型		0.7<SR<0.95	企业实行很小程度的多元化,但仍然依赖且专注于其主导产业
中高程度多元化	相关业务型	相关约束型	SR<0.7	企业增加的新的活动与组织原有的技术和能力有明显的关系
		相关联系型		
特高程度多元化	无关业务型		SR<0.7	企业在实施多元化战略时(通常是通过收购),除了财务以外,与企业原有的技术和能力不相关

巴尼在《获得与保持竞争优势》一书中提出多元化的类型可以分为有限公司多元化、相关公司多元化和非相关公司多元化。有限公司多元化包括单一业务型公司(single-business firms)和主导业务型公司(dominant-business firms)两种情况。图6-1中的A组描述了单一业务型公司和主导业务型公司之间的差异。单一业务型公司只从事一种业务D。主导业务型公司从事两种业务:业务E和规模较小的业务F。并且F同E有一定的联系。从逻辑上讲,对于有限公司多元化的分析等同于经营层战略的分析。

当公司在多个市场或者行业中经营业务时,它就不再是单一业务型公司或者主导业务型公司,而是一种更为高级的公司多元化。如果一个公司任一业务的销售收入都低于销售总额的70%并且各种业务是相互联系的,那么该公司实施的就是一种相关多元化的公司战略。相关多元化的多种业务之间有两种发生联系的方式,如图6-1中B组所示。如果公司经营的所有业务都需要分享大量输入品、生产技术、分销渠道和相似的顾客等,那么这种多元化战略就叫作相关约束多元化(related constrained),这种战略之所以加上"约束"一词,是因为公司经理只有在新市场或者新行业能够共享公司现有业务的大量资源和竞争力的情况下才会有在新市场或者新行业中追求新业务的机会(图中描绘了在相关约束多元化战略中业务K、L、M和N等各种业务之间的共性)。如果公司所从事的各种业务只在少数的几个方面发生联系,或者不同的业务组合只在有限的维度上发生联系,那么这种公司多元化战略就叫作相关联系多元化(related linked)。例如,业务Q和业务R之间可能共享相似的生产技术,业务R和业务S之间可能拥有相似的顾客,业务S和业务T之间可能拥有相似的供给者。而业务Q和T之间也可能不具有某种共同特性。

如图6-1中C组所示,如果一个公司的任一业务的销售收入都小于销售总额的70%,并且该公司的各种业务之间即使有也具有很少的共性,那么该公司就是在追求一种非相关公司多元化战略(unrelated corporate diversification)。

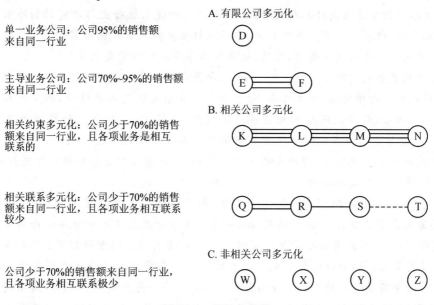

图6-1 多元化类型

(资料来源:杰恩·巴尼.获得与保持竞争优势(第2版)[M].北京:清华大学出版社,2003.)

三一重工是我国第一、全球第五大的重型设备制造商,产品包括混凝土机械、挖掘机械、起重机械、桩工机械、筑路机械、建筑装配式预制结构构件。其中泵车、拖泵、挖掘机、履带起重机、旋挖钻机、路面成套设备等主导产品已成为中国第一品牌;混凝土输送泵车、混凝土输送泵和全液压压路机市场占有率居国内首位,泵车产量居世界首位。尽管三一重工每项业务各不相同,但是在生产工艺和设备上运用到的一些技术是类似的。因此,生产过程和某些设备工具零部件上也存在相似性。另外,由于这些业务都与建筑有关系,因此在客户和市场上也存在着相似性。由于三一重工主要专注于制造重型设备,因此可以被认为是单一业务型战略。不过,三一重工毕竟还是经营着多种业务,针对多种不同类型的重型设备,因此它也可以被认为是运用了中等程度的多元化战略,表现为高度相关约束型多元化。

管理案例

海尔的多元化战略

海尔集团将公司自成立至今的战略分为六个阶段：1984—1991年名牌战略阶段，"提出高品质的产品出自高素质的人"；1991—1998年多元化战略阶段，提出"盘活资产先盘活人"；1998—2005年国际化战略阶段，提出"欲创国际品牌，先创人的国际化"；2005—2012年全球化品牌战略阶段，提出"以海尔人的本土化，创全球化本土品牌"；2012—2019年网络化战略阶段，提出"以链群（生态链上的小微群），创用户体验场景"；2019年提出生态品牌战略。

1991—1998年的多元化战略阶段可分为：

（1）高度相关多元化时期（1992—1996年）。如1992年海尔进入的冰柜和空调行业与之前经营的电冰箱行业存在高度的相关性；1995年进入的洗衣机行业与之前的制冷家电行业存在较高的相关性（技术方面有中度的相关，但洗衣机生产技术低于制冷家电，因此，技术协同作用较明显；市场方面是高度相关的，品牌、销售网络等资源可以完全共享）。

（2）中度相关多元化时期（1997年）。1997年海尔进入的黑色家电行业与以前经营的白色家电行业存在中度的相关性（技术方面，由于白色家电的关键技术是设计，而黑色家电大多是以电子技术为核心，两者之间技术相关性是低度的；市场方面，品牌及销售资源是高度相关的）。1997年海尔进入的家居设备行业与家电行业存在中度的相关性（技术方面除利用家电技术外，还需要一些其他技术，因此是低度相关的；市场方面可利用家电的销售服务网络，再增加安装服务，因此是高度相关的）。

（3）非相关多元化时期（1997年—）。1997年海尔谨慎地尝试进入医药行业（1997年4月，海尔控股青岛第三制药厂80%的股份），一个与家电行业在技术和市场方面均不相关的行业。1998年，海尔的扩张目标投向了国家级科研机构：1月对工程塑料国家工程研究中心实行控股经营；4月又与广播电视电影总局广播科学研究院合资成立了海尔广科数字技术开发有限公司。1998年海尔进入的知识产业与家电行业是垂直一体化关系。此外，海尔还向生物工程、食品行业、金融保险等行业进行了扩展。这样，海尔的多元化战略就由相关多元变为了非相关多元化。

6.2.4 多元化战略的实现方式

1）内部创业

内部创业是指企业通过内部的研究开发，创造出不同于企业所在行业的产品或服务，形成一个新的市场或行业。当企业在现有业务中拥有一系列有价值的资源和能力，可以利用其进入新业务领域，这时内部创业是可采取的通常做法。内部创业主要依靠企业自身的经营资源进入新行业。

当具备以下条件时，企业采用内部创业的方式实施多元化战略更容易成功：行业处于不平衡状态，竞争结构还没有完全建立起来，企业更容易抓住机会获得成功；或企业有独特的能力影响其行业结构，使之为自己服务；或由于现有技术、生产设备同新经营项目有一定联系，进入成本较低；或原有企业所采取的报复性措施的成本过高或措施效果不佳，使其不会采取报复措施。

企业采用内部创业的方式实施多元化战略还应注意以下两点：①注意时间性。有研究表明,新创业务往往要经过8年时间才有获利能力,经过10~12年才可达到成熟业务水平,12年以后才能获得最高的效益和很高的市场占有率。这给企业两点启示:一是不要急功近利,要能够看得长远;二是企业要有足够的资源支撑前期的投入,承受长时期的亏损。②注意进入规模。一般来说,新经营单位以较大规模进入更容易成功。

2) 企业并购

(1) 企业并购的概念。

企业并购(merger & acquisition)是兼并和收购的合称,是指一个企业通过购买另一企业全部或部分的资产或产权,从而控制、影响被并购企业,以增强企业竞争优势、实现企业经营目标的行为。企业并购获得经营资源的支配权,是企业取得外部经营资源、谋求对外发展的公司战略举措。企业可以采用并购方式进入新行业,而实现多元化,这种多元化实现方式有许多优点:①相较于内部创业而言能够更快形成生产能力,加快了进入企业市场的速度;②克服进入障碍和进入风险;③避免了新产品开发的成本和风险;④并购属于行业内资本的重组、重整,避免了企业增加而导致的过度竞争。这种多元化实现方式也有不足:①存在不同企业之间整合、协同的困难问题;②超常费用加重财务负担;③用并购替代研究开发,损害企业研究开发能力。

(2) 三种并购形式。

达成并购结果有三种形式:企业兼并、企业收购、企业划转。企业兼并,又叫吸收合并,是企业之间的产权交易行为,兼并方企业通过购买目标企业(即被兼并企业)股份或以承担其债务的方式获得目标企业的控制权,使其失去法人资格或改变法人实体行为的一种企业发展战略。企业收购是指一家企业拥有另一家企业的部分或全部资产,实现对该企业的完全控制,而被控制企业可以继续保持独立的法人地位。企业划转是政府通过行政手段改变企业产权在不同部门、不同地方和不同企业之间的所有关系,采用无偿形式进行国有经济内部产权重组的行为,是我国企业资产重组、收购兼并过程中经常采用的方法,如"中国宝武与马钢集团重组"事件中安徽省国资委向中国宝武划转其持有的马钢集团的51%的股权。

(3) 企业并购的类型。

①从行业角度(或方向)划分,并购可以分为横向并购、纵向并购和混合并购。

横向并购是处于相同行业,生产同类产品或生产工艺相近的企业之间的并购,横向并购可以达到扩大规模的目的。如,中国宝武与马钢集团重组后成为我国产能最大、世界第二大的钢铁企业集团。

纵向并购是生产过程或经营过程相互衔接、紧密联系的企业之间的并购,可以达到节约交易费用的目的。如,2009年吉利收购澳大利亚DSI自动变速器公司,并制定了宏大的愿景:DSI的6AT变速器在满足吉利自身的同时,供应给国内其他自主车企,进而共同做大国内的自动变速器产业(注:2014年吉利将DSI的绝大部分股份出售给了宁波双林集团)。

混合并购是为追求产品扩张、市场扩张、分散风险和增加利润,处于不同产业部门、不同市场且这些产业部门之间没有特别的生产技术联系的企业之间的并购。

②从并购动机划分,并购可以分为善意并购和恶意并购。

收购公司提出收购条件后,如果目标公司接受收购条件,这种并购就称为善意并购。收购公司提出收购要求和条件后,目标公司不同意,收购公司只有在证券市场上强行收购,这种方式就称为恶意收购。

③按支付方式划分,并购可以分为现金收购、股票收购和综合证券收购。

现金收购是指收购公司通过向目标公司的股东支付一定数量的现金而获得目标公司的所有权,如"苏宁易购收购家乐福中国"案例。股票收购是指通过增发股票的方式获取目标公司的所有权,如"中信集团重组特钢板块整体上市"案例。综合证券收购是指在收购过程中,收购公司支付不仅仅有现金、股票,而且还有认购股权证、可转换债券等多种形式的组合,在"新风天域收购和睦家医疗"的案例中就采用了综合证券收购方式。

管理案例

2019中国十大并购事件

1. 中信集团重组特钢板块整体上市

2019年1月2日,中信集团旗下的大冶特钢发布重组预案,拟以发行股份方式收购泰富投资等公司持有的兴澄特钢86.50%的股权,预计发行股份数量为23.19亿股,发行价每股10元,合计价格231.82亿元。8月,本次交易获得中国证监会核准批文。10月10日晚,大冶特钢公告,"大冶特钢"正式变更为"中信特钢",中信集团特钢板块资产在A股实现整体上市。

2. 物美并购麦德龙中国

2019年初,麦德龙开始出售其在中国子公司的控股权,经过多轮报价,物美在竞标中胜出。10月11日,物美就收购麦德龙中国控股权与麦德龙集团签订最终协议。据媒体报道,麦德龙中国估值19亿欧元。交易完成后,物美集团将在双方设立的合资公司中持有80%的股份,麦德龙继续持有20%的股份,多点Dmall将成为麦德龙中国的技术合作伙伴。

3. 高瓴资本入主格力电器

2019年4月8日,格力电器公告称,控股股东格力集团拟通过公开征集受让方的方式协议转让格力集团持有的格力电器总股本15%的股票。10月28日,格力电器发布公告,确定珠海明骏投资合伙企业(有限合伙)为最终受让方,珠海明骏为高瓴资本旗下的基金。12月2日,格力电器发布公告,格力集团将持有的格力电器9.02亿股A股流通股,以46.17元每股的价格转让给珠海明骏,最终转让总金额为416.62亿元,占格力电器总股本15%。交易完成后,珠海明骏背后的高瓴资本正式成为格力电器第一大股东。

4. 中国宝武与马钢集团重组

2019年5月31日,安徽省国资委与中国宝武钢铁集团有限公司签署协议,根据协议,安徽省国资委将向中国宝武划转其持有的马钢集团51%股权。通过本次划转,中国宝武将直接持有马钢集团51%的股权,并通过马钢集团间接控制马钢股份45.54%的股份,成为马钢股份的间接控股股东。9月19日,中国宝武与马钢(集团)控股有限公司在合肥签约重组实施协议。中国宝武与马钢集团重组后成为我国产能最大、世界第二大的钢铁企业集团。

5. 紫光国微间接收购法国Linxens集团

2019年6月2日,紫光国微发布公告,拟通过发行股份的方式,以180亿元购买紫光联盛100%的股权。紫光联盛旗下核心资产是法国Linxens公司,其主营业务为设计与生产智能安全芯片。2018年,紫光集团出资设立特定目的公司紫光联盛,并通过紫光联盛对法国Linxens公司进行了收购。

6. 苏宁易购收购家乐福中国

2019年6月23日,苏宁易购发布公告,全资子公司苏宁国际拟以现金48亿元人民币等值欧元收购家乐福中国公司80%股份。8月,本次交易通过国家市场监督管理总局的反垄断审查。9月26日,苏宁国际支付完毕全部转让对价。收购完成后,苏宁易购将与家乐福中国在门店网络、商品供应链、物流仓储配送等业务领域开展整合,完善线下零售网络布局。

7. 中船集团和中船重工合并

2019年7月1日,中国船舶工业集团与中国船舶重工集团旗下的8家上市公司:中国重工、中国海防、久之洋、中国动力、中国应急、中船防务、中船科技与中国船舶发布公告称,中船重工与中船工业正在筹划战略性重组;10月25日,8家上市公司发布公告,接到控股股东来函,经国务院批准,同意中船集团与中船重工实施联合重组,新设中国船舶集团有限公司。11月26日,重组后的中国船舶集团有限公司正式成立,新的中国船舶集团成为全球最大的造船集团,资产总额高达7900亿元。

8. 新风天域收购和睦家医疗

2019年7月30日,新风天域集团成立的上市投资平台新风天域公司与和睦家医疗集团宣布达成最终协议,新风天域将通过"现金＋股票"的方式向原股东包括TPG及复星医药收购和睦家,和睦家现有管理层及复星医药将保留部分股权。12月19日,新风天域宣布已完成对和睦家医疗的收购,新风天域已更名为新风医疗集团,新风医疗普通股和认股权证将继续在纽约证券交易所交易。交易完成后,合并公司的市值约为14亿美元。

9. 阿里巴巴收购网易考拉

2019年8月13日,媒体报道阿里巴巴正在洽谈收购网易考拉。9月6日,网易与阿里巴巴正式宣布双方达成战略合作,阿里巴巴集团以18.25亿美元全资收购网易旗下跨境电商平台考拉。收购完成后网易考拉并入天猫国际进出口事业部,网易考拉品牌继续保留。本次交易完成后,国内海淘市场格局将发生较大的变化,天猫国际将占据跨境电商50%以上的市场份额。

10. 长江电力收购秘鲁Luz del Sur(南方之光)公司

2019年9月30日,长江电力股份有限公司发布公告称,与美国Sempra能源公司签署《股权收购协议》,将收购Sempra在秘鲁所持的SAB公司100%的股权以及POC公司约50.00000069%的股权。SAB和POC两家公司所拥有的核心资产即Luz del Sur(LDS)配电公司83.64%的股权。根据长江电力公告,此次收购LDS公司83.6%股权金额为35.9亿美元,以现金支付。收购完成后,将触发对LDS公司剩余13.7%股份的强制要约收购。

3)企业合资

企业通过合资经营的形式,进入对方的经营领域,共同经营,共担风险,使双方在生产经营上具有紧密的联系,实现双方资源和能力互补,达到共同发展的目的。这种方式是通过与其他企业建立合资合作企业进入新的行业。

企业进入新行业的方式往往是综合运用的,即根据不同的具体情况选择较为合适的方式。如,成立于1996年的王力集团,经历20多年的快速发展,已成为集防盗门、防盗锁、智能锁、智能家居、室内门、铝木门窗、晾衣机、润滑油、科技地板和咨询、物流、互联网等数十个跨国民经济产业,集科研、设计、制造、销售、服务于一体的多元大型集团化公司。1998年自行研发、成功研制多向自动锁,后逐步升级到智能锁,以及进入智能家居领域,采用的都是内部创业的多元化进入模式;进军润滑油领域,则采用合资方式,2004年成立的浙江丹弗中绿科技股份有限公司(原为浙江丹弗王力润滑油有限公司)是中国王力集团与美国丹佛石油有限公司共同投资设立的中外合资企业。

例如海尔集团,海尔采取内部发展方式进入的新行业主要有家居设备行业,因为这个行业技术是综合性的,海尔集团在其组成技术上均有相当的积累,而且销售资源可以共享,所以内部发展较为合适。海尔采取外部并购方式进入的新行业主要有空调、冰柜、洗衣机、微波炉等,这方面有一定的行政因素起作用,但由于海尔自身拥有较高的管理能力、品牌价值和良好的销售服务网络,并购后企业经营也获得成功。海尔采取合资方式进入的新行业主要有小家电、彩电、知识产业等,这种方式利用了合资方的经营资源优势,缩小了进入新行业的经营资源差距。

6.2.5 归核化战略

1)归核化战略的概念

美国大企业多元化战略在 20 世纪 70 年代达到了高峰,80 年代进入战略转换期,90 年代多数大企业开始实施归核化战略。归核化是以美国为首的西方发达国家多元化发展到一定阶段的产物。结合 20 世纪 80 年代以来战略管理的实践发展,美国学者马凯兹(C. C. Markides)提出了"归核化"战略(refocusing strategy)的概念,1990 年马凯兹完成了其博士论文《多元化、归核化与经济绩效》,1992 年又发表《归核化》一文。按照马凯兹研究:20 世纪 80 年代美国最大的 250 家企业中,90 年代仍在多元化扩张的仅占 8.5%,而采取归核化的达 20.4%。

所谓归核化,是多元化经营的企业将其业务集中到其资源和能力具有竞争优势的领域。归核化不是专业化,也不是简单地否定多元化,它强调企业的业务与企业核心能力的相关性,强调业务向核心能力靠拢,资源向核心业务集中。归核化战略的基本思想是剥离非核心业务、回归主业,保持适度多元化。

按照归核化战略,那些与企业核心能力没有直接关系的业务应当剥离出售,而那些有利于增强企业核心能力的资源应当并购进来,以强化企业的核心业务。美国 GE 是归核化实践的先驱者,在 20 世纪 80 年代实施归核化战略的过程中,为了强化核心业务,不仅出售回收了 110 多亿美元的资本,而且将这些回收的资本投向了其更有竞争力的领域,购进了一批其核心能力相关的资产,进一步增强了其核心业务。GE 公司的归核化取得了效果,1991 年,GE 公司销额达 602.36 亿美元,是 1980 年的 2.4 倍,利润为 44.35 亿美元,是 1980 年的 2.9 倍,员工总数则减少到 28.4 万人,是 1980 年的 70%。GE 在归核化过程中提出了"数一数二原则",该原则是指:GE 公司的任何产品在本行业市场上应占据第一、第二位置;现有产品中如果经过整顿、组合、并购等方式仍无法达到第一、第二位置目标的,就必须关闭或出售,公司从此行业中撤出。

管理案例

GE 的归核化

在归核化浪潮中,GE 的归核化策略被作为一般规律广泛得到采用。学者们总结了 GE 公司等归核化先行企业在归核化过程中主要采取的几种策略:

第一,明确界定公司未来发展的业务领域。1982 年,韦尔奇采用三个圆圈确定了高于一般增长幅度的三大事业类别:高技术、服务和传统事业。在圆圈之内的事业是韦尔奇有意继续保有及经营的事业,共有 15 项,它们已是或有可能成为市场上数一数二的企业;所有落在圆圈以外的企业都需要整顿、关闭或出售。

第二,公司内部合并。GE 公司将 1980 年的 64 个事业部,合并为 38 个事业部,又于 1987 年合并为 13 个事业部。

第三，出售企业。对不符合目标要求的企业经过整顿仍无法达到目标的，就将该企业出售，从该行业中撤出。1981—1992年，GE公司出售了大量的企业，回收资金总额达110亿美元。

第四，收购企业。对有望达到目标的企业，采取收购外部企业的方式，使其快速地达到目标或扩展至全球市场。1981—1992年，GE公司大量的收购企业，交易金额逾百亿美元。

第五，合资合作。对有望达到或已经达到目标的企业，广泛采用合资合作方式，迅速达到目标或扩展至全球市场。GE公司是一个典型的先发型企业，它的许多产品和行业在全球范围内是先行者，如灯泡、发电厂、蒸汽机、小家电、喷气发动机、CT、核磁共振仪、核能、航天塑料等。在20世纪80年代以前，GE公司主要采取内部方式来发展，以至形成了"不是在此发明（NIH）"的综合征，即排斥对外部发明成果的应用。但韦尔奇认为，没有一家公司能够垄断好创意的市场，所以他强迫GE公司必须向外寻找创意。从此，GE公司采取了较多的合资合作方式，来巩固其数一数二市场地位或将这个位置扩大到全球范围内。

第六，强化优势。对达到目标或接近目标的企业，进一步提高和强化其竞争优势，使其在未来竞争中充分发挥作用。

2）归核化在我国的实践

我国在归核化实践过程中采用的叫法是"确定主业"。由于国有企业在长期发展过程中出现了企业产业布局过宽过散、资源配置不合理等问题，为加快推进国有经济布局和结构的战略性调整，规范中央企业投资活动，引导社会投资，做强做大中央企业主业，培育和发展大公司大企业集团，提高中央企业的控制力、影响力和带动力，在2004—2007年国资委先后分7批对中央企业主业进行了确认。国务院国资委对企业主业界定为："主业是由企业发展战略和规划确定的并经国资委确认公布的主要经营业务"，主业主要参照《国民经济行业分类》中的四位数行业标准。确定主业过程中，国资委明确提出：一要加强中央企业战略管理。企业应紧紧围绕我国全面建设小康社会的奋斗目标，抓住新世纪前二十年大有作为的战略机遇期，制订发展战略和规划，并根据企业外部环境和内部情况的变化和发展进行动态调整，明确企业主业发展方向，提高主业的市场占有率，增强核心竞争力。二要坚持突出主业。中央企业应紧紧围绕做强做大主业，加大科研开发和技术改造力度，实现增长方式的转变。企业固定资产投资、对外合资合作和并购活动等应遵循突出主业的原则；严格控制非主业投资活动，避免盲目扩张，减少投资风险。三要积极推进调整重组。中央企业应进一步完善国有资本有进有退、合理流动的机制，深化改革，加大主辅分离、辅业改制的力度，鼓励通过联合、兼并、收购或股权互换等形式，将分散在各企业的非主业资产按突出主业的原则进行调整重组，优化资源配置。

在2019年12月国资委下发的《关于中央企业加强参股管理有关事项的通知》中提出："严把主业投资方向。严格执行国有资产投资监督管理有关规定，坚持聚焦主业，严控非主业投资"。在同月召开的"中央企业负责人会议"上，国资委明确：2020年将重新厘定央企主责主业，各央企要严控非主业投资比例和投向，加快非主业、非优势业务剥离。2020年11月17日，财政部下发了《关于国有金融机构聚焦主业、压缩层级等相关事项的通知》，要求国有金融机构围绕战略发展方向，突出主业，回归本业，"清理门户"，规范各层级子公司管理和关联交易，从而促进国有金融机构持续健康经营。

在央企确定主业后，地方政府也相继开始了确定国有企业的核心业务工作。如上海，从2006年初到2010年8月，上海国资委对其监管的主要国有企业分5批进行了主业目录的制定和发放。上海市国资委就结合上海实际，将企业主业分为两部分："核心业务"与"培育业务",其中核心业务原则上不超过3个,培育业务原则上不超过2个。"核心业务"是指已形成较大的资产规模,具有持续稳定的盈利能力,体现企业核心竞争力,反映企业行业地位,能支撑企业未来长远发展的业务。"培育业务"是指目前总资产、营业收入或利润总额占比较小,但符合上海"五个中心"定位,代表产业发展方向,未来可望成为企业核心业务的业务。2020年9月出台《上海市国资委监管企业主业管理办法》,并同时公布《上海市国资委监管企业主业目录》,确定了42家监管企业的主业。

又如山东省,2005年开始,省国资委陆续公布省管企业主业,2012年出台鲁国资规划〔2012〕3号文《关于重新确定省管企业主业的通知》,2019年出台鲁政办字〔2019〕15号文《山东省人民政府办公厅关于进一步加强省属企业主业管理工作的意见》,主业原则上不超过3个,2019年3月和2020年4月两批共32户企业确定主业,其中4户主业明确为1个,15户主业明确为2个,12户主业明确为3个,1户主业明确为4个。

从我国确定主业的实践可以看出,央企及地方国有企业在确定主业、回归核心的过程中,除极个别外,多数确定的核心业务都有多个,其实质是适度的多元化。

6.3 一体化战略

"一体化(integration)"一词意思是将独立的若干部分加在一体或者结合在一体成为一个整体。一体化战略有两种模式:在某一个环节上将规模做大的横向一体化战略和沿产业链或价值链延伸的纵向一体化战略。

6.3.1 横向一体化战略

1)横向一体化战略的概念

横向一体化战略也叫水平一体化战略,是指与处于相同行业、生产同类产品或工艺相近的企业实现联合,实质是资本在同一产业和部门内的集中。如前文"中国宝武与马钢集团重组"的并购案例:安徽省国资委与中国宝武钢铁集团有限公司签署协议,安徽省国资委向中国宝武划转其持有的马钢集团51%股权,中国宝武与马钢集团重组后成为我国产能最大、世界第二大的钢铁企业集团。

2)横向一体化战略的适用条件

①存在规模经济效益,因此规模的扩大可以提供很大的竞争优势;②企业具有成功管理更大规模企业所需要的资金和人才;③竞争者经营不善而发展缓慢或停滞。

3)横向一体化的战略利益

(1)获取规模经济。横向一体化是企业生产能力扩张的一种形式,通过合并或联合,可以迅速提高企业的生产能力与规模,可以获得充分的规模经济,从而大大降低成本,取得竞争优势。同时,通过收购往往可以获取被收购企业的技术专利、品牌等无形资产。如吉利2010年成功收购沃尔沃汽车后,拥有了其商标所有权和使用权、10963项专利和专用知识产权、10个系列可持续发展的产品及产品平台、两大整车厂年约56万辆的生产能力和良好设施、1家发动机公司及3家零部件公司、整车和关键零部件开发独立数据库及3800名高素质科研人才的研发体系和能力,以及分布于100多个国家和地区的2325个网点的销售服务网络等。

(2)减少竞争对手。通过实施横向一体化战略,可以减少对手的数量,降低产业内企业间相互竞争的程度,为企业的进一步发展创造一个良好的产业环境,这一点在实施横向一体化战略的企业是行业位次靠前企业,且被并购者是其主要竞争对手时意义尤为重大。

4)横向一体化战略存在的问题

(1)可能存在管理协调问题。横向并购后,往往由于母子公司在历史背景、人员组成、业务风格、企业文化和管理体制等方面存在较大差异,因此公司的各方面协调工作会非常困难。

(2)可能会遭遇政府法规限制。横向一体化容易造成产业内的市场垄断,因此各国法律都对此作出了限制。我国2008年实施的《反垄断法》中有四类垄断形式,分别是横向与纵向垄断协议、经营者集中、滥用市场支配地位和行政垄断,最常见的垄断形式是经营者集中。

(3)经营业务仍局限于原有领域。当然对追求专注于某一业务领域的企业来讲,仍可以局限于原有领域。

6.3.2 纵向一体化战略

1)纵向一体化战略的概念

企业经常面对的战略抉择之一,是自己做或者让别人做(某项活动),换句话说,是选择纵向一体化(自制),还是资源外取?资源外取(outsourcing),也译为业务外包,是将组织运作所需的部分(非关键功能)以合约方式交由外部资源供应商负责。简单来理解,假若有一份工作,别人能做得比组织本身更有效率而且便宜,则此份工作应由别人来做,假如组织本身能将此工作做得较好,则此工作应该保持自制。自制也就是纵向一体化,又叫垂直一体化,是处于产业链的某个环节的企业将其上游或下游环节纳入自己的经营系统之中,是将生产与原料供应,或者生产与产品销售联合在一起(这些环节本身也可以由其他企业独立经营),企业在前后向两个可能的方向上扩展现有经营业务的一种发展战略。

2)纵向一体化战略的类型

纵向一体化战略可分为前向一体化战略和后向一体化战略。

(1)前向一体化战略(forward integration strategy),一体化的方向与产品流向相同,企业与输出端的企业联合,将下游环节纳入自己的经营体系中,对本公司产品做进一步深加工,或者资源进行综合利用,或公司建立自己的销售组织来销售本公司的产品或服务的战略。比如IT行业、家电行业、汽车行业,渠道往往是决定制造企业命运的重要力量,加强对渠道的控制,建立自己掌控的营销系统,成为许多企业成功的重要因素。

(2)后向一体化战略(backward integration strategy),一体化的方向与产品流向相反,企业与输入端的企业联合,自己生产、供应现有产品或服务所需要的全部或部分原材料或半成品。

管理案例

宝武集团海外采矿

宝武集团注册资本527.9亿元,资产规模超8600亿元,是国有资本投资公司试点企业。2019年,中国宝武实现钢产量9546万吨,营业总收入5522亿元,利润总额345.3亿元,经营规模和盈利水平位居全球第一,位列《财富》世界500强第111位。宝武集团拥有部分海外权益矿,重组前的宝钢集团,曾于2002年与澳大利亚哈默斯利铁矿有限公司合资组建了宝瑞吉铁矿合资公司。该项目于2004年投产,并将于此后20年里每年向宝钢集团出口1000万吨铁矿石;2007年,与澳洲铁矿石企业FMG合作勘探储量达10亿吨的冰河谷磁铁矿资源;2009年,收购了澳大利亚矿山企业 Aquila resources 15%的股权,成为其第二大股东;2012年6月,与FMG成立Iron Bridge公司,合并两家在澳洲的铁矿项目开采权益,宝钢集团占股88%。到2020年6月,宝武集团拟接手中铝集团在西芒杜铁矿项目上的股权,并联合其他钢企共同开发(西芒杜铁矿位于非洲几内亚东南部山区,总储量累计超过100亿吨,铁矿石平均品位65%,被认为是世界上尚未开采的储量最大、矿石品质最高的铁矿。西芒杜铁矿共划分4个矿块,其中,3、4号矿块的采矿证由澳大利亚力拓集团、中国铝业集团有限公司组成的合资公司持有)。

中粮集团全产业链模式

中粮集团率先提出并实践全产业链模式,以市场需求为导向,从产业链源头做起,涵盖从田间到餐桌,即从农产品原料到终端消费品,包括农业服务、种植、收储物流、贸易、加工、养殖屠宰、食品制造与营销等多个环节。中粮在产业链上游,通过在全球和国内粮食主产区和重要物流节点的收储物流设施以及贸易网络,从事稻谷、小麦、大麦、玉米、大豆等粮食国际国内贸易以及进出口;在产业链中游,发展稻谷、小麦、大麦、玉米、油脂油料的初加工与深加工,加工后的米糠、麸皮、酒糟、蛋白粕等副产品和玉米、大麦、高粱等粮食成为饲料加工的原料,饲料产品又满足生猪和奶牛养殖需要,生猪养殖继续发展屠宰和制品营销,奶牛养殖则继续发展各种乳制品生产和营销;在产业链下游,通过品牌营销,发展米、面、油、肉、奶等各种食品的销售,不断延长产业链和提升产业链价值。

3)纵向一体化的优劣势

(1)纵向一体化的优势。

①实现范围经济,带来经济性。采取这种战略后,企业将外部市场活动内部化可以获得内部控制、稳定合作关系和协调以及节约交易成本的经济性;信息更易获得,信息流通速度更快,可准确把握市场需求,获得信息的经济性。

②确保供给和需求。后向一体化战略可使企业对所用原材料具有更大的控制权;前向一体化战略可使企业控制销售渠道,这有助于消除库存积压和生产下降的局面。也就是说,纵向一体化能够确保企业在产品供应紧缺时得到充足的供应,或在总需求很低时能有一个畅通的产品输出渠道,纵向一体化能减少上下游企业随意中止交易的不确定性。

③削弱供应商或顾客的价格谈判能力。一体化削弱了对手的价格谈判能力,这不仅会降低采购成本(后向一体化),或者提高价格(前向一体化),也可以通过减少谈判的投入而提高效益。

④进入新领域,获取高回报。当企业的上游或下游出现新机遇而企业又有能力把握这项机遇时,纵向一体化就成为企业成长的一种方式。企业现在利用的供应商或经销商有较高的利润,这意味着他们经营的领域属于十分值得进入的产业。在这种情况下,企业可以通过后向一体化战略将成本转化为利润,通过前向一体化战略获取下游环节的利润。

⑤提高行业的进入和移动壁垒,并防止遭到排斥。企业实行纵向一体化战略,可以使关键的投入资源和销售渠道控制在自己的手中,从而防止行业的新进入者进入本企业的经营领域,不仅保护了自己原有的经营范围,而且扩大了经营业务,同时还限制了所在行业的竞争程度,使企业的定价有了更大的自主权。而如果竞争对手实行纵向一体化战略,一体化就具有防御的意义,因为竞争者的广泛一体化能够占有许多供应资源或者拥有许多客户,因此,为了防御的目的,企业应该实施纵向一体化战略,否则会面临被排斥的处境。

(2)纵向一体化的劣势。

①面临较高的全面退出障碍。纵向一体化的企业在行业中的投资往往较多,企业规模变

大,业务存在战略相关关系,提高了退出障碍,当行业不景气时,企业却难以退出,从而增加了经营风险,有时甚至会使企业无法将其资源调往更有价值的地方,使其脱离这些行业非常困难。同时,由于前向、后向产品的相互关联和相互牵制,不利于新技术和新产品的开发,所以,纵向一体化的企业对新技术的反应常比非一体化企业要滞后一些。

②可能会产生在生产过程中各个阶段的生产能力不平衡的问题。价值链上各个活动最有效的生产运作规模可能不大一样,这就使得完全一体化很不容易达到。对于某项活动来说,如果它的内部能力不足以供应下一个阶段的话,差值部分就需要从外部购买;如果内部能力过剩,就必须为过剩部分寻找顾客。

③要求公司掌握多方面的技术,从而带来管理上的复杂化。实行一体化战略后,企业的管理层次与管理幅度都大大增加,企业管理所需的生产、营销、服务等各种职能都更加复杂,这些都对企业管理者的管理素质和管理技巧提出了更要求。

④弱化激励。内部交易会减弱上下游降低成本、改进技术的积极性。纵向一体化意味着通过固定的关系来进行购买与销售,也就是说把原本是市场交易内化为内部交易,上游单位的经营激励可能会因为是在内部销售而使竞争有所减弱。反过来在从一体化企业内部某个单位购买产品时,企业也不会像与外部供应商做生意时那样激烈地讨价还价。

关键词

增长型战略(growth strategies)　　　专业化战略(specialization strategy)
多元化战略(diversification strategy)　一体化战略(integration strategy)
横向一体化战略(horizontal integration strategy)
纵向一体化战略(vertical integration strategy)
战略联盟(strategic alliances)　　　范围经济(economies of scope)
单一业务型公司(single-business firms)　主导业务型公司(dominant-business firms)
企业并购(merger & acquisition)　　　归核化战略(refocusing strategy)

课后测试

1. 下列属于增长型战略的是(　　)。
   A. 抽资转向战略　　B. 调整战略　　C. 一体化战略　　D. 维持利润战略
2. 战略联盟这一概念首先由美国DEC公司总裁霍普兰德和管理学家(　　)提出的。
   A. 奈格尔　　B. 法约尔　　C. 鲁梅尔特　　D. 波特
3. 长城汽车"坚持把鸡蛋放在一个篮子里"的做法属于(　　)。
   A. 稳定型战略　　B. 多元化战略　　C. 紧缩型战略　　D. 专业化战略
4. 1957年,(　　)在《哈佛商业评论》上发表了《多元化战略》一文,由此开始了多元化的理论研究。
   A. 钱德勒　　B. 安索夫　　C. 鲁梅尔特　　D. 潘罗斯
5. 按照赖利的多元化划分标准,当某一类产品所占比重在95%与70%之间时,该企业为(　　)。
   A. 单一产品型　　B. 主导产品型　　C. 相关产品型　　D. 无关产品型
6. 当企业在现有业务中拥有一系列有价值的资源和能力,可以利用其进入新业务领域,这种多元化的进入方式是(　　)。

  A. 企业兼并　　　　B. 企业收购　　　　C. 内部创业　　　D. 合资

  7. 2019年"中国宝武与马钢集团重组"事件中,安徽省国资委向中国宝武划转其持有的马钢集团51%股权,这属于(　　)。

  A. 企业兼并　　　　B. 企业收购　　　　C. 内部创业　　　D. 企业划转

  8. 归核化是多元化经营的企业将其业务集中到其资源和能力具有竞争优势的领域。下列对归核化描述正确的是(　　)。

  A. 归核化是专业化　　　　　　　　B. 归核化否定多元化

  C. 归核化是适度多元化　　　　　　D. 归核化是20世纪50年代提出的概念

  9. "宝武集团海外采矿"的案例,作为宝武集团实施的是(　　)。

  A. 横向一体化战略　　　　　　　　B. 前向一体化战略

  C. 后向一体化战略　　　　　　　　D. 专业化战略

  10. 以下哪一项不是增长战略的缺点?(　　)

  A. 企业通过用增长战略获得初期的效果后,很可能导致盲目发展和为发展而发展

  B. 过快的增长可能降低企业的综合素质,使企业的应变能力变弱

  C. 当产品生产技术上有重大突破时,企业无法及时适应

  D. 增长战略可能使管理者更加注重投资结构、收益率、市场占有率,而忽视产品和服务的质量

 复习与思考

1. 为什么常态下企业多采用增长型战略? 采用增长型战略应具备哪些条件?
2. 增长型战略有哪些常见类型?
3. 什么是专业化战略? 有哪些优缺点?
4. 稳定型战略有哪几种类型?
5. 紧缩型战略有哪些适用条件? 紧缩型战略有哪几种类型?
6. 公司进行多元化的原因是什么?
7. 请说明多元化战略类型。
8. 多元化战略有几种实现方式?
9. 什么是归核化战略?
10. 什么是纵向一体化战略? 说明纵向一体化战略的类型及优劣势。

知识拓展

[1] 翁爱骏. 金融保险集团一体化战略的形成动因与发展建议[J]. 上海保险,2020(10):61-64.

[2] 李靖,蒋士成,费方域. 战略联盟与一体化:多渠道研发外包背景下的组织比较[J]. 研究与发展管理,2012,24(1):26-34.

[3] RUMELT, R. P. Strategy, Structure and Economic Performance. Boston:Harvard Business School, 1974.

第7章　国际化战略

管理名言

中国企业走进国际市场有若干种不同的方式,本土的资本与国外资源的结合,比如联想收购IBM全球PC业务,这是一条道路;第二,就是国外资本与中国的资源相结合;第三,中国企业靠自身发展打到海外去,这里谈的不仅仅是产品走向国际,而是企业从董事会到管理层都是国际化的董事会和管理层,公司的愿景和文化都要站在国际化的大视角上,遵守国际规则,参与国际竞争。联想收购IBM-PC的基础是联想有一个好的管理基础,能够与世界接轨,同时一些最根本的文化,双方可以融通的,这些是保证整合工作能够顺利进行的很重要的因素。

——柳传志

学习目标

1. 了解特定优势理论、产品生命周期理论、内部化理论、国际生产折衷理论和规模经济贸易理论。
2. 了解企业国际化发展阶段论、掌握国际市场的进入方式。
3. 掌握钻石模型、了解国家竞争优势的发展阶段论。
4. 掌握企业国际化经营战略类型、理解企业国际化经营的战略性挑战。

引入案例

华为揭秘:华为的国际化思维

华为第一次创业专注于通信市场,打通了国内外市场。现在进行二次创业,捆绑全球电信运营商进行"云创新",离不开一种国际化运作思维。华为的国际化思维,几乎可以归结为"本地化"发展模式。另外,也离不开深圳总部强大的后台支撑系统。

2011年6月华为在澳大利亚设立第一个海外董事会,澳大利亚前外长唐纳也位列独董名单。华为表示,该董事会是其"本地化"策略的组成部分,将负责管理华为在澳大利亚的发展策略以及帮助进一步拓展澳大利亚市场。从这一事件中,我们可以看到华为国际化思维的特点:开放与合作。具体的做法,就是推进"本地化"发展,利用当地优势资源输出华为的产品和服务。

从华为发展轨迹看,与国际接轨、实现全面的国际化是华为二次创业的主要任务,是华为的管理体系、企业文化、组织架构、市场营销、技术研发等全面提升,达到国际水平的过程。拥有核心技术是其国际化的基础和前提,管理、员工、文化、资本等要素的国际化是国际化的手段和过程,市场的国际化是最终结果,国际化过程的最大特点是开放与合作。华为国际化的核心逻辑,那就是发展要求已经超越市场需求,国内市场不足以养活发展迅速的华为,所以要到国际市场当中谋求生存和发展。

早在创业初期,任正非就向所有华为人宣称:未来世界电信市场,三分天下,华为有其一。《华为公司基本法》第一条更明确地提出:"华为的追求是在电子信息领域实现顾客的梦想,并依靠点点滴滴、锲而不舍的艰苦追求,使我们成为世界级领先企业。"在仅有两万元注册资本,靠敲敲打打的作坊式生产维持生计的时候,任正非就给华为描述了一个似乎可望而不可即的未来,今天,我们不得不佩服任正非作为企业领袖的前瞻性和战略眼光。

国际化是任正非多年以来梦寐以求的目标,但是华为的国际化不是噱头,不是赶时髦,而是生存、发展之必须。任正非预计用10年时间完成这一过程,即1998—2008年,届时,华为的管理水平达到国际标准,市场营销跨国化、具有国际竞争能力,在多个产品、领域达到世界著名公司同期水平,在资本构成上也具有国际化的特点,成为一个真正国际化的企业。

从市场角度看,在传统电信设备市场风光不再、3G市场前景尚不清晰之际,华为改变以往的经营思路,希望通过专业化和国际化,来维持其领先形象。

1995年,任正非就清楚地认识到,国内通信骨干网络已经基本铺设完成,传统交换设备市场也韶华已逝,国内电信基础设施大规模投入期即将过去,届时,国内市场将很难支撑华为这么大规模的企业发展,华为必须找到新的快速增长的市场空间,向国际市场进军是必然的选择。

管理上,原有的自发形成的、与国际巨头在部分市场上直接竞争的单一市场格局下的创业型的管理体系,已不能适应国内外市场左右开弓、与国际巨头在各个市场层次上全面竞争的复杂格局中的成长型企业的发展要求;技术上,原来的模仿、跟进,已经发展到了与国际巨头并驾齐驱,甚至在某些领域适度领先,并进入世界产业的第一阵营。

这一切都决定了华为不能仅仅局限在国内,必须走出去,在全球市场上打拼,管理必须真正与国际巨头看齐,华为的技术开发必须与国际巨头同步甚至领先,华为的企业文化必须要重新构造,华为的人才必须要更加多元化,广泛吸纳世界顶尖人才。

研究华为的国际化可以发现,华为的国际化有几个明显的特点:①国际化发展靠需求拉动,不是为国际化而国际化;②有足够的资本实力支撑,这来自多年来国内市场持续大规模增长,使华为渡过了国际市场迟迟没有大规模启动的难关;③国际化是立体的、全面的、是一个系统工程,不仅仅包括抢占国际市场,雇佣一些国际员工,还包括管理体系、研发、文化建设、资本运作等所有企业发展要素与国际一流企业看齐。职业化管理和国际化人才是成为世界一流企业的必要条件。④华为的国际化是以拥有自己的核心技术为前提的,华为以自主研发的设备抢占国际市场,赚取核心技术所带来的最大比例的利润,而不是购买其他厂家的核心设备,简单组装之后出口。在与众多国际巨头结成广泛合作时,华为因其技术的先进性,摆脱了对国际巨头的技术依赖,在这种情况下,华为与之缔结的合作才是真正平等的、双向的,才是真正的优势互补。企业的技术能力代表着与合作企业交换许可的话语权。从这个意义上说,核心技术是华为国际化过程中最为关键的因素。华为某高层承认,华为与思科最终能达成谅解,很大程度上是由于华为具有一定的技术实力。

华为国际化采取的是引进来和走出去相结合的策略。引进来,即引进先进管理经验、国际人才、世界先进技术。走出去,即参加各种大型展览,在海外设立研发基地、办事处,开拓海外市场等。

2004年底,任正非被授予"中国最具影响力的企业家"的称号,中国企业家杂志评论说:"华为的国际市场战略为华为和任正非赢得了名誉。"

严格讲,1997年是华为国际化元年。华为国际化的历程:华为进军俄罗斯以及大独联体市场是华为国际化第一站;1998年,华为开始在拉美拓展市场,是华为国际化第二站;2000年前后,华为开始在其他地区全面拓展,包括泰国、新加坡、马来西亚等东南亚市场以及中东、非洲等区域市场以及在发达国家市场找突破点。

经过20年的筹划布局,华为形成了全球的多个运营中心和资源中心。

(1)行政中心。在美国、法国和英国等商业领袖聚集区,成立本地董事会和咨询委员会,加强与高端商界互动。在英国建立行政中心,在德国成立跨州业务中心,提高全球运营效率。

(2)财务中心。新加坡财务中心、香港财务中心、罗马尼亚财务中心、英国全球财务风险控制中心,降低财务成本,防范财务风险。

(3)研发中心。俄罗斯天线研发中心、紧靠着爱立信和诺基亚的瑞典及芬兰无线系统研发中心、英国安全认证中心和5G创新中心、美国新技术创新中心和芯片研发中心、印度软件研发中心、韩国终端工业设计中心、日本工业工程研究中心等,有效利用全球智力资源。

(4)供应链中心。匈牙利欧洲物流中心(辐射欧洲、中亚、中东、非洲)、巴西制造基地、波兰网络运营中心等,提高全球交付和服务水平。

(资料来源:程东升,刘丽丽.华为三十年:从"土狼"到"狮子"的生死蜕变.贵阳:贵州人民出版社,2016.)

7.1 企业国际化的原因及相关理论

7.1.1 国际化概念

英国学者斯蒂芬·扬(Stephen Young)在其《国际市场进入与发展》一书中认为,企业国际化就是指企业进行跨国经营的所有方式,包括产品出口、直接投资、技术许可、特许经营等。美国学者理查德·D·罗宾逊(Richard D·Robinson)在其著作《企业国际化导论》中提出:国际化是企业有意识地追逐国际市场的行为体现,它既包括产品国际流动,也包括生产要素的国际流动。国际化的过程,就是在产品及生产要素流动性逐渐增大的过程中,企业对市场而不是对某一特定的国家市场所做出的反应。

我们认为,国际化是企业与国际市场发生联系,参与国际分工和国际竞争,以谋求获得竞争优势和利益,以及在全球市场生存和发展的过程。企业国际化是一个企业的生产经营活动不局限于一个国家,而是面向世界经济舞台的一种客观现象和发展过程,其主要目的是通过国际市场,去组合生产要素,实现产品销售,以获取最大利润。

企业国际化可以体现为企业的生产国际化、销售国际化和管理国际化。生产国际化是指企业在世界范围内进行采购、运输和生产,利用海外资源提高生产绩效的方法。销售国际化,是指企业通过国内外的销售网络,根据不同地区和产品,有选择地进行销售活动,使自己利润最大化。管理国际化,是指企业的管理具有国际视角,符合国际惯例和发展趋势,能在世界范围内有效配置资源。

企业国际化也可以分为内涵国际化和外延国际化。所谓企业的内涵国际化是企业通过技术、人才、服务等非物质性的生产要素而实现的企业国际化。所谓企业的外延国际化是企业通过资金、设备、厂房等物质性的生产要素而实现的企业国际化。

这里还有"企业国际化"和"国际化企业"两个概念,这是两个既相互联系又有明显区别的概念,企业国际化强调的是企业走向国际市场的过程;国际化企业强调的是这一过程的结果。

与"国际化"相关的还有两个概念:跨国化(trans-nationalization)和全球化(globalization)。

跨国化没有一个比较公认和确切的定义,可以表现为跨国公司形成和发展的过程。跨国公司(transnational corporation),又称多国公司(multinational enterprise)、国际公司(international firm)等。1974年,联合国开始采用"跨国公司"这一名称,因此"跨国公司"这一叫法开始流行开来。跨国公司是以本国为基地,通过对外直接投资,在世界各地设立分支机构或子公司,从事国际化生产和经营活动的企业。联合国贸易与发展委员会(UNCTAD)采用"跨国化指数"来评价和描述跨国公司的国际化水平。跨国化指数标准由两个指标体系构成:一是海外经营指标体系,包括海外营业额指数(海外营业额占总营业额的比例)、海外采购与生产指数(海外采购额与生产额占总采购额与生产额的比例)、海外直接投资指数(海外投资额占总投资额的比例)、海外技术转让指数(海外技术贸易额占总技术贸易额的比例)等主要定量评价指标;二是管理职能的国际化发展指标体系:包括跨国公司战略与决策的协调力、当地市场的适应力、聘用外籍管理人员的状况、财务管理上的控制力等主要定性评价指标。联合国跨国公司与投资司确定了跨国化指数的计算方法,并用跨国化指数来综合评价企业国际化程度,即跨国化指数越高,企业的国际化程度就越高。

$$跨国化指数=(国外资产÷总资产+国外销售额÷总销售额+国外雇员数÷总雇员数)÷3×100\%$$

全球化是20世纪80年代以来在世界范围日益突显的新现象。一般讲,从物质形态看,全球化是指货物与资本在国际间的流动,经历了跨国化、局部的国际化以及全球化这几个发展阶段。货物与资本的跨国流动是全球化的最初形态。在此过程中,出现了相应的地区性、国际性的经济管理组织与经济实体,以及文化、生活方式、价值观念、意识形态等精神力量的跨国交流、碰撞、冲突与融合。

总的来看,全球化是一个以经济全球化为核心、包含各国各民族各地区在政治、文化、科技、军事、安全、意识形态、生活方式、价值观念等多层次、多领域的相互联系、影响、制约的多元概念。"全球化"可概括为科技、经济、政治、法治、管理、组织、文化、思想观念、人际交往、国际关系等十个方面的全球化。

在经济领域,"全球化"是一系列让组织与世界各地的客户和合作伙伴建立更紧密联系的活动,通常指为了在不同国家的市场中运作而开展的所有相关活动,从产品设计到市场营销,无所不包。比如阿里巴巴、京东等网上商城让人们很方便地向地球另一端的企业或个人购买产品,就是许多传统实体店出售的产品也常常要辗转几个不同的国家才能抵达它们最终的目的地。又比如,消费电子产品可以从日本采购原材料,在中国生产,然后在欧洲出售。麦当劳等很多大型餐饮连锁店在世界各地开设分店和加盟店,很多消费者都认识它的品牌和徽标。耐克的"对勾"标识易记易认,跨越了不同的文化和语言,让很多消费者过目不忘。耐克在许多不同国家/地区与从事各项体育运动的运动员建立了合作关系,通过这些代言人向全球拓展业务。

7.1.2 企业国际化的原因

1）为企业的产品或服务寻找新的顾客

企业从事国际化活动最直接的动因是开发海外市场,在国内市场趋于饱和时为现有的产品和服务寻找新的顾客。随着经济全球化的发展,在最终消费品领域,不同国家的消费者在需求偏好和消费习惯上有趋同的倾向,在工业品领域产品更是有着相同、相近的需求特点,这使得企业有可能将产品和服务推向更广阔的市场。如本章引入案例中的华为,依托自有核心技术,出口其自主知识产权的自有品牌。华为国际化的核心逻辑,就是自身发展要求已经超越市场需求,国内市场不足以养活发展迅速的华为,所以要到国际市场当中谋求生存和发展。

2）伴随产业转移,利用国外廉价资源,充分降低成本

不同国家的经济发展水平不同,因此,世界经济是一个以国别经济为单位的"经济发展阶梯"。产业转移是某个产业或者产业群体在地理空间分布上按照经济发展阶梯发生变动,即由一国向另一国按照"下阶梯"的方向移动。在"经济发展阶梯"上,一般是经济相对发达的国家位于阶梯上方,当经济发展到一定的水平,原先经济相对发达国家的竞争优势将会随着当地劳动力成本的增加和劳动对象资源(原材料、燃料、动力等)的短缺不复存在。而其所拥有的资本和技术优势只有向劳动力价格相对比较低,劳动对象资源相对比较丰富的阶梯下方国家或地区输出,才能保持或形成新的社会再生产力,从而在市场竞争中立于不败之地。

伴随产业转移,企业会在海外市场寻找更优质和更低廉的资源,以降低生产成本,获得低成本优势。这些可以带来低成本优势的资源主要包括原材料、劳动力和技术。如发达国家人力资源成本一般较高,可寻找劳动力成本低廉区域进行跨国投资与经营;或资源稀缺国家资源使用成本较高,可寻找资源廉价区域投资与经营,通过寻找劳动力成本低廉区域或资源廉价区域,可降低成本,从而增强价格竞争力,达到效益提升的目的。

管理案例

半导体产业的四次转移

在国际化分工深化的背景下,半导体产业发生四次转移:美国在1950—1970年完成了半导体技术的原始积累,成为全球半导体价值链的主导;1980年,英特尔推出第一款通用MPU,PC开始兴起,美国更专注于技术壁垒更高的处理器,而存储产业向日本转移;1990年韩国把握了美日贸易摩擦的契机,加速技术引进,通过"逆周期"投资,取代日本成为存储半导体领先者,但日本在材料和设备依然有相对优势;2000年全球劳动力成本上升,偏劳动密集型的代工和封测环节逐步转向我国。自此,全球半导体美国—日本—韩国—中国的自上而下的价值链基本形成。

3）充分利用企业自身资源和能力优势

除尽量为自己的产能寻找新的顾客外,充分利用自身技术优势、自身商标价值以及规模经济效益往往也是企业进入国际市场的重要原因。这种情况下,企业凭借自身相对先进的技术优势,进入技术落后国家,利用不同国家市场的差别,延长技术寿命,同时将技术优势转化为竞争优势;或企业利用自己的品牌影响力,发挥其溢出效应,在更大的范围内攫取价值;或利用国际纵向一体化的市场规模远大于国内市场规模的情况获取规模经济效益,从而降低成本,提高收益。

4）在其他国家获得宝贵资源，打造核心竞争力

企业将经营活动领域从单一的国内市场扩展到海外市场，可以在更大的范围内学习新的技术、管理经验，积累对顾客需求的认识，由此打造出更强的核心竞争力。如吉利收购沃尔沃，其战略目标就是通过兼并和收购获得国外知名品牌、技术和管理经验，并通过上述举措提升产品附加值，进而进入国际主流市场。如华为为了有效利用全球资源，经过多年的筹划布局，形成了全球的多个研发中心：俄罗斯天线研发中心、紧靠着爱立信和诺基亚的瑞典及芬兰无线系统研发中心、英国安全认证中心和5G创新中心、美国新技术创新中心和芯片研发中心、印度软件研发中心、韩国终端工业设计中心、日本工业工程研究中心等，目的是有效利用全球智力资源。

5）在更广泛的市场上分散商业风险

这属于区域多元化战略，采用这种战略的企业往往秉承"鸡蛋不放在一个篮子里"的指导思想在多个市场上经营，从而追求"东方不亮西方亮"的效果。

7.1.3 企业国际化动因的相关理论

1）特定优势理论

1960年，美国学者斯蒂芬·海默（Stephen Hymer）在其博士论文《本国公司的国际性经营：一种对外直接投资的研究》（International Operations of National Firms：A Study of Direct Foreign Investment）中提出了特定优势理论（the specific advantages theory），又称垄断优势理论（the theory of monopolistic advantage），该理论的基础是一个不完全竞争的市场。海默认为，市场不完全体现在四个方面：①商品市场不完全，即商品的特异化、商标、特殊的市场技能以及价格联盟等；②要素市场不完全，表现为获得资本的不同难易程度以及技术水平差异等；③规模经济引起的市场不完全，即企业由于大幅度增加产量而获得规模收益递增；④政府干预形成的市场不完全，如关税、税收、利率与汇率等政策。

在此基础上，海默认为当企业处在不完全竞争市场中时，对外直接投资的动因是为了充分利用自己具备的"独占性生产要素"即垄断优势或特定优势，只有当企业具有一种或几种东道国厂商所不具备的垄断优势（包括技术优势、管理优势、资本优势和规模优势），并且这种垄断优势完全可以抵御跨国经营可能发生的风险，扫除可能碰到的阻力，并最终获得满意的利润时，才可能从事跨国经营。这是企业进行对外直接投资的主要原因。

关于特定优势的构成，大致可归纳为技术与知识优势、规模经济、资金优势、营销以及组织管理能力等，其中海默特别强调了技术与知识的核心优势作用。这些优势后来被邓宁总结为"所有权优势"，并成为其国际生产折衷理论的重要组成部分之一。

2）产品生命周期理论

1966年，美国哈佛大学教授雷蒙德·弗农（Raymond Vernon）发表了《产品周期中的国际投资与国际贸易》（International Investment and International Trade in the Product Cycle）一文，根据二战后美国企业对外投资实践而提出了产品生命周期理论（the theory of product life cycle）。根据产品生命周期理论，美国企业早期拥有技术垄断优势，产品在美国生产和销售，其他国家的需要只能通过从美国的进口来满足；随着技术的日益扩散和日趋标准化，成本在竞争中的作用不断显现，寻找低成本进而在具有成本优势的国家和地区投资生产，成为美国企业国际生产的主要动机。

产品生命周期理论将产品生命周期划分为创新、成熟和标准化阶段,并以此将世界各国大体上分为三种类型,即创新国(一般是发达国家)、次发达国家和欠发达国家。

(1) 创新阶段,是新产品开发与投产的最初阶段。创新国企业凭借其雄厚的研究开发实力进行技术创新,开发出新产品并投入本国市场。由于需要投入大量的研发力量和人力资本,产品的技术密集度高,且由于生产技术不稳定、产量低,所以成本很高。生产主要集中在创新国,因为新产品的需求价格弹性较小,创新企业通过拥有新产品技术工艺的垄断地位即可在国内获得高额垄断利润。对于经济发展水平相近的次发达国家偶尔的少量需求,创新企业通过出口即可满足,因此这一阶段无须到海外进行直接投资。

(2) 成熟阶段,是新产品及其生产技术逐渐成熟的阶段。随着新产品生产和市场竞争的发展,市场出现了一系列变化:①新产品的生产技术日趋成熟,开始大批量生产;②产品的价值已为经济发展水平相近的次发达国家的消费者所认识,国外需求强劲;③需求价格弹性增大,企业开始关注降低生产成本;④生产工艺和方法已成熟并扩散到国外,研发的重要性下降,产品由技术密集型逐渐转向资本密集型。与此同时,随着创新国向次发达国家的出口不断增加,进口国当地企业开始仿制生产,而进口国为了保护新成长的幼稚产业开始实施进口壁垒限制创新国产品输入,从而极大地限制了创新国的对外出口能力。因此,创新国企业开始到次发达国家投资建立海外子公司,直接在当地从事生产与销售,以降低生产成本、冲破市场壁垒,占领当地市场。

(3) 标准化阶段,是产品及其生产技术的定型化阶段。生产技术的进一步发展使产品和生产达到了完全标准化,研发费用在生产成本中的比重降低,资本与非技术型熟练劳动成为产品成本的主要部分。企业的竞争主要表现为价格竞争,创新国已完全失去垄断优势。于是,创新国企业以对外直接投资方式将标准化的生产工艺转移到具有低成本比较优势的欠发达国家,离岸生产并返销母国市场和次发达国家市场。最后当该技术不再有利可图时,创新国企业将其通过许可方式转让。

产品生命周期理论是根据产品不同阶段竞争特点而进行产品区位转移的三段模式论,随着产品及其生产技术的生命周期演进,比较优势呈现出动态转移的特点。在产品创新阶段,企业应该选择产品差异化等特定优势,通过出口贸易满足国际市场需求,为国内市场选择大部分国产产品;在产品成熟阶段,产品的成本优势比产品差异化更重要,应选择海外投资,以提升在海外的成本优势,减少本国的生产和出口;在产品标准化阶段,产品和技术均已标准化,企业所拥有的特定优势消失并转化为价格竞争,应转移到生产成本较低的地区如发展中国家投资生产,本国停止生产,改为从海外进口。

3) 内部化理论

内部化理论(the internalization theory)的渊源可以追溯到罗纳德·科斯(R. H. Coase)于1937年发表的《企业的性质》(The Nature of the Firm)一文。科斯认为由于市场失效,市场交易将使企业的交易成本大大增加,包括签订合同的签约费用、信息收集费用以及签订合同后发生的各种费用等。科斯认为,只要企业能够内部组织交易并且费用低于公开市场交易的成本,企业就应该将交易内部化。1976年,英国学者巴克利(Peter J. Buckley)和卡森(Mark C. Casson)在《跨国公司的未来》(*The Future of the Multinational Enterprises*)一书中运用交易成本理论和垄断优势理论,把科斯的市场交易内部化设想扩大到企业对外直接投资,正式提出了内部化理论。

内部化理论从外部市场不完全与企业内部资源配置的关系来说明对外直接投资的动因。当在外部市场交易的成本高于企业内部主体间的协调成本时,公司通过建立内部交易取代外部市场交易,有效提高交易效率,降低交易成本。内部市场化更多地体现在中间产品市场,尤其是知识产权的中间产品,如各种技术专利、管理技能和市场信息及销售技术等"知识中间产品"。这类产品由于外部市场不完全,往往难以准确定价,使市场交易难以达成。企业通过内部化交易可以将通过内部市场进行的各种交易活动掌控在自己手中,一方面降低交易成本,另一方面克服外部市场的失灵,再则能保持自身技术优势的垄断目的。

根据内部化理论,企业通过对外直接投资形成内部市场,在全球范围内组织生产与协调分工,以避免外部市场不完全对其经营产生的影响。同时,在"知识产品"的研发与获得越来越昂贵,知识产权保护越来越困难的情况下,企业内部交易可以有效地防止技术迅速扩散,保护企业的知识财富。而且,在不确定性不断增加的市场环境下,内部交易使企业能够根据自己的需要进行内部资金、产品和生产要素的调拨,从而保证效益最优化。

后来加拿大学者拉格曼(Alan M. Rugman)在1981年出版的《跨国公司的内幕》和1982年的《跨国公司新理论》中对内部化理论作了进一步的研究。基于内部化理论,拉格曼提出了"国家特定优势"和"企业特定优势"的概念。国家特定优势指企业所能利用的母国所特有的因素,包括自然资源禀赋、劳动力、市场规模、制度和文化等因素,企业特定优势主要包括技术、知识和其他无形资产等企业所拥有的专属独特能力。后来,拉格曼等(2014)进一步将企业特定优势区分为区域性企业特定优势和非区域性企业特定优势,两类优势的区别在于企业特定优势的转移是否受到母国地域的限制以及对东道国市场的响应能力。

4)国际生产折衷理论

企业跨境经营往往面临着"外来者劣势"这个普遍性问题,而一个国际化公司能够在海外市场成功运营就必然意味着其具备克服"外来者劣势"的核心能力和竞争优势,因此识别和界定支撑企业国际化运营的优势体系至关重要。海默认为支撑企业国际化运营的优势和能力是企业的垄断优势。巴克利和卡森认为这种优势是企业内部化不完全市场进而跨越国境拓展组织边界的内部化能力。1977年,邓宁(Dunning)在《经济活动的贸易区位与多国企业:一种折衷理论的探索》(Trade Location of Economic Activities and the MNE: A Search for an Eclectic Approach)中对这些理论进行了折衷整合,认为跨国企业往往具有所有权优势、区位优势和内部化优势,从而提出了更具一般意义的国际生产折衷理论(the eclectic theory of international production)。该理论认为,过去的各种对外直接投资理论都只是从某个角度进行片面的解释,未能综合、全面地分析。该理论的核心观点是,企业跨国经营是该企业具有的所有权特定优势、内部化优势和区位优势这三个优势综合作用的结果。他认为如果一个企业同时具备了这三种优势,那么该企业就具备了对外直接投资、进行跨国经营的充分条件。

(1)所有权特定优势(ownership specific advantages),又称垄断优势(monopolistic advantage),是企业具有的组织管理能力、金融融资方面的优势、技术方面的特点和优势、企业的规模与其垄断地位及其他能力,这些优势组成了企业比投资所在国公司更大的优势,可以克服在国外生产的附加成本和制度风险。所有权特定优势具体包括:①资产性所有权优势,指在有形资产与无形资产上的优势,前者指对生产设备、厂房、资金、能源及原材料等的垄断优势,后者指在专利、专有技术、商标与商誉、技术开发创新能力、管理以及营销技术等方面的优势;②交易性所有权优势,指企业在全球范围内跨国经营、合理调配各种资源、规避各种风险,从而全面降低企业的交易成本所获得的优势。

邓宁认为,企业开展对外直接投资必然具备上述所有权特定优势,但具有这些优势并不一定会导致企业进行对外直接投资,也就是说,所有权特定优势只是企业对外直接投资的必要条件,而不是充分条件。企业仅仅具有所有权特定优势,而不具备内部化优势和区位优势时,国内生产出口销售或许可也是企业实现其优势的可行途径。

(2)内部化优势(internalization advantage),是拥有所有权特定优势的企业,为了避免外部市场不完全对企业利益的影响而将企业优势保持在企业内部的能力。内部交易比市场交易更节省交易成本,尤其是对于那些价值难以确定的技术和知识产品,而且内部化将交易活动的所有环节都纳入企业统一管理,使企业的生产销售和资源配置趋于稳定,企业的所有权特定优势得以充分发挥。

但邓宁同样认为,内部化优势和所有权特定优势一样,也只是企业对外直接投资的必要条件,而不是充分条件,同时具有所有权特定优势和内部化优势的企业也不一定选择进行对外直接投资,因为它也可以在国内扩大生产规模再进行出口。

(3)区位优势(location specific advantage),是某一国外市场相对于企业母国市场在市场环境方面对企业生产经营的有利程度,也就是东道国的投资环境因素上具有的优势条件,具体包括:当地的外资政策、经济发展水平、市场规模、基础设施、资源禀赋、劳动力及其成本等。如果某一国外市场相对于企业母国市场在市场环境方面特别有利于企业的生产经营,那么这一市场就会对企业的跨国经营产生非常大的吸引力。

所有权优势和内部化优势主要是企业通过不断累积独特、富有价值、难以转移和不可复制的异质性生产资源,最终在市场竞争中形成技术、管理、市场等方面的企业特定优势和持续性竞争能力,具体表现在控制行业的产品设计、技术研发和品牌营销等高端、高附加环节,支配全球生产链的内部分工并主导全球价值链的价值流向。区位优势主要体现能够获得多个区位的最优资源并享有不同知识背景的创新主体,从而更能够摆脱创新过程中的路径依赖,容易产生突破性的创新。邓宁认为,在企业具有了所有权特定优势和内部化优势这两个必要条件的前提下,又在某一东道国具有区位优势时,该企业就具备了对外直接投资的必要条件和充分条件,对外直接投资就成为企业的最佳选择。

国际生产折衷理论更好地解释了为什么跨国公司在不同国家采用不同的进入战略。邓宁认为,为不同国家建立企业进入战略由公司自身的所有权优势、内部化优势和区位优势三大基本因素共同决定。企业若仅拥有所有权优势,则应选择技术授权;企业若同时具备所有权优势和内部化优势,应选择对外出口;企业如果同时具备三种优势,则应选择国际直接投资。

5)规模经济贸易理论

1985年,克鲁格曼(Paul Krugman)与艾瀚南(Helpman Elhanan)在《市场结构与对外贸易》一书中提出规模经济贸易理论。规模经济意味着企业的产出在一定范围内,随着生产规模的增加,平均成本降低,从而获得成本优势和增加规模收益。在参与国际贸易之前,企业只面临国内需求。如果公司参与国际贸易,产品所面临的市场扩张将导致企业的生产达到规模经济的阶段。产量的增加降低了公司的平均成本,提高了其在国际市场上的竞争力。规模经济的存在使得本身不存在资源禀赋差异的两国之间也能凭借生产规模形成产品竞争差异,从而促使两国间贸易的开展。

> **知识链接**
>
> **我国"走出去"战略构想的提出及其演进**
>
> 1979年8月,国务院提出"出国办企业",第一次把发展对外投资作为国家政策。由此开始尝试性的对外直接投资。
>
> 1997年亚洲金融危机后,为了扩大出口,国家实行了鼓励企业开展境外加工装配业务的战略,《关于鼓励企业开展境外带料加工装配业务的意见》出台,提出了支持我国企业以境外加工贸易方式"走出去"的具体政策措施。
>
> 1997年党的十五大报告中提出:鼓励能够发挥我国比较优势的对外投资,更好地利用两个市场、两种资源。
>
> 1998年十五届二中全会指出:在积极扩大出口的同时,要有领导有步骤地组织和支持一批有实力有优势的国有企业走出去,到国外,主要是到非洲、中亚、中东、中欧、南美等地投资办厂。
>
> 1999年,《财富》全球论坛(上海)主题是"中国:未来50年"。这次盛会及其后的大讨论,为"走出去"战略的提出和最终明确奠定了基础。
>
> 2000年3月的全国人大九届三次会议期间,"走出去"战略正式提出。
>
> "走出去"战略最终明确是在2001年党的十五届五中全会上,这次会议首次明确提出"走出去"战略,并把它作为四大新战略(西部大开发战略、城镇化战略、人才战略和"走出去"战略)之一。
>
> 实行对外开放的基本国策在"十五"期间乃至更长的一段时期内,一个重要的内容就是要实施走出去的开放战略。走出去战略的提出和最终确定,标志着中国改革开放进入一个崭新的阶段,即"走出去"与"引进来"并重的阶段。
>
> "走出去"战略在"十一五"期间得到全面落实。党的十七大报告中关于"引进来"和"走出去"的论述,标志着我国"走出去""引进来"的双向开放向纵深发展。

7.2 企业国际化的阶段及国际市场的进入方式

7.2.1 企业国际化发展阶段论

国际化发展阶段理论是企业国际化经营理论体系中以考察企业在国际化发展过程中出现的一般规律和评估企业国际化程度为特征的一个重要理论分支。在企业国际化发展阶段论中,具有影响力的理论有安索夫三阶段论、乌普萨拉模型、罗宾逊六阶段理论、泊尔穆特四阶段论、小林规威五阶段论和麦金泽五阶段论等。

1)安索夫的三阶段论

安索夫的国际化阶段论非常简洁地指出了三阶段中企业经营由低至高渐进发展的不同形态(见表7-1)。

第一阶段:出口阶段。这一阶段可分两步走:通过代理商销售产品和设立销售机构。第一步,通过代理商销售产品。企业国际化经营首先是通过国外代理商在当地市场销售产品。但是随着出口产品的扩大,再通过代理商销售则既要考虑销售成本又要考虑零售后服务成本的提高,此时不再适合企业扩大出口的要求,另一方面当地市场的竞争者也势必反应强烈,产品竞争力遂成为能否扎根该市场的关键。于是开始第二步,设立销售机构。企业开始在国外设立自己的销售机构取代代理商,以降低成本增强竞争力,同时这样做也便于直接了解当地市场的变化。

第二阶段:国际阶段。安索夫认为经过上一阶段的努力,出口企业已可在当地市场扎根,为了进一步占领或扩展市场,企业必须选用更加有利的经营战略。在安索夫看来,这时企业唯一可取的战略是市场细分化,把营销活动全部掌握在自己手里,但这样做的结果可能招致当地政府为改善其国际收支状况而设置贸易壁垒。"壁垒"的存在显然不利于企业的营销活动。这些企业为保住已有的市场份额,抵挡当地企业激烈竞争的冲击,就得设法降低因壁垒造成的过高成本。于是,直接投资、就地产销便成为这些企业可以选择的最佳方案。而能否直接投资取决于就地产销的成本是否低于存在着壁垒的出口成本以及能否确保企业经营资源。而其中的关键便在于子公司必须拥有相对于当地的技术优势。这种技术优势又必须能与当地技术、文化融为一体才适合当地要求,于是企业在当地进行研发活动就成为不可或缺的课题。同时企业要在当地进行多元化经营。

但是安索夫在这里所说的直接投资问题有局限性。如果把直接投资只视作绕过贸易壁垒的对策,就很难说明发展中国家何以要努力吸引外资,也就说明不了一些企业在并无壁垒的情况下也踊跃直接投资的动机。实际上,直接投资在企业国际化经营发展过程中既是一种手段、方式或形式,也是一种推动、促进的动力。或许这才能说明发达国家对发展中国家、发展中国家之间以及发达国家相互之间近年来直接投资大幅度上升趋势的成因,也能把国际化经营与直接投资放在同一个视点上以考察其密切关系。

第三阶段:跨国经营阶段。他认为在此阶段,企业的竞争范围此时已扩大到全球,总公司要把各子公司所在国之间、各子公司之间的经营资源加以合理配置,便是企业国际化经营的终极目标。同时企业要在全球活动范围里考虑它的多元化经营的财务管理。

表7-1 安索夫的国际化三阶段理论

国际化阶段	第一阶段 出口阶段	第二阶段 国际阶段	第三阶段 跨国经营阶段
特点	从通过国外代理商销售产品到设立国外销售机构直接出口	为了绕过贸易壁垒,直接投资,就地产销,在当地开展研发活动,并进行多元化经营	竞争范围扩大到全球,总公司将子公司所在国、子公司之间的经营资源合理配置,实现企业国际化经营的最终目标

2)乌普萨拉模型

乌普萨拉模型是瑞典乌普萨拉大学的约翰森(Jan Johanson)、瓦伦(Jan-Erik Vahlne)、瓦德歇姆·保罗(Wiedesheim Paul)在分析瑞典企业国际化过程的基础上提出的渐进式企业国际化理论。他们基于潘罗斯(1966)等人的研究,在1977年提出了最初的乌普萨拉模型。在研究北欧企业与美国企业国际化进程过程中,针对现有理论与瑞典企业国际化模式之间的偏差,乌普萨拉模型认为,企业的国际化是一个逐步发展的过程,会经历从没有海外业务到出口贸易这个从无到有的过程,再进入到开发海外代理并在海外设立分支机构的过程,最终在国外投资建立生产设施以从事海外直接生产这样一个过程。每一个国际化步骤都不能被视为相互独立的阶段,因而分析对象应该是国际化的全过程。

3) 罗宾逊六阶段理论

理查德·D·罗宾逊六阶段理论影响较大,其在1976年和1984年所作的论述中将企业的国际化过程分为六个阶段(见表7-2)。

第一阶段:起步阶段。起步阶段是出口产品以换取紧缺原材料的阶段。在这一阶段,企业经营范围完全局限于国内市场,此时,国内业务规模逐渐扩大,同时国内原材料供应日趋紧张,若国外市场拥有比国内更为廉价的同等货源时,企业有可能采取以其产品换取国外原材料的办法。这种情况下,企业的经营活动开始涉足国外市场,此举的目的是为保证和继续扩大该企业的产品对国内市场的供应。此阶段企业被罗宾逊称为"国内企业"(domestic enterprises)。

第二阶段:出口阶段。随着出口业务扩展,出口逐渐成为企业的长期经营内容,与此相适应,企业组织结构也开始发生变化,企业内部往往设立开发出口市场的专职部门——国际事业部,从而进入出口阶段,此阶段企业被罗宾逊称为"出口企业"(export enterprises)。

第三阶段:国际经营阶段。随着出口业务的进一步扩大,国际事业部的力量得到充实,其地位也不断上升,直至与国内事业部和职能部门并驾齐驱。另一方面,企业也开始以参股形式在国外创建子公司,从而进入国际企业行列,此时,国内母公司对其国外子公司逐渐拥有绝对的控制权,决策方式为单向型。此阶段企业被罗宾逊称为"国际企业"(international enterprises)。

第四阶段:多国企业阶段。在这一阶段,国外子公司的数量开始增加,海外设置点也涉及多个国家。各子公司的决策权有所扩大,并逐渐趋于能够影响母公司的决策,母子公司之间经营决策方式由原来的单向发展为双向。但整个企业集团尚未形成统一的步调,各子公司之间仍各行其事,缺乏经常的相互联系。此阶段企业被罗宾逊称为"多国企业"(multinational enterprises)。

第五阶段:跨国经营阶段。这一阶段母公司已开始全盘考虑其整体利益的极大化。母子公司间开始建立联系网络,统一管理,决策权限也由分散趋于集中。此时企业形态进一步发展,此阶段企业被罗宾逊称为"跨国企业"(transnational enterprises)。

第六阶段:全球战略阶段。这是企业国际化的最高形态,全球战略贯穿于整个经营过程。在此阶段,企业国际经营的范围已遍及世界各主要市场,由于其自身实力和应变能力的强化,企业调配和利用各国资源的自由度大大增强,"国界"对其约束力已大为减弱。此阶段企业被罗宾逊称为"超国界企业"(supranational enterprises)。

表7-2 罗宾逊六阶段理论

国际化阶段及企业形态	特　征
第一阶段 起始阶段:国内企业	任务是保证和扩大国内生产和销售,无专门的出口部,往往用出口产品换取紧缺的原材料
第二阶段 出口阶段:出口企业	以国内业务为主,出口业务扩展,设进出口部和海外销售机构
第三阶段 国际运营阶段:国际企业	设国际部,受国内总控制,海外设代理部或合资企业

续表 7-2

国际化阶段及企业形态	特 征
第四阶段 多国经营阶段：多国企业	在多个国家成立子公司，自主权较大，国内外业务量相当，子公司间关系松懈
第五阶段 跨国经营阶段：跨国企业	系统考虑整体战略利益，决策权相对集中，子公司与母公司之间形成统一管理
第六阶段 全球战略阶段：超国界企业	全球战略贯穿整个经营过程，以世界为工厂，以全球为市场，有限资源全球配置

4）泊尔穆特四阶段论

20世纪90年代，泊尔穆特在罗宾逊理论的基础上，把国际化经营中的不同国别、种族的文化问题考虑在内而提出了四阶段论（见表 7-3）。

表 7-3 泊尔穆特的国际化四阶段论

国际化阶段	第一阶段 国内指向阶段	第二阶段 当地化阶段	第三阶段 区域指向阶段	第四阶段 世界指向阶段
特点	拥有国外子公司，子公司的经营、生产、管理、价值观等完全复制母公司	国外子公司开始"入乡随俗"，权限得以扩大，但是财务管理仍集中在母公司	按照政治、经济、文化的相似性划分区域，设立区域性决策机构进行子公司管理	进入全球一体化阶段，母公司、区域决策机构、子公司形成统一战略目标下的系统

第一阶段：国内指向阶段。泊尔穆特认为企业国际化经营在第一阶段就应拥有国外子公司。此阶段的各子公司的经营理念、价值观、生产与管理方法等完全是对母公司的复制，同时母公司向子公司派遣高层管理人员。因而此阶段又叫"本国民族中心主义阶段"。

第二阶段：当地化阶段。随着子公司在当地事业的进展，一切只从本国民族利益出发的经营管理以及母公司对当地市场的不够了解，加之不同国家文化摩擦冲突，逐渐阻碍了企业的进一步发展。于是，为充分调动当地人员的积极性，搞好子公司同当地利益相关者的关系，各子公司开始"入乡随俗"，不再一切遵从母公司。此阶段的企业财务管理仍集中在母公司，但驻外子公司权限增大。因而此阶段又叫作"多中心主义"。

第三阶段：区域指向阶段。"多中心主义"阶段，子公司分布地区增多而各子公司又自行其是，因此管理不统一、经营方式过于分散，从而导致整体效率低下。既要加强统一管理，又要适应各地市场，母公司在加强统一管理的同时，把政治、经济、文化等相类似的几个国家或地区作为一个区域管理单位，设立区域性决策机构，以便于把母公司的决策同该区域具体情况结合起来进行有效的管理。相对于母公司，各区域决策机构是分权管理；而相对于该区域内的子公司是集权管理，从而克服"多中心主义"的弊端。

第四阶段：世界指向阶段，或叫"全球一体化阶段"。尽管建立区域性决策机构能克服多中心主义的弊端，但随着国际分工的不断深化，子公司之间的相互依存性也日益增强，各区域间的协调与否成为影响母公司全球性整体利益的关键。为谋求整体利益的最大化，母公司、区域决策机构以及各子公司都成为同一总体战略目标下的分系统;各分系统在协调体制下"各尽所能",分头共进。

5) 小林规威五阶段论

小林规威(1998)的五阶段论如表7-4所示。小林规威对企业国际化经营作了计量研究,他对拥有5个以上国外经营机构、投资额在10亿日元以上的89家美、欧、日三国的跨国公司国际化经营的进展作了计量的考察,分别对这些公司的计划、组织、人事、生产、营销、研究开发、财务等项逐一评分,给出了不同年度美、欧、日三方跨国公司的评估分值。在上述研究的基础上,小林规威提出企业国际化发展的五个阶段:①母公司为中心的经营阶段。此阶段中的海外营销只是出口的延伸,子公司的经营仍须置于母公司麾下。②当地经营阶段。此阶段已由当地生产取代传统的出口,子公司经营权逐渐独立,他们与母公司之间开始了双向的"单线联系",而各子公司之间依然互为封闭。③区域联系经营阶段。各地区的子公司之间实行内部分工,母子公司间的"单线联系"发展为点(母公司)与面(地区子公司)的联系。④全球经营阶段。经营视野转向世界市场,区域间开展面与面的大范围联系。⑤全球调配式经营。母子公司、子子公司间的联系网络化,经营复杂但决策灵活,总体战略归于统一。

表7-4 小林规威的国际化阶段

国际化阶段	第一阶段 母公司为中心的经营阶段	第二阶段 当地经营阶段	第三阶段 区域联系经营阶段	第四阶段 全球经营阶段	第五阶段 全球调配式经营
特点	海外事务主要以出口为主,子公司完全受控于母公司	当地生产取代传统出口,子公司逐渐独立,但相互封闭	子公司之间实现内部分工,母公司与区域子公司联系	经营转向国际市场,区域子公司之间大范围联系	母子公司、子子公司之间形成网络化联系,总体战略归于统一

此外还有麦金泽五阶段论,日本麦金泽公司以提供企业经营战略咨询闻名,该公司以母公司将经营功能逐步过渡给子公司的过程作为视角提出了企业国际化的五阶段论:①出口;②直接销售;③直接生产;④当地独立经营;⑤全球一体化。

7.2.2 国际市场的进入方式

企业国际化过程中,一个企业的生产经营活动不再局限于一个国家,这就牵扯到进入别国市场,进入国际市场的方式问题。从经济学的角度看,企业进入国外市场有两条道路:第一,在目标国家以外的地区生产产品向目标国家出口。第二,向目标国家输送技术、资金、工艺及企业,直接地或者采用联合方式运用当地的资源(特别是劳动力资源)生产产品并在当地销售。进入方式主要应回答两个问题:一是产销活动的布局问题,也就是说"在哪里生产,到哪里销售";二是产销活动的控制问题,即"谁来组织,谁来协调"。根据产销活动的布局和控制方式的不同,具体来讲,进入方式有如下几种:出口进入方式(包括间接出口、直接出口等)、合同进入方式(包括许可证交易、特许经营、管理合同、建设合同以及国际合同生产协议等)、投资进入方式(包括合资、独资等)。

1) 出口进入方式

出口是通过向目标国家或地区出口商品或服务而进入国际市场的方式。这是企业国际化过程中最初级,也是最重要和最常用的市场进入方式,通常是企业从事国际经营活动的起点。根据企业与目标市场联系的紧密程度不同,可以将出口分为间接出口和直接出口两种。

(1)间接出口(indirect export),是企业通过中间商或其他国内代理机构来经营商品出口业务。间接出口的优势:在间接出口的情况下,企业与国外市场无直接联系,也不涉及国外业务活动,故不必专设机构和雇用专职人员,可以节约费用和不承担或少承担经营风险。间接出口存在的不足:间接出口不能直接获得国际经营的经验和经营信息,无法对商品销售的整个过程进行控制,企业难以建立在国际市场上的声誉。间接出口比较适合实力较弱的中小企业和刚刚介入国际贸易活动的企业。

间接出口的渠道有:

①专业国际贸易公司,通过购买生产企业的商品,然后按照自己的贸易方式进行出口,有着专业人员、国际市场信息、资金、贸易渠道和贸易经营经验等方面的优势。

②专业出口代理商,是依据委托人(企业)的授权,以委托人的名义,向第三方招揽生意、签订合同及办理其他与交易有关的各项事宜的代理人。与专业国际贸易公司相比,它不是通过购买然后再出售商品获利,而是按照代理协议的规定收取一定比例的佣金来获利。

③合作出口,是企业利用自己的出口力量和国际营销网络为其他企业出口商品。合作出口通常在与其他企业的产品具有相关性,配套出口更容易占领市场,以及通过合作出口更能发挥国际营销网络作用的情况下采用。

④外国企业驻本国的采购处,主要指外国的大型批发商、零售商和国际贸易公司在东道国设立的采购处。出口企业将商品直接出售给这些采购商,再由这些外国采购商转运出口。

(2)直接出口(direct export),是企业直接与国际市场接触,不通过国内外的中间机构转售,而是把产品直接销售给国外客户或最终用户。从严格意义上讲,直接出口才是企业国际化的起点。与间接出口相比,直接出口的优势:①能较迅速地掌握国外市场动向,从而有利于企业改进产品,提高产品对国际市场的适应性和竞争力;②有利于积累跨国营销经验和树立企业在国际市场的声誉,从而有利于开拓国际市场;③增加了企业对产品流向和价格的控制能力。直接出口的劣势:①需要增设专门的外销机构和人员,承担直接渠道费用;②加重了资金周转的负担,增加了风险。直接出口是出口贸易的高级形式,实力雄厚、有长远国际化打算的大中型企业在国际化初期多采用这种方式。直接出口的渠道有:

①国内出口部或国际业务部,是企业专门从事国际营销活动的部门,这种部门往往发展成为专营进出口业务的分公司或子公司。

②企业驻外办事处,负责本企业产品在国外的销售,并承担国外产品售后服务、收集市场信息等职能。这种渠道企业控制容易、信息反馈快,但成本高,一般是企业开展更高层次经营活动的桥头堡。

③企业国外销售子公司,在出口业务达到一定规模和有了一定的市场占有率后,企业会在国外建立具有独立法人资格的专业销售公司,进行更大范围和更大规模的商品营销活动。

④直接销售给最终用户,常常用于大型设备或专有技术的出口,也包括与目标国政府或官方机构之间的大宗交易或邮购业务等直销形式。

2)合同进入方式

合同进入方式是一个企业通过与目标国家的法人在转让技术、工艺等方面订立长期的、非投资性的合作合同的方式进行的国际化经营,其与出口进入方式的区别在于尽管它可能会开辟产品出口的机会,但主要输出的是技术和工艺,与下面要介绍的投资进入方式的区别在于它不对目标国家投资。具体方式有许可证交易、特许经营、管理合同、建设合同以及合作生产协议等。

(1)许可证交易(licensing)。许可证交易多为制造企业采用,指企业在规定的期限内将自己的无形资产(专利、技术秘诀、商标等),通过契约转让给海外法人,以换取授权费和其他补偿。其中出让无形资产的一方,称为许可方或授权方(licensor),而接受无形资产的一方称为受许方或受权方(licensee)。许可证贸易通常转让的不是无形资产本身的所有权,而是使用权,故在许可经营的协议中,要规定使用的期限、使用费用的支付、使用方面的限制条件等。虽然许可证交易与出口贸易都是以贸易方式进入国际市场,但不同的是许可证交易不是通过直接出口商品,而是通过出口技术、技能、劳务和工艺等进入国际市场。

许可证交易有以下几种类型:

①独占许可,指许可方给予受许方在规定地区、规定期限内有权制造、使用和销售某项技术产品的独占权或垄断权,而技术许可方及任何第三者都不得在这个规定地区内制造、使用或销售该技术产品。

②排他许可,指技术许可方和受许方在规定的地区内都有制造、使用和销售的权利,但许可方不得将此种权利给予第三者。

③普通许可,指技术许可方给予受许方在规定地区内有制造、使用和销售的权利,而许可方仍保留自己或转让给第三者在这个地区内制造、使用和销售的权利。

④可转让许可,即技术的受许方有权将其所得到的权利以自己的名义再转让给第三者。

⑤交换许可,即双方以各自拥有的专利技术或专有技术等价交换使用。

出口和许可证交易对比如表7-5。

表7-5 出口和许可证交易的对比

方式	概念	优点	缺点
出口	间接出口:中间商出口	间接出口开展国际业务不增加固定资产投资,风险小	对中间商控制力低;信息反馈慢
	直接出口:国外子公司	直接出口利于有效控制,保护知识产权和无形资产	受贸易壁垒影响大
许可证交易	公司有偿出让知识产权给外国企业	契约式经营,风险小,投资小见效快;促使不断技术创新,带动产品出口;保护知识产权,绕开东道国贸易壁垒	控制程度低,可被受许方产品质量差而影响商誉;培养竞争对手

(2)特许经营(franchising)。特许经营多为服务业采用,特许企业(franchisor)向受许企业(franchisee)转让技术、商标、经营方法等,让受许企业在本企业的监督与帮助下,利用本企业形象和招牌经营本企业的特定业务。受许企业则给特许企业一定代价(一次性付清的费用和被特许经营企业的一部分利润),特许企业对受许企业提供有效协助,受许企业有义务接受其监督与控制。特许经营和许可证交易尽管类似,但在动因、提供的服务和有效期限等方面是不一样的。在特许经营中除了转让企业商号、注册商标和技术外,特许企业还要在组织、市场及管理等方面帮助受许企业,以使专营能持续下去,如图7-1所示。

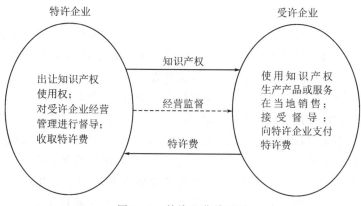

图 7-1　特许经营关系图

(3)管理合同。管理合同是向国外企业提供管理经验、情报信息、专门技术知识的合同。管理合同方式是通过签订合同,承担服务对象国家或地区企业的经营管理服务活动,它赋予国际化经营企业在目标国家管理一个企业日常运行的权力,管理合同可以使承担管理的企业无须承担投资的风险和责任,并通过利润分配等方式获得稳定的收入。

国际化经营企业不是输出产品,而是输出管理经验与劳务,而且所管理范围只是企业的日常运营,在一般情况下,管理合同不会授予国际经营企业进行新的资本投入、承担长期债务、决定红利政策或是对所有权的安排做出改变等权力。

(4)建设合同。这种合同把标准的建筑工程合同向前推进了一步,它要求承包人在将国外项目交给其所有者之前,应使其达到能够运行的程度,甚至在建筑工程全部完成后,为了使所有者进行项目的准备,承包人有责任提供诸如管理的操作培训一类的服务,也叫"交钥匙工程"(turnkey project)。交钥匙工程通常涉及复杂的大型基础设施项目,如发电厂、铁路、炼油厂、运动场等,建设周期较长,而且可能承担建设资金的融资负担,因此,一般是实力较为雄厚的建设公司才能够承担。建设合同一般有两种类型:

①建设完成即转交东道主,即企业为东道国建设一个工厂体系或工程体系,承担全部设计、建造、安装、调试及试生产等活动。

②BOOT 项目(建设(build)、拥有(own)、运营(operation)、移交(transfer)),即合同规定承建公司在建设完指定的项目后,拥有该项目若干年的经营权,并从经营该项目中获得收益。经营期满后,再把该项目无偿地移交给发包方。

(5)国际合同生产。国际合同生产又称国际合同制造、贴牌生产等,是指企业与东道国或地区的企业订立供应合同,要求后者按合同规定的技术要求、质量标准、数量和时间等,生产本企业所需要的产品,交由本企业用本企业的品牌销售。一般是将产品销往制造商所在国家的市场或其他地区。为了获得制造商按照说明生产的产品,国际化经营的企业一般要向当地的制造商转让技术和提供技术帮助。

国际合同生产能给国际化经营企业带来许多好处:①它需要较少的资金和管理资源的投入,可以很快地进入目标国家;②它允许企业对销售过程和售后服务实行控制;③如果国外制造商的生产成本低,则合作生产就会大大提高企业产品的竞争能力。但这种方式需要对国外生产有较强的控制力,如对产品质量的控制等,否则可能给本企业市场声誉带来不利影响。

3）投资进入方式

这是企业采用对外直接投资的形式，将管理、技术、营销、资金等以自己控制企业的形式转移到目标国家或地区，以便能够在目标市场更充分地发挥竞争优势的国际市场进入方式。该方式具体可分为并购、新建、合资经营、合作经营等方式。

(1)跨国并购。跨国并购是企业国内并购行为在国际范围的延伸，具体来说，跨国企业通过现金、金融机构贷款、以股换股或发行债券等支付方式，将另一个国家的企业的一部分或全部股权或资产收买下来，以取得该企业的部分或全部所有权，并获得对该企业的经营控制权，以实现企业的某种战略目标。跨国并购包括跨国兼并和跨国收购两层含义。跨国兼并是企业将另外一个国家的企业并入本公司的过程，可分为吸收兼并和创立兼并两类。吸收兼并是被兼并的企业成为兼并企业的一部分，并丧失法人资格；创立兼并是兼并企业和被兼并企业合二为一，重新成立一个新的法人实体。跨国收购是企业通过购买另一个国家企业的资产和股权，从而控制东道国目标企业的过程。

跨国并购方式具有如下优点：①跨国并购可以廉价获得被收购企业的资产和管理人员，控制被收购企业独特的经营资源，利用被收购企业的技术和分销渠道迅速进入东道国市场，减少市场竞争，便于扩大经营范围和产品种类，实现多元化经营。跨国并购方式的缺点：①并购前的企业价值评估存在一定的困难；②并购过程复杂，失败率较高；③受企业规模与厂址选择的制约，管理成本较高；④受原有契约或传统关系上的束缚，并购后遗留问题较多，同时，跨国并购还存在并购企业和被并购企业之间在企业文化和价值观念等方面的巨大差异，往往使得并购后的整合存在困难，需要较长的磨合期。

管理案例

吉利：跨国并购助转型

对内加速技术创新，实现转型升级；对外加快资源整合，实现全球布局。吉利集团走出一条特色鲜明、成果斐然的民企转型之路，为中国自主品牌车企的提升树立了一个标杆。

创立于1986年的吉利集团，以生产冰箱配件、摩托车开始创业历程。1997年正式进军汽车行业，作为中国第一家民营汽车制造企业，其造车路可谓从无到有、从小到大、从弱到强，实现跨越式发展。2017年吉利汽车总销量124.7万辆，营业收入达928亿元。

从弯道超车到变道追赶

2007年5月，吉利对外宣布：吉利汽车进入战略转型期，最安全、最环保、最节能的好车，吉利制造。一直以来凭借低价策略取得竞争优势的吉利开始转变发展战略——从"低价战略"向"技术先进、品质可靠、服务满意、全面领先"战略转型，这一转型预示着吉利不再依靠价格竞争，而是从价格优势走向技术领先。

如何打好这一场技术战？在通过持续性的研发投入，增强自主创新能力的同时，吉利以"蛇吞象"的方式依靠跨国并购获取国际领先企业的核心技术，融合全球资源强化创新能力。

2009年，吉利收购了世界第二大独立于整车之外的自动变速器生产商澳大利亚DSI公司。DSI公司拥有年产18万台自动变速器的生产能力，是美国福特、韩国双龙和印度马新爵等汽车企业的重要供应商。通过收购，吉利将DSI先进的自动变速器产品和技术引入中国汽车行业，极大地强化了吉利自身自动变速器的研发和生产能力。

2010年，吉利斥资18亿美元收购了沃尔沃100%的股权。通过并购，吉利获得了沃尔沃轿车商标的全球所有权和使用权,分布于100多个国家的2325个网点的销售和服务体系,涵盖发动机、整车平台、模具安全技术和电动技术在内的10963项专利和专用知识产权等宝贵资产,这为吉利跨越技术瓶颈,提高创新能力奠定了坚实的基础。

从弯道超车到变道追赶,吉利通过资本运作,用不到8年时间连续将沃尔沃、宝腾、路特斯、伦敦电动汽车收入囊中。通过跨国并购嵌入国际技术前沿,并以此为杠杆融入全球化创新网络,撬动创新资源,不断学习、消化和吸收领先者的先进技术,实现了技术的追赶和超越。

从技术学习到技术输出

在全球化创新战略引领下,吉利已实现技术学习向技术输出的转变,推动了中国民族汽车品牌走出国门。作为"一带一路"沿线重要国家,俄罗斯、白俄罗斯、乌克兰等国家是吉利走向欧洲的桥头堡。"白俄吉"工厂是中国与白俄罗斯的首个汽车合资项目,也是白俄罗斯国内目前唯一运营中的乘用车生产企业,规划产能每年6万辆。

"海外发展不仅仅是卖出更多汽车",吉利控股集团总裁安聪慧认为,吉利响应"一带一路"倡议,"走出去"的思路是实现产品、技术、人才、标准与资本的全球布局。"向全球化公司转型,吉利的路径是融入全球价值链,整合全球范围内资源,构建企业的核心竞争力。"

向北是俄罗斯,向南是马来西亚,一南一北均是吉利整车技术的输出。2017年5月,吉利收购马来西亚"国宝级"汽车品牌宝腾汽车,马来西亚成为吉利进军东南亚市场的产业协同基地。依托宝腾现有的产能和供应商体系,吉利打开东南亚大门,获得巨大的市场空间。

未来,吉利海外工厂还将导入更多轿车车型。吉利的梦想正照进现实——让中国车跑遍世界。截至2017年,吉利汽车已经在埃及、苏丹、伊朗、斯里兰卡、埃塞俄比亚等国家建立了多家工厂,整车出口遍布20多个国家和地区。

从自主创新到协同创新

浙江大学区域协调发展研究中心的专家认为,纵览近年来吉利的每一步,都是朝向全球化车企的目标进发,其中多品牌资源的整合是必备要素。无论是入股还是并购,吉利的海外扩张都是通过自主创新和同行业跨国公司之间的协同创新,进而实现整车技术研发的突破。

从后来者到领跑者,吉利全球布局除了获得更广阔的市场,更重要的是汲取全球的智慧与资源建立强大的研发体系——杭州、宁波、哥德堡和考文垂4个研发中心,以及上海、哥德堡、巴塞罗那、加利福尼亚4大设计中心。"与伙伴联合,通过协同与分享来占领技术制高点。"2018年2月吉利投资戴姆勒,吉利集团董事长李书福也是出于此战略思考。

协同创新,在吉利和沃尔沃的合作上已有硕果。吉利与沃尔沃的合资品牌领克如同一匹"黑马"杀进欧洲市场,在欧洲研发和设计、全球制造的领克,是"吉沃恋"7年的结晶。吉利台州工厂作为领克率先投产的基地,预计到2020年领克销量将实现50万辆。

截至2018年,吉利资产总值超过2000亿元,拥有12家海外工厂,旗下拥有吉利汽车、领克汽车、沃尔沃汽车、Polestar、宝腾汽车、路特斯汽车、伦敦电动汽车、远程新能源商用车等汽车品牌。从规模上看,吉利已进入世界五百强,但要成为受人尊敬的全球企业,李书福坦承还有很长的路要走:"我们力争通过努力,不仅生产高品质的汽车,而且让每一个供应商感觉到和吉利打交道是快乐的,让他们放心地与吉利结成命运共同体,形成非常有竞争力的供应链关系。"

(资料来源:陆健,严红枫.吉利:跨国并购助转型[N/OL].光明日报,2018-11-28.[2021-4-5].https://www.sohu.com/a/278229857_115423.)

(2) 新建。新建是指在目标国家或地区独资或合资建立新企业或新工厂,形成新的经营单位或新的生产能力,是跨国公司等投资主体在东道国境内依照东道国法律设置的部分或全部资产所有权归外国投资者所有的企业,以达到进入目标市场、实现经营扩张的目的。

相较于并购,新建的优点有:避免烦琐的价值评估;成功率较高;保持战略目标、技术、文化的一致性;在东道国有全新的开始。新建也具有如下缺点:进入市场较慢而可能丧失市场,管理全新建立企业有成长风险;资金融通风险大。

(3) 合资经营。合资经营指企业以股权参与的方式与东道国企业乃至第三国企业共同组建新的企业,并就地生产和经营以实现市场渗透与拓展的投资进入方式。由于在这一进入方式下新的经营主体是以股权安排方式成立的,因此,该经营主体通常都具有独立的法人地位,企业充分自主,东道国不得干涉双方;且各出资方均按其股权份额享有相应的权利和承担相应的义务,不能从企业获取其他利益。

(4) 合作经营。合作经营是企业以契约安排为基础实施的市场进入方式,在这种进入方式下,经营主体为契约式合资企业,多为非独立法人。有关投资方的权利与义务由各当事人协商决定,并通过协议或合同的方式加以明确,该协议与合同经东道国政府批准后,受法律保护。

7.3 国家竞争优势理论

1990年,迈克尔·波特出版了《国家竞争优势》一书。在书中,他继承发展了传统的比较优势理论,讨论了世界上10个重要贸易国家(美国、德国、英国、意大利、日本、丹麦、韩国、新加坡等)的国际竞争优势,并将竞争优势的概念应用到国家层次,探讨一个国家如何能建立起它的竞争优势,最终提出了"国家竞争优势"理论和国家的竞争发展阶段理论。波特认为,一个国家的竞争优势,就是企业、行业的竞争优势,也就是生产力发展水平上的优势,国家竞争优势取得的关键在于国家能否使主导产业具有优势,并且使企业具有适宜的创新机制和充分的创新能力。

7.3.1 钻石模型

在《国家竞争优势》中,波特提出"钻石模型"(又称菱形理论)的分析架构,钻石模型主要基于四个因素分析一个国家所可能具有的竞争优势。

(1) 生产要素。生产要素指的是生产某种产品所需要的各种投入,经济学里通常将其广义地划分为土地、劳动和资本(或再加上企业家才能)。波特在他的理论中将其归纳为自然资源、人力资源、知识资源、资本资源、基础设施等几大类。同时他又将其分为两类:一类是基本要素(basic factors),如自然资源、气候、非熟练劳动力等;另一类是高等要素(advanced factors),如现代化通信设施、尖端学科的研究机构、富有创新精神的企业家等。基本要素是一个国家的禀赋条件,而高等要素可以通过长期投资和后天开发得到。基本要素对传统产业内的企业竞争力有很大影响,但是随着科学技术的发展和经济全球化趋势的加快,国内资源的稀缺并不影响国内企业的竞争力,基本要素对产业发展的作用开始下降,与此相反,高等要素的重要性与日俱增。在这个模型中,波特强调"最重要的生产要素条件,是那些涉及持续与大量投资,以及专业化的部分。"强调要素的"难模仿",而非基本要素条件。比如像荷兰,它并不是因为地处热带而有了首屈一指的花卉业,而是因为在花卉的培育、包装及运送上都有高度专精的研究机构。

(2)需求状况。需求状况指的是国内市场对某种产品或服务的需求,包括需求的质和量两个方面。国内需求是提高产业竞争力的原动力。"从重要性来看,国内需求的特质远胜过规模大小。"许多企业的投资、生产和市场营销最早都是从本国需求出发考虑的,满足国内需求是企业市场导向的基本初衷。例如日本,因为国内市场拥有一群最懂得挑剔的消费者,使得日本拥有全球最精致、最高价值的家电产业(20世纪80年代是日本家电业的鼎盛时期)。

一般来说,国内需求对产业竞争力的影响主要体现在以下三个方面:①国内需求是否具有全球性、超前性,这对产业竞争力影响很大。②国内需求的规模直接影响产业竞争力。国内需求规模决定了企业的投资规模、技术改进的积极性和企业的规模经济状况。相应地,国内需求增长快,就会促进企业更快采用新技术,而不必担心投资过剩。③国内需求的国际变化,将形成把产品和服务推向国外市场的转移机制,进而获得产业的国际竞争力。

(3)相关与支持产业。相关与支持产业主要是指上游产业以及其他相关产业的国际竞争优势,竞争力强和联系紧密的上游产业往往是下游产业成功的关键因素。一个产业是否具有国际竞争力与该产业的上游产业及其相关产业有着密切关系。一般来说,在国际竞争中具有竞争力的相关产业往往在一国相伴而生形成一个能促进创新的产业集群,如图7-2所示。

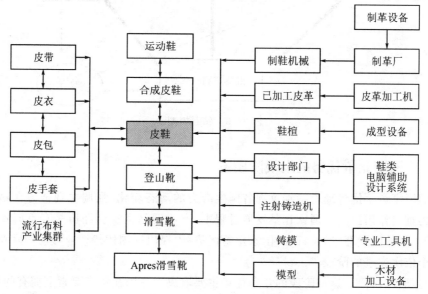

图7-2 意大利鞋类与时尚产业集群
(资料来源:迈克尔·波特.竞争论[M].北京:中信出版社,2003.)

(4)企业战略、结构和同业竞争。企业战略、结构与同业竞争指的是某一产业的企业在企业战略、结构及竞争程度等方面的选择,如果这种选择与该产业的优势资源恰好相符合,则这项产业的竞争优势将得到最充分的体现。就特定产业而言,国内市场竞争结构对培育企业竞争力有很大的影响。从企业的战略来看,企业目标是企业战略中的核心内容。从企业的竞争环境来看,国内竞争的活跃程度与该产业竞争优势的创造和保持有很密切的联系。竞争可以促使企业提高质量、降低成本、投资于先进的设备、提高效率,进而加强国际竞争力。波特强调,强大的本地、本国竞争对手是企业竞争优势产生并得以长久保持的最强催化剂。

这四个因素对每一个产业的影响并不相同,应该分别加以评估,更重要的是,钻石体系是一个动态的体系,它内部的每个因素都会影响到其他因素的表现。此外,波特还认为,一些偶然的事件所导致的机会也会对一国的产业竞争优势产生影响,例如发明活动、汇率的重大变化、战争等。机会往往使以前的竞争优势失效,而为企业产生新的竞争优势提供了机会。政府对产业竞争力的实际作用,主要是通过其在资本市场、外资、生产标准、竞争条例等方面的政策影响上述四个因素。政府的作用可能是积极的,也可能是消极的,关键看政府能否结合行业的发展现状制订合适的政策。波特认为,前四种因素是国家竞争优势的决定因素,一国所面临的机遇和政府所起的作用对国家整体竞争优势的形成具有辅助作用,如图7-3所示。

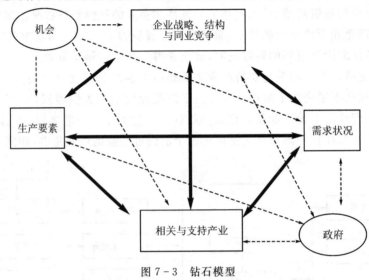

图7-3 钻石模型

7.3.2 国家竞争优势的发展阶段论

波特的国家竞争优势理论特别重视各国生产力的动态变化,强调主观努力在赢得优势地位中所起的重要作用。一个国家在其发展过程中,产业国际竞争会经历具有不同特征的发展阶段,基于当时的时代背景,波特在《国家竞争优势》中提出一国优势产业参与国际竞争的过程可分为四个依次递进的阶段。

(1)要素驱动阶段。这一阶段的竞争优势主要取决于一国在生产要素上拥有的优势,即是否拥有廉价的劳动力和丰富的资源。按波特的标准,几乎所有的发展中国家都处于这一阶段,某些资源特别丰富的发达国家,如加拿大、澳大利亚也处于这一阶段。

(2)投资驱动阶段。这一阶段的竞争优势主要取决于资本要素,大量投资可更新设备、扩大规模、增强产品的竞争能力。按波特的标准,只有少数发展中国家进入这一阶段。第二次世界大战后,只有日本和韩国获得成功。

(3)创新驱动阶段。这一阶段的竞争优势主要来源于产业中整个价值链的创新,特别要注重和投资高新技术产品的研究和开发,并把科技成果转化为商品作为努力的目标。一国进入创新驱动阶段的显著特点之一是,高水平的服务业占据越来越高的国际地位。按波特的标准,英国在19世纪上半叶就进入了创新驱动阶段。美国、德国、瑞典在20世纪上半叶也进入这一阶段。日本、意大利到20世纪70年代进入这一阶段。

(4)财富驱动阶段。这一阶段产业的创新、竞争意识和竞争能力都会出现明显下降的现象,经济发展缺乏强有力的推动,企业开始失去国际竞争优势。长期的产业投资不足是财富驱动阶段的突出表现。进入财富阶段的国家,一方面是"富裕的",另一方面又是"衰落的",失业和潜在失业严重,平均生活水平下降。按波特的标准,英国已经进入这一阶段。还有其他一些国家如美国、德国等在 20 世纪 80 年代也开始进入这一阶段。

国家竞争发展阶段与"钻石因素"的对应关系如表 7-6 所示。

表 7-6 波特的国家竞争发展阶段与"钻石因素"

钻石因素	竞争发展阶段			
	要素驱动阶段	投资驱动阶段	创新驱动阶段	财富驱动阶段
生产要素	·为国家竞争优势的主要来源	·仍然为国家的竞争优势 ·改进生产因素的素质	·靠生产因素的低成本已不重要 ·生产因素的素质持续改进,专门性因素增强	·依靠过去所获得的优势
需求状况	·本国需求不大 ·主要通过外国中间商进入海外市场 ·注重价格敏感性高的市场	·本国需求上升 ·开始发展本身的国际销售渠道,主动性增加。 ·仍然注重价格敏感性高的市场	·需求的复杂性增加 ·国内需要与需求国际化	·需求优势限于一些能"吃老本"的行业 ·在全球的出口比例下降
相关与支持行业	·未发展或低度发展,主要依赖进口 ·对于已具有转口贸易的国家或地区,下游行业则已发展	·需求上升带动了上游与下游的辅助行业发展	·高度发展(尤其是服务行业)	·缩小只能"吃老本"的行业
企业战略、结构与同业竞争	·企业与个人有工作意识 ·国内有竞争	·企业与个人具有高度的工作意识与动力 ·国内竞争程度增强	·降低对国内竞争的重视,而注重国际市场的全球化战略	·工作意识下降 ·缺乏竞争意识

7.4 企业国际化战略

7.4.1 企业国际化战略的类型

一般地说,当企业经营活动与国际经济发生某种联系的时候,企业国际化经营的进程就开始了,随着国际业务的扩大,企业在海外直接投资,建立海外企业,进而建立国际生产体系和营销网络,成长为跨国公司或全球公司。企业国际化战略是企业实施国际化经营而谋求向国外发展过程中实施的战略。企业国际化战略可从经营层面和公司层面来研究。

1) 经营层面的国际化战略

经营层面的国际化战略是国内企业经营战略在国际化过程中的反映,包括国际化成本领先战略、国际化差别战略和国际化聚焦战略。

(1) 国际化成本领先战略。这种战略是在企业国际化过程中以总成本最低(或更低)来取得竞争优势。在一般情况下,国际化成本领先战略的中心是围绕本国市场,以取得规模效应为主要战略目标;在分工上,往往会将低附加价值的业务外包,而将高附加价值的业务保留在国内;在进入国际市场的方式上,产品主要由本国生产出口,采用这种战略的企业往往在本国拥有相对廉价的生产要素,如廉价的原材料和劳动力。

(2) 国际化差别战略。这种战略是企业在国际化过程中以不同的产品或服务来满足不同国家和地区消费者的需求。采用这种战略,往往是不同国家市场需求存在较大差异。一般情况下拥有先进要素和特殊要素的企业有可能会使用这种战略。

(3) 国际化聚焦(集中一点)战略。这种战略类似国内企业的聚焦(集中一点)战略,基于企业的实力,在相对较小的国外市场采用集中成本领先战略或集中差异化战略服务其中客户。比如,技术上先进的企业可以在保持高质量形象的同时采用集中成本领先战略或针对某一类细分市场的差异化需求采用集中差异化战略。

2) 公司层面的国际化战略

参与全球市场竞争的企业,通常会面临两种典型的、相互冲突的竞争压力:降低成本和适应当地的市场需求。降低成本的压力要求企业把生产活动设置在最有利的低成本区位或是提供面向全球市场的标准化的产品。而适应当地的市场需求则要求企业对不同的国家提供差异化的产品和营销策略,以满足各国不同的消费者需求、竞争条件和政府政策等。

考虑成本压力和当地市场压力,公司层面的国际化战略可分为:国际战略、多国战略、全球战略和跨国战略四种,如图 7-4 所示。

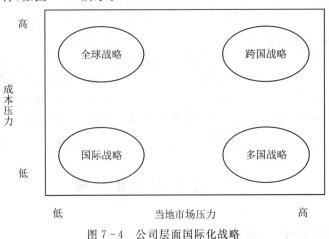

图 7-4 公司层面国际化战略

(1) 国际战略(international strategy)。国际战略是指企业将其具有价值的产品与技能转移到国外的市场,东道国市场往往缺乏这种产品或技能。大部分企业采用国际化战略是转移其在母国所开发出来的具有差异化产品到海外市场。这种情况下,企业多把产品开发的职能留在母国,而在东道国建立制造和营销职能,从而创造价值。这种战略适用于企业面临的降低成本压力较小,也不需过多考虑当地市场的差异化需求的情况。例如微软,在国际化早期,其产品设计开发、生产基本上都是由位于美国西雅图的母公司的"研究院"完成,其全球的销售协调都是由母公司的"全球销售、市场和服务组"来控制,公司的财务、行政管理、人力资源以及信息技术部门大多是由母公司的"运营组"管理。

(2)多国战略(multinational strategy,亦称多国本土化战略)。多国战略是指在不同国家或地区的市场各不相同时,企业重视本土化,往往在其从事业务的各主要国家的市场中建立创造价值的活动体系,包括生产、营销以及研发,并根据东道国当地的情况提供产品或服务,以满足所在国的市场需求。这种战略适用于成本压力小,而要求根据东道国需求差异提供产品或服务的情况。采用多国战略的企业,一般将战略制定与经营的决策权下放给东道国的战略经营单位(strategic business unit,SBU),并由各 SBU 向东道国市场提供本土化产品,各国的SBU 彼此独立,分别在各自的市场上竞争。如日本本田公司总是将其在海外的公司视为当地公司,它强调"美国的本田""中国的本田",而不是日本的本田。

管理案例

麦当劳、可口可乐、肯德基

1. 从"麦当劳"到"金拱门"。1993 年麦当劳(中国)有限公司成立,到 2017 年 8 月 8 日,麦当劳宣布与中信股份、中信资本以及凯雷投资集团,针对麦当劳中国业务的战略合作正式完成交割。收购完成后,中信股份和中信资本在新公司中将持有共 52% 的控股权,凯雷和麦当劳(全球)分别持有 28% 和 20% 的股权。新公司的董事会成员分别来自中信股份、中信资本、凯雷和麦当劳。麦当劳现有的管理团队保持不变,中信资本董事长、首席执行官张懿宸出任新公司的董事会主席,凯雷投资集团董事总经理及亚太区主席杨向东出任新公司的董事会副主席,原麦当劳中国首席执行官张家茵继续出任新麦当劳中国首席执行官。2017 年 8 月 24 日,工商信息数据显示,麦当劳(中国)有限公司的投资者名称从"麦当劳中国管理有限公司"变更为"金拱门中国管理有限公司"。麦当劳(中国)有限公司于 2017 年 10 月 12 日正式更名为金拱门(中国)有限公司。

2. 可口可乐的本土化。可口可乐是跨国公司销售策略本土化的成功典范。可口可乐最初在北京的销售方式是坚持全球一贯的营销理念,采取直接销售到零售点的做法,批发渠道开发并不积极。但是,在实践中他们发现,北京有着地域的特殊性,北京作为中国的政治文化中心,常常有大型国内、国际活动,交通管制对于可口可乐这种快速消费品的运送来说,是极大的无法逾越的限制,同时,企业要在短期内建立庞大的零售网络需要投入巨额资金,这将会加大企业成本,削弱产品的市场竞争力。北京可口可乐饮料有限公司根据中国国情很快调整了营销方式,开始与批发商合作,优势很快便体现出来。利用批发商的网络资源、交通资源、渠道资源,以最快的速度,把产品送到各零售点,企业降低了成本,扩大了市场销售,批发商也获得了利润,消费者能在任何地方随时喝到可口可乐,这样一个三赢的结果,让各方都受益。除了整体营销战略的本土化外,可口可乐公司的广告宣传也大做本土化文章。比如在春节期间推出的"阿福"和"剪纸"包装,12 生肖、申奥金罐、中国之队足球版等,让消费者感到可口可乐就是本国的产品。

3. 中国人的肯德基。在本土化案例中,肯德基也是成功的典范。肯德基自 1987 年在北京前门开出中国第一家餐厅,始终秉承"立足中国、融入生活"的宗旨。肯德基目标是成为中国消费者最受欢迎的快餐连锁品牌,虽然主打产品是以鸡肉为主的食品,但肯德基一直致力于研发适合中国人口味的新产品。如公司在中国北方推出"榨菜肉丝汤""寒稻香蘑饭",在上海推出"海鲜蛋花粥""香菇鸡肉粥"等中式早餐。肯德基总裁苏敬轼说,"中国肯德基是中国人的肯德基"。

(3) 全球战略(global strategy)。全球战略是向全球的市场销售标准化的产品或服务,并在较有利的国家集中地进行生产经营活动的国际化战略。在成本压力大而当地特殊要求小的情况下,这种战略是合理的。该战略采用低成本竞争战略,通过规模经济、经验曲线效应及区位优势做到成本的降低。运用全球战略的企业,往往其生产、营销和研发集中于若干个有利的区位,并在全世界销售标准化产品。

采用全球战略的企业,处于各国的 SBU 彼此相关,要求资源共享与相互协调,且战略集中,各 SBU 及其战略由母国总部控制,因此对东道国市场反应不够灵敏。

(4) 跨国战略(transnational strategy)。跨国战略是指在全球竞争激烈的情况下,既形成以经验为基础的成本效益和区位效益,转移企业内的特殊竞争力,又注意当地市场需求的战略。在跨国公司,核心能力不一定只存在于母国,它们可能在公司范围内的任何 SBU 或子公司开发出来。因此,采用跨国战略的企业往往追求在企业内部转移核心能力,母公司与子公司、子公司与子公司之间的关系是双向的。跨国战略通过全球协调,紧密合作,同时又保有本地化的弹性,以寻求全球化的效率和本土化的反应敏捷的统一,从而达到企业国际化经营的目标。

四种国际化战略的优缺点如表 7-7 所示。

表 7-7 四种国际化战略的优缺点

战略选择	优缺点	
	优点	缺点
国际战略	向国外输出独特竞争力	当地市场反应差 难以取得区位经济效果 难以取得经验曲线效果
多国战略	根据具体需求情况,调整产品结构和营销手段,改善当地市场反应	难以取得区位经济效果 难以取得经验曲线效果 难以向国外输出独特竞争力
全球战略	获得经验曲线效果 获得区位经济效果	当地市场反应差
跨国战略	获得经验曲线效果 获得区位经济效果 改善当地市场反应 获得全球学习的利益	由于组织问题而难以实施

知识链接

跨国公司

跨国公司(transnational corporation)的发展可以追溯到 19 世纪 20 年代,当时的一些经济发达国家的垄断企业就开始在国外建厂,就地进行生产,跨国公司的雏形已经形成。但第二次世界大战前,跨国公司无论从数量、规模还是对世界经济的影响上看都较为有限。第二次世界大战后,特别是自20世纪50年代后期起,在生产和资本国际化、科技革命及各国经济政策变化的背景下,跨国公司得到迅速发展。最初,对跨国公司的称谓很多,如多国公司、国际公司、国际企业、多国企业、环球企业等。联合国经济与社会理事会于20世纪70年代初召开会议,就跨国公司的定义与准则进行讨论,并于1974年8月第57届会议上通过决议,将各种有关称谓统一为"跨国公司",并定义为:"跨国公司是由两个或两个以上国际营业的一组企业组成,这些企业是根据自有资本所有权、合同或其他安排建立的共同控制体制下营业的,各实体在实施全球战略时,相互彼此分享各种资源和分担责任"。1983年联合国跨国公司中心发表的《世界发展中跨国公司第三次调查》认为,跨国公司是指这样的一种企业:①设在两个或两个以上国家的实体,不管这些实体的法律形式或领域如何;②在一个决策体系内进行经营,能通过一个或几个决策中心采取一致对策和共同战略;③各实体通过股权或其他方式形成的联系,使其中一个或几个实体有可能对别的实体施加重大影响,特别是同其他实体分享资源和分担责任。

跨国公司具有"企业规模较大、经营灵活、股权控制、技术内部化和全球网络化经营"的特征。具体讲,跨国公司母子公司以产权纽带连接,以本国为基地,将本国市场、东道国市场和公司内的国际交换体系结合为一体,实现超国度的多元化经营;跨国公司应具有极强的计划和运筹能力,对跨国公司的内部化市场实行内部一体化领导,追求资源在全球范围内的优化配置,实现跨国公司整体效益最佳。跨国公司往往进行股权投资(独资—合资—合作)和非股权投资,经营方式多样。

(资料来源:王建华.国际商务——理论与实务[M].北京:清华大学出版社,2012.)

7.4.2 企业国际化经营的战略性挑战

(1)复杂的经营环境。由于企业国际化经营活动涉及不同的主权国家,会使国际化面临着与国内经营不同的政治环境、经济环境、社会文化环境和自然环境。如面临着政治制度、法律制度等与国内不同的政治环境;面临着经济体制、经济政策、经济发展水平、税收制度及货币汇率制度、对外开放度和外贸依存度不同,交通和通信等基础设施水平等与国内不同的经济环境;面临着语言、文化传统、价值观、消费习惯、生活方式等与国内不同的文化环境;面临着地理环境、地理位置、资源禀赋等与国内不同的自然环境等。因此企业所面临的环境不是单一的、熟悉的环境,而是多元的、复杂的环境,而且随着企业国际化经营地域范围和目标市场的增多,这种复杂性也成倍地增加。

(2)更大的经营风险。风险是由于不确定性的存在而带来损失的可能性。国际经营活动面临着复杂多变的国际环境,面临着特殊的风险因素,如面临经济风险(资金冻结、汇率变动等方面的金融、财务风险;关税政策的调整、各国国内所得税政策的调整等方面的税收风险等)、政治风险(东道国的国有化政策、外汇管制、进口限制及政治制裁、来自东道国与母国的政治冲突、民族主义导致的排外浪潮等)和法律风险(各国由于工商业法律、管理制度、贸易条规等不同带来的风险)。国际经营环境存在着多样性和多变性,以及国际经营企业的特殊地位及价值参照系的不同,常常对这类风险难以预测,或难以进行有效的防范,而使企业遭受损失。

(3)特殊的矛盾和冲突。在国际化经营活动中所涉及的投资者、雇员、消费者和供货者等各种利益相关者的国别不同,利益也各不相同,因而在经营活动中就会出现各类程度不同的冲突和矛盾,这些冲突和矛盾可能来自企业外部环境,也可能产生于公司内部。这些冲突中际化企业与东道国政府间的利益冲突尤为典型。比如,国际化企业着重的是开辟东道国市场,而东道国则希望其能对本地的出口做出贡献;国际化企业根据公司的整体目标和它所认为的东道国的优势来确定其投资行业,而东道国则会根据本国的产业政策和经济发展重点来控制经济发展的类型。同时,在国际化企业内部,存在母国公司控制国际公司的高层管理阶层,且把技术和管理功能保留在母国高层管理阶层的倾向;不同国家有对管理风格的不同理解;各国间工资水平的差别也导致实践中广泛流行的国籍歧视待遇;由于文化背景和传统的不同,出于种族优越、文化误读、文化态度不同等原因,来自不同国家、民族的成员间会产生文化距离;属于不同文化体系的成员在沟通时,会对异质文化依照自己传统的思维模式去解读,从而产生认识上的错位以及管理风格上的冲突。

关键词

国际化(internationalization)　　　　跨国化(trans-nationalization)
全球化(globalization)　　　　　　　跨国公司(transnational corporation)
走出去战略("go global" strategy)　　特定优势理论(the specific advantages theory)
产品生命周期理论(the theory of product life cycle)
内部化理论(the internalization theory)
国际生产折衷理论(the eclectic theory of international production)
所有权特定优势(ownership specific advantages)
内部化优势(internalization advantage)
区位优势(location specific advantage)
国内企业(domestic enterprises)　　　出口企业(export enterprises)
国际企业(international enterprises)　　多国企业(multinational enterprises)
跨国企业(transnational enterprises)　　超国界企业(supranational enterprises)
许可证交易(licensing)　　　　　　　特许经营(franchising)
跨国并购(cross-border mergers & acquisitions)
国际化战略(internationalization strategy)　国际战略(international strategy)
多国战略(multinational strategy)　　　全球战略(global strategy)
跨国战略(transnational strategy)

课后测试

1. 企业的外延国际化是企业通过除(　　)外的生产要素而实现的企业国际化。
   A. 资金　　　　B. 技术　　　　C. 设备　　　　D. 厂房
2. (　　)是企业在世界范围内进行采购、运输和生产,利用海外资源提高生产绩效的国际化。
   A. 生产国际化　B. 销售国际化　C. 管理国际化　D. 内涵国际化
3. 华为经过多年的筹划布局,形成了全球多个研发中心:俄罗斯天线研发中心、英国安全认证中心和5G创新中心、美国新技术创新中心和芯片研发中心、印度软件研发中心、韩国终端工业设计中心、日本工业工程研究中心等,华为的这种国际化布局主要是为了(　　)。
   A. 为企业的产品或服务寻找新的顾客

B. 伴随产业转移,利用国外廉价资源,充分降低成本
C. 在更广泛的市场上分散商业风险
D. 在其他国家获得宝贵资源,打造核心竞争力

4.(　　)的基础是存在不完全竞争的市场,该理论认为市场不完全体现在四个方面:商品市场不完全、要素市场不完全、规模经济引起的市场不完全、政府干预形成的市场不完全。
　A. 特定优势理论　　　　　　　B. 产品生命周期理论
　C. 内部化理论　　　　　　　　D. 规模经济贸易理论

5.将世界各国大体上分为三种类型,即创新国、次发达国家和欠发达国家的国际化动因理论是(　　)。
　A. 特定优势理论　　　　　　　B. 产品生命周期理论
　C. 内部化理论　　　　　　　　D. 规模经济贸易理论

6.从外部市场不完全与企业内部资源配置的关系来说明对外直接投资动因的理论是(　　)。
　A. 产品生命周期理论　　　　　B. 内部化理论
　C. 特定优势理论　　　　　　　D. 规模经济贸易理论

7.国际生产折衷理论更好地解释了为什么跨国公司在不同国家采用不同的进入战略。邓宁认为,为不同国家建立企业进入战略由公司自身的所有权优势、内部化优势和区位优势三大基本因素共同决定,企业如果同时具备三种优势,则应选择(　　)。
　A. 技术授权　　B. 对外出口　　C. 国际直接投资　　D. 三者皆可

8.20世纪90年代,泊尔穆特在罗宾逊理论的基础上,把国际化经营中的不同国别、种族的文化问题考虑在内而提出了四阶段论,"多中心主义"阶段是(　　)。
　A. 国内指向阶段　B. 当地化阶段　C. 区域指向阶段　D. 世界指向阶段

9.根据产销活动的布局和控制方式的不同,进入模式有多种,属于出口进入方式的是(　　)。
　A. 直接出口　　　B. 许可证交易　　C. 特许经营　　D. 合资

10.在《国家竞争优势》中,波特提出了"钻石模型"的分析架构,钻石模型主要基于四个因素分析一个国家所可能具有的竞争优势,下列不属于四个基本要素的是(　　)。
　A. 生产要素　　B. 需求状况　　C. 相关与支持产业　　D. 机遇

11.企业将其具有价值的产品与技能转移到国外的市场,东道国市场往往缺乏这种产品或技能。大部分企业采用这种战略是转移其在母国所开发出来的具有差异化产品到海外市场,这种情况下,企业多把产品开发的职能留在母国,而在东道国建立制造和营销职能,从而创造价值。企业所采取的战略是(　　)。
　A. 国际战略　　B. 多国战略　　C. 跨国战略　　D. 全球战略

12.下列哪个是多国战略具有的优点?(　　)
　A. 取得区位经济效果
　B. 向国外输出独特竞争力
　C. 取得经验曲线效果
　D. 根据具体需求情况,调整产品结构和营销手段,改善当地市场反应

复习与思考

1.简述国际化、跨国化、全球化的含义。
2.简述企业国际化的原因。

3. 产品生命周期理论将产品生命周期划分为哪几个阶段?
4. 如何理解国际生产折衷理论的所有权特定优势、内部化优势和区位优势。
5. 请阐述对罗宾逊六阶段理论和泊尔穆特四阶段论的理解。
6. 什么是合同进入方式? 有哪些具体方式?
7. 什么是投资进入方式? 有哪些具体方式?
8. 钻石模型主要基于哪四个因素来分析一个国家所可能具有的竞争优势?
9. 国家竞争优势的发展一般经历哪几个阶段?
10. 简述经营层面的国际化战略类型。
11. 公司层面的国际化战略可分为哪几种?
12. 企业国际化经营会遇到哪些战略性挑战?

 知识拓展

[1] 樊增强, 宋雅楠. 企业国际化动因理论述评[J]. 当代经济研究, 2005(9):18-22.

[2] 王增涛. 企业国际化:一个理论与概念框架的文献综述[J]. 经济学家, 2011(4):96-104.

[3] 王宏新, 毛中根. 企业国际化阶段的理论发展评述[J]. 上海经济研究, 2007(2):88-92.

[4] 鱼金涛. 企业国际化经营发展阶段理论评介[J]. 外国经济与管理, 1992(4):17-20.

[5] JOHANSON J, VAHLNE J E. The Internationalization Process of the Firm-a Model of Knowledge Development and Increasing Foreign Market Commitments[J]. Journal of International Business Studies, 1977, 8(1):23-32.

第8章 战略制定、评价与选择

管理名言

尽管"战略"一词通常与未来相联系,但它与过去的关系也并非不重要。过日子要向前看,但理解生活则要向后看。管理者将在未来实施战略,但他们是通过回顾过去理解这一战略的。

——亨利·明茨伯格

学习目标

1. 了解战略制定应遵循的原则和方法。
2. 了解战略评价的准则。
3. 理解战略选择的影响因素。
4. 重点掌握战略评价与选择的 CPM 矩阵、SPACE 矩阵、QSPM 矩阵等方法。

引入案例

长虹的战略选择

提起长虹,可能已经淡出了很多消费者的视线,但在20世纪90年代末期是国内彩电的旗手,推动了电视的普及,也将外资进口电视挤出了国内市场。但是作为昔日彩电业名副其实的老大哥,这些年业绩持续低迷,在技术变革日新月异的大时代,长虹似乎迷失了方向。

老牌巨头的衰落

1958年,长虹集团的前身"国营长虹机器厂"在四川绵阳城郊建立,这是当时国内唯一的机载火控雷达生产基地;1972年,长虹成功制作出第一台黑白电视,迈出了"军转民"战略转型的第一步;从1989年开始,长虹的各项经济指标连续多年在全国同行业中名列榜首,被授予"中国最大彩电基地""中国彩电大王"的殊荣。

那时的长虹发展势不可挡:1993年,长虹自行设计制造的技术最先进的大屏幕彩电生产线建成投产;1995年,产量累计突破1000万台,被世界银行组织誉为"远东明星";1997年,四川长虹这只沪深股攀上了66元高度;2002年,以7.8亿美元出口额成为中国出口第一的家电品牌。

曾经的长虹,绝对是国内彩电市场的"巨无霸",1997年长虹彩电市场占有率高达35%,至2009年,长虹彩电保持了20年的销量冠军。但是时过境迁,今日的长虹早已走下神坛,被同行远远甩下。

传统彩电逐步被取代是从2013年开始的,这一年,互联网企业"全面入侵"传统彩电行业,乐视等互联网企业高举"内容为王"的旗帜,投放前所未有的低价产品,蚕食传统彩电企业市场份额。行业毛利率被拉低,这对于原本就已经式微的传统豪门长虹来说,打击是致命的。

两大深坑拖垮长虹

昔日的"巨无霸"长虹到底是怎样一步一步走向衰落的呢？其实总结起来，有两个标志性的事件直接拖垮了长虹：一个是其与美国公司APEX的巨额烂账，让长虹大伤元气；另一个是战略失策，巨资投入等离子电视项目，被市场抛弃。

2001年初，仍处在巅峰时期的长虹，由于产能过剩，开始实施"大市场大外贸"战略，并选定美国为主销市场，合作对象选择了APEX公司，以"赊销"的方式在美国展开贸易。令长虹没有想到的是，"赊销"的结果导致公司应收账款急剧增加。

2001年初长虹的应收账款为18.2亿元，到年末，这一数字增加到28.8亿元，再到2003年底，长虹的应收账款已高达49.8亿元，其中APEX所欠款为44.5亿元。

或许是长虹乐观地判断了形势，一直隐而不报，这一数字直到2004年底才被长虹向外界公布出来，公告中表示"美国进口商APEX公司由于涉及专利费、美国对中国彩电反倾销及经营不善等因素出现了较大亏损，支付公司欠款存在着较大困难"。APEX的巨额欠款变为了坏账，这使得长虹在2004年亏损36.81亿元。长虹所遭遇的这个大坑，直接把自己从家电"王位"上拉了下来。此时，康佳、海信、创维等国产品牌崛起，长虹开始一蹶不振。

第二个大坑就是没有恢复元气的长虹在蹒跚前行的路上，又走错了方向。

2006年，彩电行业面临着由显像管向等离子、液晶电视升级的三岔路口，长虹选择的投资方向是等离子屏，豪掷20亿美元，将韩国欧丽安等离子公司收入囊中，随后投资7.2亿元，成立四川虹欧显示器件有限公司，主要生产等离子面板。

但市场选择了液晶电视。截至2013年底，长虹对虹欧的投资达到17.2亿元，结果换来的却是连年亏损，终于在2014年选择放弃，以6420万元的价格出售虹欧公司61.48%股权。至此，长虹豪赌等离子屏以彻底失败而告终。两次巨亏之后，市场留给长虹的转型窗口和空间已经非常小了。

作为当年A股的巨无霸，股价由最高峰的66元(1997年)跌落至徘徊在3元左右(2020年12月)，长虹目前的困境可以用"品牌大、收入高、不挣钱"来形容，长虹近年的盈利始终在边缘徘徊(见表8-1)。

表8-1 长虹历年净利润情况

年份	净利润(亿)	年份	净利润(亿)	年份	净利润(亿)
2019	0.61	2010	2.92	2001	0.84
2018	3.23	2009	1.19	2000	1.16
2017	3.56	2008	0.31	1999	5.11
2016	5.55	2007	3.7	1998	17.43
2015	−19.74	2006	2.29	1997	26.12
2014	0.59	2005	2.85	1996	16.75
2013	5.12	2004	−36.81	1995	11.51
2012	3.25	2003	2.06	1994	7.07
2011	3.96	2002	1.76	1993	4.29

尴尬的多元化发展

随着押注等离子项目的失败，大量的资金打了水漂，再加上互联网浪潮席卷家电行业，长虹的复兴变得难上加难。

各大家电企业都走上了多元化的转型之路，对于长虹来说，也把这当作了"弯道超车"的机会。但实际情况并不乐观，长虹在失去电视机的霸主地位后，就再也没有拿得出手的"拳头"产品了。

长虹多元化之路涉足的领域包括空调、手机、IT产品甚至电池，在2008年之后更是涉足了房地产领域，近两年还在智能控制、能源、健康等方面的业务进行了突破，但是如此广撒网的策略，真的适合长虹吗？

复杂的母子公司控制体系，折射出业务陷入困境的背景下，公司寻求更多利润增长点的现实，但这一点一直被质疑。从横向数据做比较，以2017年为例，青岛海尔营收1592.54亿元，旗下参控股公司98家；美的集团营收2407.12亿元，旗下参控股公司36家；格力电器2017年营收1482.86亿元，参控股公司59家；而长虹营收776.32亿元，参股147家公司。

如此多元化的发展之路，让长虹给人一种"大杂烩"的感觉，对自己的定位更是模糊不清，拿不出一款"拳头"产品吊打市场。从2019年年报中可以看出，长虹有四项营收超过100亿元规模的产品，其中两项与家电业务无关，白电首次超过了黑电，成为四川长虹营收排名第三的产品，而彩电业务营收111.34亿元，仅占总营收的12.83%（见表8-2）。

表8-2 四川长虹2019年各业务营业收入等情况　　　　　　　　　　单位：元

分产品	营业收入	营业成本	毛利率（%）
电视	11,134,116,314.44	9,314,786,389.23	16.34
空调冰箱	14,008,069,937.89	10,875,926,873.34	22.36
IT产品	26,421,413,004.29	25,698,104,289.46	2.74
中间产品	24,769,137,108.98	23,459,409,549.96	5.29
通信产品	10,967,946.47	16,689,237.08	−52.16
机顶盒	1,661,721,579.61	1,265,373,940.08	23.85
电池	1,484,716,241.05	1,132,744,094.59	23.71
系统工程	126,804,136.90	90,904,400.33	28.31
运输	1,367,825,704.96	1,279,466,101.24	6.46
厨卫产品	1,139,238,415.70	956,719,466.58	16.02
房地产	1,708,592,522.72	1,032,481,962.19	39.57
特种业务	1,491,225,046.28	1,051,249,134.62	29.50
其他	1,431,783,288.17	1,129,921,316.50	21.08
合计	86,755,611,247.46	77,303,776,755.20	10.89

比起广撒网的多元化战略，其实长虹更应该思考如何在互联网带来的智能化浪潮中，加强自己的核心竞争力，推出自己的"拳头"产品。

（资料来源：四川长虹历年年度报告）

8.1 战略制定程序与方法

8.1.1 企业战略制定的含义

企业战略要根据企业内、外部环境因素来制定与选择,即需要将企业内部的资源、能力与外部因素带来的机会、威胁相匹配,匹配的依据是战略分析,包括企业宏观环境分析、企业行业环境及竞争对手分析和企业内部资源能力分析。战略制定可以有广义的和狭义的理解,广义的理解可以包括两个环节:狭义的战略制定和战略选择。狭义的企业战略制定是企业的决策机构组织各方面的力量,按照一定的程序与方法,为企业选择适宜的战略的过程。企业战略制定是战略管理过程的核心部分,也是一个复杂的系统分析过程。战略制定概念涉及几个关键词:决策机构(决策者)、战略制定参与者、制定程序、制定方法、适宜战略。战略制定之后就面临着战略选择问题,战略选择是从若干个可行的备选战略方案中,匹配企业内外环境条件的特点和各方面的要求,做出最佳(或满意)方案的选择。战略选择概念涉及几个关键词:若干(多个)、可行备选方案、匹配、最佳(或满意)。可以说,企业战略制定和战略选择过程实际上就是企业战略的决策过程。

8.1.2 企业战略制定遵循的原则

(1)目标明确。战略目标不能含糊不清、模棱两可,应当非常明确,要用具体的语言清楚地说明要达成的目标。目标设置要有项目、衡量标准、达成措施、完成期限以及资源要求,使相关人员能够很清晰地看到前进的方向。

(2)主动出击。战略应当是企业主动对外部环境做出的反应,不能一味地被动应付,要按照企业愿景、使命以及战略目标,制定积极主动的战略方案。

(3)集中配置资源。战略方案的形成要有利于发挥企业自身的优势,集中必要的资源,形成一种合力。如《华为基本法》中说:"我们坚持压强原则,在成功的关键因素和选定的战略点上,以超过主要竞争对手的强度配置资源,要么不做,要做就极大地集中人力、物力和财力,实现重点突破。"

(4)灵活机动。这要求企业战略面对发展迅速、变化多端的环境,必须把握实施战略的时机,讲究灵活变通,随机应变。战略要保证资源分配的灵活性,使战略及企业本身具有良好的机动能力。同时要充分考虑各种具体战略调整的转换成本。

8.1.3 战略制定框架

战略制定是一个系统、复杂、内容广泛的综合管理活动,需要明确和规范地制定过程中各步骤的职责、任务、要求等。明确的流程可确保战略的可执行性、可靠性及减少控制偏差。战略制定开始之前,首先要明确战略制定的目标,并通过文件形式确定下来。文件中要明确战略制定到何种程度,需达到何种效果或成果;要明确制定周期、过程要求、职责分配、资源消耗、最后成果等内容,以便于清晰判断战略制定工作的绩效。

广义的战略制定框架图如图8-1所示,包括信息输入阶段、信息匹配阶段和决策阶段。狭义的战略制定过程就是通过全面分析、研究企业内外部环境,进一步对企业外部环境要素中的机会与威胁和企业内部环境要素中的优势与劣势进行匹配的过程。此过程可以划分为两个阶段:信息输入阶段和信息匹配阶段。这两个阶段可以采用外部因素评价矩阵(external factor evaluation matrix,EFE 矩阵)、内部因素评价矩阵(internal factor evaluation matrix,IFE 矩阵)、竞争态势分析矩阵(competitive profile matrix,CPM 矩阵)、企业战略分析法(SWOT 分析)、战略地位与行动评价矩阵(strategic position and action evaluation matrix,SPACE 矩阵)、波士顿矩阵(BCG 矩阵)、内部-外部矩阵(internal-external matrix,IE 矩阵)等分析工具。

在信息输入阶段,通过对企业内外部环境分析的总结和凝练,利用特定分析技术对内外部环境分析中发现的机会、威胁、优势和劣势等关键要素进行量化评分,为信息匹配、制定战略、选择战略方案奠定基础。这个阶段经常用到的主要技术工具有 EFE 矩阵、IFE 矩阵以及 CPM 矩阵,这三个矩阵中的关键环境要素信息为信息匹配和决策阶段使用的分析工具提供了基本的信息输入。

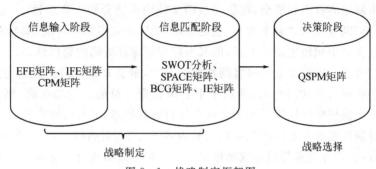

图 8-1 战略制定框架图

经过信息输入阶段,找出了外部环境中的机会与威胁、内部环境中的优势与劣势,并对其进行了定量分析,接下来就是信息匹配阶段,就是要以这些关键环境因素为基础制定企业战略方案。信息匹配阶段就是要在机会、威胁、优势和劣势等关键要素构成的战略约束条件下,在对这些关键要素进行匹配的基础上进行战略构想,提出能抓住外部机会、回避外部威胁、发挥内部优势、弥补内部劣势的战略思路和战略方案,供决策者进行评价和选择。这一阶段可采用的主要分析技术有 SWOT 分析、SPACE 矩阵、BCG 矩阵和 IE 矩阵等。

在战略制定阶段,经过战略信息的输入与信息匹配,战略制定者综合运用各种分析工具和思维方法,制定出若干个备选方案,下一环节就是将其提交企业最高层进行最终的战略决策。这一阶段可采用的主要分析技术是定量战略计划矩阵(QSPM 矩阵)。

8.1.4 企业战略的制定方法

根据不同层次管理人员参加战略分析与战略选择工作的程度划分,企业战略的制定方法有自上而下、自下而上、上下结合以及战略小组四种方法。

(1)自上而下的方法。先由企业总部的高层管理人员制定企业的总体战略,然后由下属各部门根据自身的实际情况将企业的总体战略具体化,形成系统的战略方案。一般来讲,自上而下制定的战略,其中公司的方向目标和行动目标都很明确,能够做到目标一致。当公司战略确定后,再分解成每一个业务部门的战略,并交给各业务部门去实施,同时,公司级战略计划所包含的战略目标和行动目标也是考核各业务部门业绩的基础。

(2)自下而上的方法。企业最高管理层对下属部门不做具体硬性的规定,而要求各部门积极提交战略方案,最后在公司层面将各业务部门制定的战略汇总起来,形成企业总体战略。在战略制定的第一层——各业务部门,其管理者通常很熟悉企业的生存现状,一般是根据自身所处的环境制定相应的战略,业务部门选定的战略往往是尽量解决公司发展急需解决的问题。自下而上这一战略制定方法也有缺点,由于每个业务部门的战略都是根据其自身的特殊环境制定,各业务部门基于自己局部利益的考虑,其战略目标往往是为了自己部门现有的业务活动和地位得到巩固与加强,往往出现与企业总体利益尤其是其他部门的利益冲突的现象。而将各业务部门的战略汇总起来的公司级战略也容易变成大杂烩,对较大规模、结构复杂的企业可能难以和整个企业的环境与资源形成契合。

(3)上下结合的方法。"自上而下"和"自下而上"各有利弊,"自上而下"能够保证战略的整体性和目标的一致性,但高层管理者可能远离一线,不够了解前线的实际情况,同时由于中下层缺乏参与战略制定的权力和机会,在后面战略实施中可能会缺少积极性。"自下而上"的优缺点和"自上而下"刚好相反,"自下而上"制定战略,战略制定者熟悉情况、参与制定,这样战略会更切实际而且实施中积极主动性更强,但又不能很好保证战略的整体性和目标的一致性。

上下结合的方法一定程度上可以将两种方法结合,取长补短,这种方法,企业最高管理层和下属各部门的管理人员共同参与,通过上下各级管理人员的沟通和磋商,制定出适宜的战略。这样制定出来的战略计划既反映了企业总体目标与要求,又比较切合各业务部门的实际。高层管理者会特别注意业务部门的战略形式和内容,达成相对的统一,可以根据公司资源,战略目标和公司方向,使各业务部门的战略形成一个有机的战略组合。这种方法下,也许在战略制定过程中,由于协商和考虑过程较长,会耗费较多时间和精力,但是这种耗费会由于战略的批准时间和实施步骤的缩短而得到补偿。

(4)战略小组的方法。由企业的负责人与其他的高层管理人员组成一个战略制定小组,共同处理企业所面临的问题。这种方法更多的是企业聘请"外脑"——外部的咨询机构来协助制定战略。聘请外脑帮助企业制定战略有一定的优势,所谓"当局者迷,旁观者清",外脑作为局外人能更客观地对企业各个业务进行分析,而不受内部利益关系的干扰。但外脑也有其明显的不足,就是对企业的熟悉需要时间,需要一个过程,如果企业内部不积极配合,很有可能使得制定的战略脱离企业的实际。因此,聘请外脑的情况下,企业高层的积极参与和中基层的积极配合非常重要。

8.2 战略方案评价

战略制定阶段应该拟定多个可供企业进行选择的战略方案,理想的企业战略或战略组合应当能够使企业充分利用外部机会,避开不利影响因素,加强企业内部的优势,弥补自身的不足。考虑到理想战略的这些特点以及企业面临的多种战略选择,在进行战略选择的过程中,企业就必须借助于一些战略评价工具和技术,对各种可供选择的方案加以分析和评价,从中选择适应自己的战略方案。

8.2.1 两种代表性的战略评价方法

1)伊丹敬之的优秀战略评价标准

日本学者伊丹敬之认为,优秀的战略是一种适应战略。适应体现在:①它要求战略适应外部环境因素,包括技术、竞争和顾客等;②优秀战略也要适应企业的内部资源,如企业的资产、人才等;③优秀战略也要适应企业的组织结构(这不同于钱德勒"战略决定结构"的观点)。

伊丹敬之认为,企业家应该权衡7个方面的战略思想去制订优秀的战略。

(1)战略要实行差别化,要体现自己特色,要和竞争对手的战略有所不同。

(2)战略要紧紧围绕目标,集中使用资源。企业资源分配要集中,要确保战略目标的实现。

(3)制订战略要把握好时机。要积极创造时机并选择适当的时机推出企业的战略。

(4)战略要能利用波及效果。企业要利用自己的核心能力,利用已有成果,发动更大的优势,扩大影响,以便增强企业的信心。

(5)企业战略要能够激发员工的士气,要有激励作用,要鼓舞人心。

(6)战略要有不平衡性。即战略要有更高的要求,要"可望跳可及",企业不能长期的稳定,要有一定的不平衡,造成一定的紧迫感。

(7)战略要能巧妙组合。企业战略应该能把企业的各种要素巧妙地组合起来,使各要素产生协同效应。

2)鲁梅尔特战略评价标准

理查德·鲁梅尔特提出了评价战略的四条标准:一致性、协调性、优越性和可行性。协调性与优越性主要用于对公司的外部评估,一致性与可行性则主要用于内部评估。具体如下:

(1)一致性(consistency)。战略必须提出相互一致的目标与策略,一个战略方案中不应出现不一致的目标和政策。为判断是否是由战略间的不一致而引起的组织内部问题,鲁梅尔特提出了三条准则。

第一条准则:尽管更换了人员,管理问题仍持续不断;或这一问题好像是因事而发生而不是因人而发生的,那么便可能存在战略的不一致。

第二条准则:若一个组织部门的成功便意味着或被理解为另一个部门的失败,那么战略间可能存在不一致。

第三条准则:若政策问题不断地被上交到最高领导层解决,则可能存在战略上的不一致。

(2)协调性(consonance)。协调性是指在评价时既要考察单个趋势,又要考查组合趋势。在战略制定中,绝大多数变化趋势都是与其他多种趋势相互作用的,因此必须综合考察,以使企业内部因素与外部因素相匹配。同时,战略必须能够对外部环境和组织内部环境的重要变化做出适当的反应。

(3)可行性(feasibility)。对战略的最终的和主要的检验标准是其可行性,即依靠自身的物力、人力及财力资源能否实施这一战略。企业的财力资源是最容易定量考察的,通常也是确定采用何种战略的第一制约因素,而人员及组织能力是对战略选择在实际上更严格但定量性却较差的制约因素。因此,评价战略时要考察企业在以往是否已经展示了实行既定战略所需要的能力、技术及人才,战略既不能造成可用资源的紧张,也不允许带来难以解决的新问题。

(4)优势性(advantage)。经营战略必须能够使企业在特定的业务领域创造和保持竞争优势。竞争优势通常来自三个方面:资源、技能和位置。资源和技能对企业竞争优势的贡献毋庸置疑,而位置对竞争优势的贡献在于,良好位置使企业从某种经营策略中获得优势,而不处于该位置的企业则不能类似地受益于同样的策略。因此,在评价某种战略时,企业应当考察与之相联系的位置优势特性。

8.2.2 战略评价的准则

(1) 适宜性。

这条准则要求企业战略应与其内外环境相适应。在评估战略适应性时一般主要考虑以下几点：①该战略对在战略分析中发现的问题，比如企业在资源与能力方面的劣势以及对来自外部环境的威胁解决到了什么程度，该战略是否增强了企业的竞争力，是否提高了企业对抗同业竞争者、客户、供应商、替代品以及潜在竞争者等市场主体的能力。②该战略是否充分发挥了企业的优势和抓住了外部环境提供的机会。例如，研发能力很强的企业是否充分利用了其研究开发能力，提升了技术水平。③该战略与企业的愿景与使命是否一致。比如该战略的实施虽然提高了企业的财务绩效，但却破坏了企业长期形象，则该战略也不是适宜的战略。

(2) 可行性。

这个准则要求企业战略必须是国家政策、法律法规允许的，遵守社会道德规范，并且符合企业的长远发展目标。同时，战略实施受资源条件约束，一个好的战略应该具备实施的条件和可行性。在评估可行性时，要看是否具备或准备好实施战略所需的资源（人、财、物）和能力（管理能力、营销能力、研发能力、生产能力等）。战略目标的可行性表现在战略目标应该"可望跳可及"，企业经过艰苦努力后可跃迁到高阶目标。若战略目标"可望不可及"，则变成空中楼阁；战略目标"可望便可及"，则没有足够的吸引力和动力。

(3) 可接受性。

好的战略应关注相关利益群体的满意程度，应该使各方面利益相关者均可接受，那种部分利益主体得益而部分利益主体受损的战略不是好战略。在评估可接受性时应注意：①内外利益相关者即企业与社会各方都能接受；②上下利益相关者即企业的上层与中下层管理人员和职工都能接受；③企业内部各单位、各部门都同意，股东、债权人和经营者、员工都接受。

8.3 企业战略的选择

8.3.1 影响战略非理性选择的因素

通常说，"两利相权取其重，两害相权取其轻"，基于此，理论上讲，企业可以将每个方案能否以最少的资源投入及最低的负面效应来实现共同的目标作为战略选择的最主要依据。但在实际决策过程中，不同战略方案之间客观上总存在着一些相互无法比较的方面，从而使得战略方案的最终选定还是不可避免地受到各种难以量化的主客观因素的影响。在某种意义上，战略选择成为一个非理性的过程，这一过程主要受到过去战略、企业对外界的依赖程度、对待风险的态度、时间因素、竞争者反应等因素的影响。

(1) 过去战略。

过去战略的效果对现行的战略选择有极大的影响，在进行战略选择时，往往首先会考虑企业过去所制定的战略。因为现在的战略决策者往往也是过去战略的制定者，他们对过去战略投入了大量的时间、资源和精力，如果过去战略是成功的，管理者会自然地倾向于选择与过去战略相似的战略或对其加以改进，这其实也是思维惯性、行为惯性使然；如果过去战略是失败的，"一朝被蛇咬，十年怕井绳"，管理者自然会在选择时规避原有的战略。

(2) 企业对外界的依赖程度。

进行战略选择，企业必然要面对下游客户、上游供应商、各级政府、主要竞争者及其合作者等外部环境因素，如果企业高度依赖于其中一个或多个因素，其最终选择的战略方案就不得不迁就这些因素。企业对外界的依赖程度越大，其战略选择的范围和灵活性就越小。例如，企业上游供应商提供的部件是企业投入的核心关键部件的话，则该企业在选择战略时，一般会受到该上游供应商的限制或支持。就如我国IT行业"缺芯少魂"，而使中兴和华为的战略选择均受制于此。

(3) 对待风险的态度。

决策者对待风险的态度影响着战略选择。某些企业管理者极不愿承担风险，而另一些管理者却乐于承担风险。"风险偏好者"乐于承担风险，并认为风险对于成功必不可少，因此企业通常采用进攻性战略，接受或寄希望于高风险的项目。"风险中性者"会认为风险是实际存在的，并愿承担某些风险，此时，决策者会试图在高风险战略和低风险战略之间寻求某种程度的平衡，以分散一定的风险。"风险厌恶者"则认为冒较高的风险将会毁灭整个企业，需要减低或回避风险，因此他们可能采取防御性的或稳定发展的战略，拒绝高风险的项目，并乐于在稳定的产业环境中经营。

(4) 时间因素。

时间因素对战略选择的影响体现在：①决策需要时间进行分析研究，外部的时间制约对决策者的战略决策影响很大。如果时间紧迫，决策者就来不及进行充分的分析论证，往往不得已而选择防御性的战略。②做出战略决策必须掌握时机。实践表明，好的战略若出台时机不当，同样难以收到好的效果。③战略选择所需的超前时间同战略涉及时间跨度是相关联的。如，企业着眼于十年甚至长远的前景，战略选择的超前时间就要比做五年或者三年战略规划的超前时间长。

(5) 竞争者反应。

企业在做战略选择时必须分析和预计竞争对手对本企业不同战略方案的反应，必须对竞争对手的反击能力做出恰当的估计。例如，企业采用增长型战略的话，主要竞争者会做出什么反击行为，从而对本企业打算采用的战略有什么影响。又如，企业打算采用成本领先战略，那么主要竞争者是成本领先、还是差异化或者怎么反应，企业要做出预判。

8.3.2 战略制定与选择的主要分析技术

1) 外部因素评价矩阵

外部因素评价矩阵（EFE矩阵）（见表8-3），是一种对外部环境进行分析的工具，其做法是从机会和威胁两个方面找出影响企业未来发展的关键因素，根据各个因素影响程度的大小确定权数，再按企业对各关键因素的有效反应程度对各关键因素进行评分，最后算出企业的总加权分数。EFE矩阵可以帮助战略制定者归纳和评价经济、社会、文化、人口、环境、政治、政府、法律、技术以及竞争等方面的信息。

表 8-3　EFE 矩阵表

关键外部因素		权重	评分	加权得分
机会	1.			
	2.			
	……			
威胁	1.			
	2.			
	……			
合计		1.0	—	

注：评分值表示企业对各因素反应的程度；1=反应很差；2=反应为平均水平；3=超过平均水平；4=反应很好

外部因素评价矩阵的实施步骤：

①列出企业的主要机会和威胁，因素总数在 10~20 个；
②以产业（行业）为基准给每个因素确定一个权重；
③以企业为基准，按企业现行战略对每个因素反应的有效性打分；
④每一因素的权重与分数的乘积为加权分数；
⑤各因素加权分数的总和为一个企业的总加权分数。

企业所能得到的总加权分数最高为 4.0，最低为 1.0，平均总加权分数为 2.5。若总加权分数为 4.0，反映出企业对现有机会与威胁做出了最优秀的反应。或者说，企业的战略有效地利用了现有机会并把外部威胁的潜在不利影响降到了最低限度。总加权分数为 1.0，则说明公司战略不能利用外部机会或回避外部威胁。

表 8-4 提供了一个某移动增值服务公司的 EFE 矩阵例子，该企业总加权得分为 2.35，低于平均值 2.5，说明该企业在利用机会抵消外部威胁不良影响方面做得不是很好。

表 8-4　EFE 矩阵示例

关键外部因素		权重	评分	加权得分
机会	1. 移动增值服务市场增长迅速	0.10	3	0.30
	2. 年轻人的消费能力不断增加	0.05	4	0.20
	3. 人们花在交通、参加会议等方面的时间增加	0.10	2	0.20
	4. 4G 网络为移动增值服务提供更多市场开拓空间	0.05	1	0.05
	5. 内容提供商大量涌入	0.05	2	0.10
	6. 海外上市提供了更多资金支持	0.10	4	0.40
威胁	1. 移动运营商的产业链延伸	0.20	2	0.40
	2. 内容提供商的产业链延伸	0.05	3	0.15
	3. 社会舆论对资费陷阱和不良信息的反感	0.15	2	0.30
	4. 技术发展导致技术门槛降低	0.10	1	0.10
	5. 海外上市导致管理成本上升	0.05	3	0.15
合计		1.0	—	2.35

（资料来源：黄旭. 战略管理：思维与要径[M]. 北京：机械工业出版社，2020.）

2）竞争态势矩阵

竞争态势矩阵（CPM 矩阵），用于企业在多个竞争者中确认主要竞争对手及其相对于本企业的战略地位，以及主要竞争对手的特定优势与弱点。

采用 CPM 矩阵法的步骤（见图 8-2）：

(1) 找出影响企业未来发展的来自企业内外部的关键成功因素，如市场份额、市场规模、设备能力、研发水平、财务状况、管理水平、成本优势等。

(2) 根据各因素对在该行业中成功经营的相对重要程度和影响程度，赋予每个因素权重，权重和为1。

(3) 对筛选出的关键竞争对手，按各关键因素对企业的重要和影响程度对各关键因素进行评分，从而分析各自的优势所在和优势大小。可以采用如下评分规则：较大优势赋值4，较小优势赋值3，较小劣势赋值2，较大劣势赋值1。

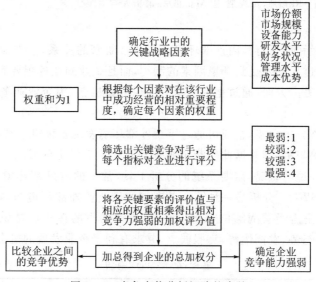

图 8-2 竞争态势分析矩阵的步骤

(4) 将各评分值与相应的权重相乘，得出各竞争者各因素的加权评分值。

(5) 加总得到企业的总加权分，从而比较企业之间的竞争优势以及在总体上判断企业的竞争力大小。

如表 8-5 所示，某行业中企业1、企业2、企业3，考虑行业关键成功因素：广告、产品质量、价格竞争力、管理、财务状况、客户忠诚度、全球扩张、市场份额等。综合评价三者，由企业1得分 3.15，企业2得分 2.5，企业3得分 2.7 可得出结论：企业1在三者中更具有竞争力。

表 8-5 CPM 矩阵示例

关键成功因素	权重	企业1		企业2		企业3	
		评分	权重得分	评分	权重得分	评分	权重得分
广告	0.2	1	0.2○	4	0.8▲	3	0.6
产品质量	0.1	4	0.4▲	3	0.3	2	0.2○
价格竞争力	0.1	3	0.3	2	0.2○	4	0.4▲

续表 8-5

关键成功因素	权重	企业 1		企业 2		企业 3	
		评分	权重得分	评分	权重得分	评分	权重得分
管理	0.1	4	0.4▲	2	0.2○	3	0.3
财务状况	0.15	4	0.6▲	2	0.3○	3	0.45
客户忠诚度	0.1	4	0.4▲	3	0.3	2	0.2○
全球扩张	0.2	4	0.8▲	1	0.2○	2	0.4
市场份额	0.05	1	0.05○	4	0.2▲	3	0.15
合计	1		3.15		2.5		2.7

▲ 单项最高分　　○ 单项最低分

（资料来源：弗雷德·R.戴维.战略管理[M].北京：清华大学出版社.）

3）SWOT 分析

企业的业务发展和选择与其内外部环境存在非常紧密的关系，一方面，任何企业明确"做什么"与"如何做"的过程都要受到环境因素的制约，而且企业的业务想要有所发展就必须能够适应其所处的环境；另一方面，通过把握环境中出现的新机会，为企业业务拓展与战略重心转移打开新局面。

根据一般的战略分析框架，企业可通过审视外部环境发现各种机会与威胁，通过剖析内部环境发现内部的优势与劣势，并据此判断企业是否处于相对稳定的发展过程中。要深入全面地把握企业内外部环境的状况，需要系统的分析工具，常用的内外部环境分析工具有 SWOT 分析（见表 8-6）。SWOT 分析是一种综合考虑与评价企业外部环境与内部实力的各种关键战略要素，从而选择适合经营战略的分析工具，该方法的目的在于通过识别企业的强项与弱项，掌握企业的竞争态势，发挥优势，克服弱点，寻求有利于企业发展的机会。

表 8-6　SWOT 分析

	优势—S 1. 2. 3. ⎱ 列出优势 4. ……	弱点—W 1. 2. 3. ⎱ 列出弱点 4. ……
机会—O 1. 2. 3. ⎱ 列出机会 4. ……	SO 战略 1. 2. 3. ⎱ 发挥优势，利用机会 4. ……	WO 战略 1. 2. 3. ⎱ 利用机会，克服弱点 4. ……

续表 8-6

威胁—T	ST 战略	WT 战略
1. 2. 3. 〕列出威胁 4. ……	1. 2. 3. 〕利用优势，回避威胁 4. ……	1. 2. 3. 〕减少弱点，回避威胁 4. ……

内部环境分析涉及企业具有的优势（strengths，S）和不足（weaknesses，W），企业的内部优势与弱点是相对于竞争者而言的，主要表现在企业的资金、技术、专用设备、员工素质、品牌、商誉、管理技能等方面；外部环境分析涉及企业面临的机会（opportunities，O）与威胁（threats，T），企业外部的机会与威胁泛指外部环境中对企业有利与不利的因素。

①优势（S），是指企业内部具有的、在竞争中拥有明显优势的（或者说做得特别好的）方面，如产品质量优势、品牌优势、市场网络优势等。

②不足（W），是指企业内部存在的、在竞争中处于劣势的（或者说做得特别不好的）方面，如关键设备老化、技术开发工作落后、缺乏必要的资金、产品线范围过窄等。

③机会（O），是指企业外部环境中存在的好机遇，如市场增长迅速、新技术的运用、政府的有力支持、顾客的忠诚度高、与关键供应商的关系密切等。

④威胁（T），是指外部环境中存在的对企业发展不利的因素与带来的挑战，如市场萎缩、强有力的竞争者进入、顾客偏好改变、政府出台不利的政策、媒介的负面宣传等。概括地说，内部优势与弱点分析侧重于对企业自身实力与主要竞争者的比较，而机会与威胁分析则侧重于外部环境的变迁及其对企业现有与潜在影响。此外，内部优势与弱点和外部机会与威胁是密切相关的，外部环境的某种变化对于具有某种特殊竞争力的企业可能是一种好机会，而对于另一些企业则可能是致命的威胁。

SWOT 分析，是一种广泛使用的战略制定和分析方法，是重要的战略匹配工具，可帮助战略管理者制定四类战略——SO 战略、WO 战略、ST 战略和 WT 战略。SO 战略，是增长型战略，是一种发挥企业内部优势而利用企业外部机会的战略。这种战略处在对企业最为有利的战略环境中，即可以利用自己的内部优势去抓住外部环境变化中所提供的机会。WO 战略是一种由稳定型向增长型转变的战略，其目标是利用企业外部机会来弥补其内部弱点。适用于这一战略的基本情况是：存在一些外部机会，但企业有一些内部弱点妨碍着它利用这些外部机会。ST 战略是利用企业的优势回避或减轻其外部威胁的影响，更多是采用多元化战略。WT 战略是一种旨在减少企业内部弱点，同时回避外部环境威胁的防御性战略。如果，企业"四面楚歌"，处在一个面对大量外部威胁和具有众多内部弱点的不安全和不确定的境地，实际上，这样的企业正面临着收缩、被并购、宣告破产或结业清算的状况，此时对企业更为重要的是求得生存，多采用紧缩型战略，如表 8-7 国内某汽车生产企业的 SWOT 分析所示。

表 8－7　国内某汽车生产企业的 SWOT 分析

	优势－S	弱点－W
	1.大部分员工受过高等教育，有较高的专业素质 2.工艺先进、技术含量高 3.有科学的产品质量保证体系，产品质量业内领先 4.产品在目标市场上有一定竞争力 5.企业将得到 X 公司全方位的支持	1.资金需求大，长期债务负担沉重 2.市场占有率低，品牌价值不高 3.一些零部件成本较高 4.营销和服务体系尚不完善
机会－O	SO 战略	WO 战略
1.政府支持消费的政策、中国经济持续稳定发展和居民购买力提高将使轿车市场继续保持快速增长的态势 2.国家即将制定和出台一系列涉及环境保护等方面的政策法规，有利于公司技术能力的发挥 3.国内代用燃料汽车技术研发取得进展 4.大多数经销商最关心产品质量	1.与国内科研机构或高校合作研发环保轿车(S1、O2、O3) 2.营销战略中强化对企业技术水平和产品质量的宣传，以过硬的质量塑造品牌形象(S2、S3、O4)	1.争取早日在境内或境外上市，增加资金来源(W1、O1) 2.加强市场营销和广告投入，突出企业在质量、技术方面的优势，树立优质优价的产品形象(W2、W3、O2、O4)
威胁－T	ST 战略	WT 战略
1.我国对新动力汽车技术的研发和应用都相对落后 2."入世"后世界著名汽车公司大举进入国内汽车市场，竞争更加激烈 3.同业竞争对手正在融入跨国公司全球战略，竞争力正在得到加强 4.国内银行在汽车消费信贷方面还未起步 5.未来较长时期内，国内轿车供过于求	1.争取 X 公司的支持，在华设立研发中心，开发第二代、第三代产品和环保轿车(S1、S5、T1、T2、T3) 2.大力培育以质量和技术为中心的核心竞争力(S2、S3、S4、T2、T3) 3.争取 X 公司的支持，尝试设立公司融资中心，进行公司对客户的消费贷款业务(S4、S5、T4)	1.改善营销和服务体系，强化与经销商的利益共享关系，也可考虑与实力雄厚的大经销商建立战略联盟(W4、T2、T3、T5) 2.帮助零部件配套企业降低成本、改善管理，用零部件标准化、采供市场化、业务长期化来降低零部件成本(W3、T2、T3、T5)

(资料来源：龚荒.战略管理——理论、方法与案例[M].北京：人民邮电出版社,2016.)

　　SWOT 分析的重点在于通过组合企业内外部关键战略要素，以阐明企业可做（机会）、能做（实力）、想做（偏好）的到底是什么，试图从中找到最终的战略出路。显然，通过内外匹配的 SWOT 分析工具寻找战略定位的做法存在着一定的局限性，因为它更多地体现了一种静态的组合观念。SWOT 工具过多地关注了哪些是企业可做、能做、想做、该做的；哪些是企业不可、不能、不想、不该做的；哪些是企业能选并且是可以相机抉择的；哪些又是不能选或者别无选择的，因此，比较容易忽视这些分析的动态情景依赖性。

　　4）战略地位与行动评价矩阵

　　战略地位与行动评价矩阵（SPACE 矩阵）是一种重要的战略因素匹配方法，用来对企业的总体战略态势进行评估分析。SPACE矩阵从企业内外部环境中分别选取了两方面的关键因素(共四个因素)构成横轴和纵轴的两极,内部环境的关键因素是财务态势(financial position, FP)和竞争态势(competitive position,CP),外部环境的关键因素是环境稳定性态势(stability position,SP)和产业态势(industry position,IP),该矩阵借助平面直角坐标系,如图8-3所示。四个象限是在对这四个关键内外部因素进行匹配的基础上所确定的进取、保守、防御和竞争四种战略态势。

在进取象限,企业正处于一种绝佳的地位,产业吸引力强,环境不确定因素小,有一定竞争优势,且财务实力较雄厚。企业可以利用自己的内部优势和外部机会选择战略如后向一体化、前向一体化、横向一体化、市场渗透、市场开发、产品开发、多元化经营等。

在保守象限,企业处于稳定而缓慢发展的市场,竞争优势不足,但财务实力较强。企业应该坚守基本竞争优势而不要过分冒险,可选择战略包括市场渗透、市场开发、产品开发和相关多元化经营等。

在防御象限,企业处于日趋衰退且稳定的环境,本身又缺乏竞争性产品,且财务能力不强,应该集中精力克服内部弱点并回避外部威胁,可选择战略包括收缩、剥离、清算等。

在竞争象限,产业吸引力强,但环境处于相对不稳定状态,企业占有竞争优势但缺乏财务实力,应该采取竞争性战略,可选择战略包括后向一体化、前向一体化、市场渗透、市场开发、产品开发等。

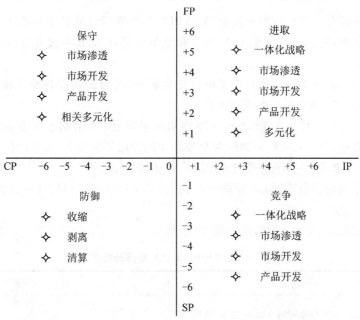

图8-3 SPACE矩阵结构

(资料来源:弗雷德·R.戴维.战略管理(第13版)[M].北京:中国人民大学出版社,2013.)

建立SPACE矩阵的步骤:
(1)选择变量。根据企业类型和实际情况,并依据尽可能多的事实信息,选择构成财务优势(financial strength,FS)、竞争优势(competitive advantage,CA)、环境稳定性(environmental stability,ES)和产业优势(industry strength,IS)的变量组合,如表8-8所示。

表 8-8 FS、CA、ES、IS 常用要素指标

内部战略环境	外部战略环境
财务优势(FS)	环境稳定性(ES)
投资收益 杠杆比率 偿债能力 流动资金 现金流动 业务风险	技术变化 通货膨胀率 需求变化率 市场进入壁垒 竞争压力 价格需求弹性
竞争优势(CA)	产业优势(IS)
市场份额 产品质量 产品生命周期 用户忠诚度 竞争能力利用率 对供应商和经销商的控制	增长潜力 盈利潜力 专有技术知识 资源利用 资本密集性 生产效率和生产能力利用率

(资料来源:弗雷德·R.戴维.战略管理(第13版)[M].北京:中国人民大学出版社,2013.)

(2)对各变量评分。对构成财务优势(FS)和产业优势(IS)的各变量给予从+1(最差)到+6(最好)的评分值,对构成环境稳定性(ES)和竞争优势(CA)的各变量给予从-1(最好)到-6(最差)的评分值。

(3)维度评分。将各坐标轴所有变量的评分值相加,再分别除以各坐标轴变量总数,从而得出 CA、FS、ES 和 IS 各自的平均分数。

(4)标出维度分值。将 CA、FS、ES 和 IS 各自的平均分数标在各自的坐标轴上。

(5)标注战略地位坐标。将 X 轴的两个分数相加的结果标在 X 轴上;将 Y 轴的两个分数相加的结果标在 Y 轴上,在坐标平面上标出(X,Y)代表的点。

(6)确定战略类型。自 SPACE 矩阵原点到点(X,Y)画一条向量,这一条向量就表示企业可以采取的战略类型。

某银行的 SPACE 矩阵分析实例如表 8-9 所示。

表 8-9 某银行的 SPACE 矩阵分析实例

财务优势 FS	分数
资本充足率为 7.13%,比行业标准 6%高出 1.13%	1.0
资产报酬率为-0.77%,行业平均为 0.70%	1.0
净收入为 1.83 亿美元,比去年下降 9%	3.0
营业额达到 34 亿美元,比去年增加 7%	4.0
	9

续表 8-9

产业优势 IS	分数
行业管制放松,在开分行和产品开发方面更加自由	4.0
管制放松也带来更多的竞争	2.0
当地政府允许该行收购其他地区的银行	4.0
	10
环境稳定性 ES	分数
一些分行所在国家通货膨胀并面临不稳定的政治局面	−4.0
在贷款上过于依赖纺织、食品行业,这些行业在衰退	−5.0
银行管制的放松导致一些不稳定的因素	−4.0
	−13
竞争优势 CA	分数
营业网点分布广泛	−2.0
其他跨地区银行和非银行金融机构竞争力在增强	−5.0
拥有庞大的用户基础	−2.0
	−9
计算	做出 SPACE 矩阵
FS 平均值:+9÷4=+2.25 IS 平均值:+10÷3=+3.33 ES 平均值:−13÷3=−4.33 CA 平均值:+9÷3=−3.00 X 轴坐标:−3.00+(+3.33)=+0.33 Y 轴坐标:−4.33+(+2.25)=−2.08	
最终结论	该银行应采用竞争性战略

(资料来源:弗雷德·R.戴维.战略管理(第8版)[M].北京:经济科学出版社,2001.)

在 SPACE 矩阵中,两类 4 种关键因素的确定是一个定性的过程,可以采取综合判断法或德尔菲法,确定各因素的分值可采取问卷调查,然后进行统计处理,这样得出的结果才更真实。

5) 定量战略计划矩阵

定量战略计划矩阵(QSPM 矩阵),这种分析技术是在战略制定阶段的工作基础上,对备选战略方案进行重新分析,评价各备选方案对企业内外部环境的适应能力及其战略价值。QSPM 矩阵是对备选方案的战略行动的相对吸引力作出评价,从定量的角度来评判其战略备选方案的优劣程度。

QSPM 矩阵的基本格式如表 8-10 所示。其中,最左边一列分别按照机会、威胁、优势与劣势填入信息输入阶段所确定的关键内外部因素;第二列"权重"列中可以是各关键因素在 EFE 矩阵和 IFE 矩阵中所得到的权重;第三列顶部一行依次是信息匹配阶段形成的备选战略方案。需要说明的是,战略制定者可以对进入 QSPM 矩阵的备选战略进行有意识的筛选,不一定评价战略匹配阶段所提出的所有战略。

表 8-10 QSPM 矩阵结构

关键因素	权重	备选战略					
		战略 A		战略 B		……	
		AS	TAS	AS	TAS	AS	TAS
机会							
1.							
2.							
3.							
……							
威胁							
1.							
2.							
3.							
……							
优势							
1.							
2.							
3.							
……							
劣势							
1.							
2.							
3.							
……							
合计							

建立 QSPM 矩阵的步骤(可参见表 8-11 某汽车公司 QSPM 矩阵表):

(1)列出关键因素。QSPM 矩阵中应分别至少包括 10 个关键外部因素和内部关键因素。这些关键外部机会与威胁、内部优势与劣势信息可直接从 EFE 矩阵和 IFE 矩阵中得到。

(2)关键因素赋权。将关键因素在 EFE 矩阵和 IFE 矩阵中得到的权重填入权重列。

(3)填入备选战略。将战略制定阶段提出的备选战略标在 QSPM 矩阵的顶部横行中,如备选战略分为互不相容的若干组(例如一组方案为多元化实施方案,一组为某事业部的竞争战略方案),从而分组进行评价。

(4)确定吸引力分数(attractiveness scores,AS)。对每个备选战略的相对吸引力进行量化,吸引力分数的确定方法为:依次考察各项关键因素,并对其提出问题。例如,"这一因素是否影响战略的选择?"如果回答为"是",便应就这一因素对各战略进行比较,即考虑在这一特定因素的影响下,各战略相对于其他战略的吸引力如何,并按照"1=没有吸引力;2=有一些吸引力;3=有相当吸引力;4=很有吸引力"的规则进行评分。如果回答为"否",则说明该关键因素对特定的战略决策没有影响,那么就不给该组战略以吸引力分数,用"/"表示该关键因素并不影响所进行的选择。

要注意的是,如果就某关键因素对某一战略进行 AS 评分,那么其他战略也要进行 AS 评分;如果给某战略以"/",那么同一行的其他各项也将为"/"。同时,同一行中不应出现完全相同的吸引力评分,各方案的吸引力应有差别。

(5)计算吸引力总分(total attractiveness scores,TAS)。将各行的权重分别乘以吸引力分数求和就得到了吸引力总分。吸引力总分综合反映了不同重要性的关键因素对各备选战略的相对影响力和战略吸引力。

(6)计算吸引力总分和。分别将 QSPM 矩阵中各备选战略的吸引力总分列(TAS 列)相加得出吸引力总分和,这个数值综合考虑和体现了所有影响战略决策的内外部关键因素。备选战略中各战略吸引力总分和的不同表明了该战略相对于其他战略可取性的高低,总分和越高说明战略越具有吸引力,越可取。

表 8-11 某汽车公司 QSPM 矩阵表

关键因素	权重	备选战略			
		国内合作研发战略		外资支持研发战略	
		AS	TAS	AS	TAS
机会					
1.轿车市场继续快速增长	0.10	4	0.40	3	0.30
2.环保政策利于公司技术能力发挥	0.15	3	0.45	4	0.60
3.国内代用燃料汽车技术研发取得进展	0.10	4	0.40	2	0.20
4.大多数经销商最关心产品质量	0.10	2	0.20	1	0.10
威胁					
1.我国新动力汽车研发和应用都相对落后	0.10	1	0.10	4	0.40
2.入世后竞争将更加激烈	0.10	3	0.30	4	0.40
3.同业竞争对手竞争力正在得到加强	0.15	3	0.45	4	0.60
4.国内汽车在汽车消费信贷方面还未起步	0.05	/	/	/	/
5.未来较长时期内国内轿车可能供过于求	0.15	3	0.45	2	0.30
优势					
1.员工有较高的专业素质	0.10	3	0.30	4	0.40
2.工艺先进技术含量高	0.15	3	0.45	1	0.15
3.产品质量业内领先	0.20	3	0.60	2	0.40
4.产品在其细分市场有一定竞争力	0.05	/	/	/	/
5.企业将得到 X 公司全方位的支持	0.10	1	0.10	4	0.40

续表 8−11

关键因素	权重	备选战略			
		国内合作研发战略		外资支持研发战略	
		AS	TAS	AS	TAS
劣势					
1. 长期债务负担沉重	0.20	2	0.40	4	0.80
2. 市场占有率低，品牌价值不高	0.05	3	0.15	4	0.20
3. 一些零部件成本较高	0.05	/	/	/	/
4. 营销和服务体系尚不完善	0.10	2	0.20	1	0.10
合计	2.0		4.95		5.35

(资料来源：贾旭东. 现代企业战略管理——思想、方法与实务[M]. 北京：清华大学出版社，2018.)

关键词

竞争态势分析矩阵(competitive profile matrix, CPM 矩阵)

战略地位与行动评价矩阵(strategic position and action evaluation matrix, SPACE 矩阵)

内部-外部矩阵(internal-external matrix, IE 矩阵)

定量战略计划矩阵(quantitative strategic planning matrix, QSPM 矩阵)

课后测试

1. 广义的战略制定包括(　　)。
   A. 信息输入阶段　　　　　　　　B. 信息匹配阶段
   C. 决策阶段　　　　　　　　　　D. 以上都包括

2. "企业最高管理层对下属部门不做具体硬性的规定，而要求各部门积极提交战略方案，最后在公司层面将各业务部门制定的战略汇总起来，形成企业总体战略"，这种战略制定方法是(　　)。
   A. 自上而下的方法　　　　　　　B. 自下而上的方法
   C. 上下结合的方法　　　　　　　D. 战略小组的方法

3. 理查德•鲁梅尔特提出了评价战略的四条标准：一致性、协调性、优越性和可行性。"经营战略必须能够使企业在特定的业务领域创造和保持竞争优势"是指(　　)。
   A. 一致性　　　B. 协调性　　　C. 优越性　　　D. 可行性

4. 进行战略评价时，"可行性"的准则要求战略目标应(　　)。
   A. 可望跳可及　　B. 可望不可及　　C. 可望便可及　　D. 都可以

5. 竞争态势矩阵的英文缩写是(　　)。
   A. IE　　　　　B. CPM　　　　C. SWOT　　　　D. SPACE

6. WT 战略环境往往采用(　　)。
   A. 增长型战略　　B. 多元化战略　　C. 稳定型战略　　D. 紧缩型战略

7. SPACE矩阵是一种重要的战略因素匹配方法,用来对企业的总体战略态势进行评估分析。SPACE矩阵的四个象限是在对四个关键内外部因素进行匹配的基础上所确定的四种战略态势,在竞争象限应该采取的战略是( )。
    A. 收缩   B. 剥离   C. 清算   D. 市场渗透

8. ( )分析技术是在战略制定阶段的工作基础上,对备选战略方案进行重新分析,评价各备选方案对企业内外部环境的适应能力及其战略价值,是对备选方案的战略行动的相对吸引力作出评价,从定量的角度来评判其战略备选方案的优劣程度。
    A. EFE   B. CPM   C. QSPM   D. SPACE

9. 日本学者伊丹敬之提出优秀战略的评价标准,下列不符合其观点的说法是( )。
    A. 优秀战略要适应外部环境因素
    B. 优秀战略要适应企业的内部资源
    C. 优秀战略要适应企业的组织结构
    D. 优秀战略要决定了企业的组织结构

10. "战略应当是企业主动对外部环境做出的反应,不能一味地被动应付,要按照企业愿景、使命以及战略目标,制定积极主动的战略方案",这说的是战略制定应遵循的哪个原则?( )
    A. 目标明确   B. 主动出击   C. 灵活机动   D. 集中配置资源

复习与思考

1. 什么是企业战略制定? 企业战略制定应遵循哪些原则?
2. 企业战略制定方法有哪些?
3. 简述伊丹敬之的优秀战略评价标准和鲁梅尔特战略评价标准。
4. 战略评价的准则有哪些?
5. 影响战略非理性选择的因素。
6. 什么是CPM矩阵? 简述采用CPM矩阵法的步骤。
7. 什么是SPACE矩阵? 简述采用SPACE矩阵法的步骤。
8. 什么是QSPM矩阵? 简述采用QSPM矩阵法的步骤。

知识拓展

[1] 仇国芳,崔亚枫,张小歧. 基于SWOT分析的企业战略制定方法[J]. 科技管理研究,2015, 35(18):193-196.

[2] 理查德·鲁梅尔特. 好战略,坏战略[M]. 北京:中信出版社,2012.

[3] 白华,徐英,刘云博. 基于EFE和IFE矩阵的陕西省统筹科技资源改革发展战略研究[J]. 科技进步与对策,2015,32(16):33-37.

[4] 刘宇,方曙,陆颖,等. 基于SWOT-QSPM模型的科技成果转化竞争战略研究[J]. 科技管理研究,2019,39(18):224-230.

第 9 章　战略实施与控制

管理名言

战略控制应该关注两个问题:①战略是否正在按照计划实施;②战略结果是否如期实现。
——霍弗和申德尔

战略制定者的绝大多数时间不应该花费在制定战略上,而应该花费在实施既定战略上。
——亨利·明茨伯格

学习目标

1. 了解战略制定与战略实施的区别与联系。
2. 了解战略实施的过程与基本原则。
3. 了解战略实施的五种模式以及 7S 模型。
4. 了解方针管理的概念与步骤。
5. 了解战略失效、战略控制的概念。
6. 了解平衡积分卡和战略地图;了解三阶段控制模型和四维度战略控制模型。
7. 理解和掌握战略变革的内容。

引入案例

从战略到执行:华为战略管理体系框架 DSTE

华为的发展历程在外界看来是奇迹,因为它似乎在每一个重大的历史关口,都在做着很正确的选择。在 20 世纪 90 年代的时候,中国从模拟通信走向数字通信的当口,它做了 CC08 交换机;在中国从固定转移动的时候,它做了软交换;中国从 2G 转 3G 的时候,它的宽带战略横扫全球;当通信行业从由运营商说了算,到慢慢地向由用户说了算的时候,它又做手机;当互联网和通信逐步融合向 ICT 转型的时候,它又跨过了解决方案转型,又向云计算、大数据、物联网做出自己的努力,并且每年都能保证 35% 以上的增长。

华为是怎么样做到这一点的呢? 这就是从战略到执行的 DSTE(develop strategy to execution)框架。这个框架看起来蛮复杂的,它总共有四个比较大的环节。分别是战略制定、战略展开、战略执行和监控、战略评估,是一个不断动态循环迭代的过程(见图 9-1)。

这里面每个环节都有很多工作:
第一个环节称之为战略制定,也称之为 SP;
第二个环节称之为 BP,战略解码,为了输出年度业务规划;
第三个环节称之为经营,在执行和监控是通过经营管理来管理的;
第四个环节,称之为绩效管理。

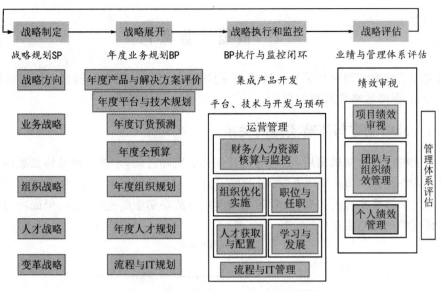

图 9-1 华为战略管理的 DSTE 流程框架

华为公司开始重视战略,实际上是从 2002 年才开始的。因为那个时候华为在小灵通的机会点上没有抓住,差点给了竞争对手机会把华为公司击垮。也正是因为这个原因,华为当时流失了大批能力非常出色的高管。很多人觉得老板老了,战略把控能力不行,所以纷纷离开。这个时候老板意识到必须通过战略把大家都团结在公司,让他们进入这个大游戏中才行。华为在 2002 年引入了美世公司的一套 VDBD 战略模型——价值驱动的业务设计。2006 年的时候,开始正式引入了 IBM 的业务领先战略模型 BLM。经过了十多年的打磨和内化,逐步完善了这套模型,现在成为公司中高层用于战略制定和执行链接的一套方法和平台。

经过华为公司的打磨,这个模型是真真正正把战略从制定到执行给打通了的,它是可以指导落地闭环的。这个模型要从左往右看,我们会看到它也分成四个环节。从战略制定到战略解码,到战略执行,再到战略复盘,它是一个端到端动态闭环的过程(见图 9-2)。

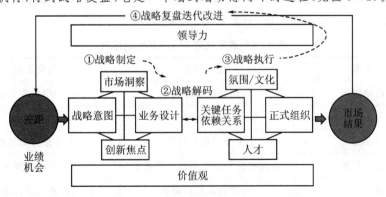

战略是不能被授权的——领导力贯彻战略制定与执行的全过程
以差距为起点和导向——集中力量解决关键业务问题
制定与执行紧密结合——重在落地结果,以结果为导向
终年持续不断优化中——复盘优化和组织学习是持续不断的过程

图 9-2 华为业务领先战略模型

9.1 战略实施概论

战略实施是战略管理过程第三阶段活动,把战略制定阶段所确定的意图性战略转化为具体的组织行动,保障战略实现预定目标。

9.1.1 战略制定与战略实施的关系

一个企业的战略方案确定后,必须通过具体化的实际行动,才能实现战略及战略目标。

如果说战略制定是"做正确的事",那么战略实施就是"正确地做事"。博拿马(T. V. Bonoma)分析了战略制定和战略实施的关系,成功的战略制定是战略实施的先决条件,但成功的战略制定并不能保证成功的战略实施(见图9-3)。

图9-3 战略诊断矩阵

战略实施与战略制定之间有着紧密和复杂的联系,但两者之间又有着根本性的区别,弗雷德·戴维描述了两种活动之间的区别(见表9-1)。

表9-1 战略制定与战略实施的区别

区别	战略制定	战略实施
行动时间	行动之前安排力量	行动中控制力量
注重重点	侧重效果	侧重效率
主要过程	主要是思维过程	主要是行动过程
需要技能	需具备良好的直觉与分析技能	需具备激励与领导才能
协调对象	对少数人进行协调	对许多人进行协调

在实际工作中,许多企业管理者认为战略实施比战略制定要困难得多,究其原因,一是战略制定只需对几个人进行协调,而战略实施则要对众多人进行协调;二是战略制定主要是一种思维过程,而战略实施主要是一种行动过程,与企业运营管理相关,涉及多种管理及人为因素,很多人认为行动过程相对于思维过程更为复杂。

> 知识链接

效果与效率

效果是指做正确的事,是指目标的正确性,是确定 what to do;效率是指正确地做事,通常指实现目标的代价,是确定 how to do。如果我们做的是不正确的事情,那么不管花多少时间去"正确地"做它,都不会有什么好的效果的。战略管理过程中,企业要追求"好的效果,高的效率"。

9.1.2 战略变化的分析

企业在实施战略时,首先要清楚地认识到自己要发生怎样的变化才能成功地实施战略。企业战略变化的情况较多,一般可分为5种类型,如何选择这5种战略变化主要是看它是否能够帮助管理人员解决问题,以更好地实施战略。

(1)原有战略。这是企业在上一个战略规划期内就已经执行过的战略。在内外部环境没有发生大的变化,而且原有战略又相对比较成功的情况下,企业保持原有做法往往是较好的选择。

(2)常规战略变化。这是企业为了吸引顾客或为自己产品确定位置,而在战略上采取的正常变化。通常这种变化是在原有战略基础上做出比较小的变动、调整,更多体现在职能战略的层面上。

(3)有限的战略变化。这往往是企业在原有的产品系列基础上向新的市场推出新的产品时所需要做出的局部变化,"有限的战略变化"往往体现在业务战略层面上。

(4)彻底的战略变化。这是企业的组织结构和战略发生重新组合的重大变化。

(5)企业转向。这是企业改变自己的经营方向。

后两种变化往往发生在公司战略层面上。

9.1.3 战略实施的过程

战略实施是一个自上而下的动态管理过程。所谓"自上而下"主要是指战略目标在公司高层达成一致后,再向中下层传达,并在各项工作中得以分解、落实。所谓"动态"主要是指战略实施的过程中,常常需要在"分析—决策—执行—反馈—再分析—再决策—再执行"的不断循环中达成战略目标。战略实施的过程可被划分为战略发动、战略计划和战略运作三个阶段。

(1)战略发动阶段。这是战略动员、思想动员阶段,在这一阶段,企业的领导人要研究如何才能调动起大多数员工实施新战略的积极性和主动性,从而将企业战略思想与方案变为企业大多数员工的实际行动。这就要求对企业管理人员和员工进行培训,消除一些不利于战略实施的旧观念和旧思想,向他们灌输新的思想、新的观念,提出新的口号和新的概念,以使大多数人逐步接受一种新的战略。

(2)战略计划阶段。这一阶段要进行目标分解、资源配置,要将企业战略分解为几个战略实施阶段,每个战略实施阶段都有分阶段的目标,相应的有每个阶段的政策措施、部门策略以及相应的方针等。要制定分阶段目标的时间表,要对各分阶段目标进行统筹规划、全面安排,并注意各个阶段之间的衔接。资源配置是指在企业的目标体系建立之后,将现有的有限资源在特定时间内分配到关键的领域,以有效实现企业的战略目标。

（3）战略运作阶段。这一阶段的主要工作是根据既定战略计划执行战略。包括根据战略执行效果考核与奖励部门、员工，对战略执行过程进行领导，建设与战略相匹配的企业文化以及建立信息支持系统等。

战略是在变化的环境中实践的，战略实施过程中还有事前、事中和事后的控制问题，尤其是事中的战略控制是和战略实施交织在一起的，企业只有加强对战略执行过程的控制，才能适应环境的变化，完成战略任务。这一阶段主要是建立标准、业绩评估、偏差原因分析、纠正偏差等几个方面内容。战略控制是整个战略管理的第四个阶段，将在下文重点介绍。

9.1.4 战略实施的基本原则

1）适度的合理性原则

适度的意思就是把握分寸。适度性原则是指事物保持其质和量的限度，是质和量相统一的原则，任何事物都是质和量的统一体，只有真正认识事物的量才能准确认识事物的质，才能在实践中掌握适度的原则。战略实施过程中，组织追求的目标、实施效果等追求适度合理、追求满意即可，不要刻意追求完美。只要是主要的战略目标基本达到了战略预定的目标，就应当认为这一战略的制订及实施是成功的。在客观生活中不可能完全按照原先制订的战略计划行事，因此战略的实施过程不是一个简单机械的执行过程，而是需要执行人员大胆创造，大量革新，在战略实施中，战略的某些内容或特征有可能改变，但只要不妨碍总体目标及战略的实现，就是合理的。

2）统一领导、统一指挥的原则

统一领导是指一个下级只能有一个直接上级，而统一指挥讲的是一个下级只能接受一个上级的指令。统一领导原则讲的是组织机构设置的问题，即在设置组织机构的时候，一个下级不能有两个直接上级。而统一指挥原则讲的是组织机构设置以后运转的问题，即当组织机构建立起来以后，在运转的过程中，一个下级不能同时接受两个上级的指令。这是组织结构设置时必须遵循的基本原则，也同样适用于战略实施，在战略实施中必须坚持统一领导、统一指挥。

3）权变原则

权变原则是指在战略实施过程中要根据组织所处的内外条件随机应变，没有什么一成不变、普遍适用的"最好的"，只有从实际出发的"适合的"。战略实施是在战略分析的"未来"进行的，在战略分析阶段，组织要分析预测内外环境的变化趋势，在 VUCA 时代，能否准确把握未来事物的发展变化规律，战略实施能否建立在科学准确的预测基础之上是个问题，因此在战略实施时要根据内外环境的变化随机应变，而不能太过教条。

9.1.5 战略实施的模式

在实践中，如何实施战略，不同的企业会基于领导者的风格、被领导者的特征、企业文化、企业传统习惯等因素有不同的选择，基本上可以归纳为指挥型、变革型、合作型、文化型和增长型五种模式。

1）指挥型

在实践中，指挥型模式是计划人员要向企业最高管理层提交企业经营战略报告，最高层管理者看后给出结论、确定战略，之后，向高层管理人员宣布企业战略，然后强制下层管理人员执行。这种模式要求董事长、CEO 去考虑如何制定一个最佳的战略。

运用指挥型模式要具备以下约束条件：

(1) 最高层管理者要有较高的权威，靠其权威通过发布各种指令来推动战略实施。

(2) 该模式只能在战略比较容易实施的条件下运用。这就要求战略制定者与战略执行者的目标比较一致，战略对企业现行运作系统不会构成威胁；企业组织结构一般都是高度集权制的体制，多种经营程度较低，企业处于强有力的竞争地位，资源较为宽松。

(3) 该模式对信息条件要求较高，要求企业环境稳定，能够准确、有效地收集信息并能及时汇总到总经理的手中。它不适应高速变化的环境。

(4) 该模式要有较为客观的规划人员。在权力分散的企业中，各事业部常常因为强调自身的利益而影响了企业总体战略的合理性。因此，企业需要配备一定数量有全局眼光的规划人员来协调各事业部的计划，使其更加符合企业的总体要求。

这种模式的缺点是高层管理者制订战略，强制下层管理者执行战略，把战略制定者与执行者分开了。因此，下层管理者比较被动，缺少了执行战略的动力和创造精神，甚至会拒绝执行战略。

2）变革型

变革型模式要求最高层管理者（如董事长、CEO）在战略实施中对企业进行一系列的变革（如建立新的组织机构、新的信息系统、人事改革，甚至是并购而改变经营范围），采用激励手段和控制系统以促进战略的实施。这种模式的特点是企业最高层考虑如何实施企业战略。为进一步增强战略成功的机会，企业战略领导者往往采用以下方法：

(1) 利用新的组织机构和参谋人员向全体员工传递新战略优先考虑的战略重点，把企业注意力集中于战略重点领域。

(2) 建立战略规划系统、绩效评价系统，采用各项激励政策以支持战略的实施。

(3) 充分调动企业内部人员的积极性，争取各层级对战略的支持，以此来保证企业战略的实施。

这种模式在许多企业中比指挥型模式更加有效，但这种模式往往失去了战略的灵活性，在外界环境变化时使战略的变化更为困难，从长远观点来看，面对环境不确定性的企业，应谨慎采用这种模式。

3）合作型

为发挥集体的智慧，企业最高层管理者要和企业其他高层管理人员一起对企业战略问题进行充分的讨论，形成较为一致的意见，制订出战略，再进一步落实和贯彻战略，以使每个高层管理者都能够在战略制定及实施的过程中做出各自的贡献。在这种模式下，企业的最高层管理者考虑的是如何让其他高层管理人员从战略实施一开始就承担有关的战略责任，如有的企业成立由各部门领导参加的"战略研究小组"以发挥其积极性和主动性。

合作型的模式能克服指挥型模式及变革型模式存在的局限性，使总经理接近一线管理人员，获得比较准确的信息；同时，由于战略的制订是建立在集体考虑的基础上的，从而提高了战略实施成功的可能性。

该模式的缺点是由于战略是不同观点、不同目的的参与者相互协商折衷的产物，有可能会使战略的经济合理性有所降低，同时还存在制定者与执行者的区别，仍未能充分调动全体管理人员的智慧和积极性。

4)文化型

文化型模式要求企业最高层管理者运用企业文化的手段,不断向企业全体成员灌输战略思想,建立共同的价值观和行为准则,使所有成员在共同的文化基础上参与战略的实施活动。这种模式打破了战略制定者与执行者的界限,力图使每一个员工都参与制订实施企业战略,因此使企业所有员工都在共同的战略目标下工作,使企业战略实施迅速,风险小。这种模式的特点是企业最高层管理者考虑的重点是如何动员全体员工参与战略实施活动。

文化型模式也有局限性,具体有以下几点:

(1)这种模式假设企业职工都是有学识的、有较高的综合素质,但在实践中,受文化程度及素质的限制,一般员工(尤其在劳动密集型企业中)对企业战略制订的参与程度受到限制。

(2)采用这种模式要耗费较多的人力和时间,而且还可能因为企业高层不愿意放弃控制权,从而使职工参与战略制订及实施流于形式。

5)增长型

这种模式的特点是企业最高管理层考虑要如何激励下层管理人员的积极性和主动性来制订、实施战略,即最高管理层要认真对待下层管理人员提出的一切有利企业发展的方案,只要方案基本可行,符合企业战略发展方向,在与管理人员探讨了解决方案中的具体问题的措施以后,及时批准这些方案,以鼓励员工的首创精神。采用这种模式,企业战略不是自上而下的推行,而是自下而上的产生。因此,最高管理层应该具有以下的认识:

(1)最高管理层不可能控制所有的重大机会和威胁,有必要给下层管理人员以宽松的环境,激励他们思考有利于企业发展的经营决策。

(2)最高管理层的权力是有限的,不可能在任何方面都可以把自己的愿望强加于组织成员。

(3)最高管理层只有在充分调动及发挥下层管理者的积极性的情况下,才能正确地制订和实施战略,一个稍微逊色的但能够得到人们广泛支持的战略,要比那种"最佳"的却根本得不到人们的热心支持的战略有价值得多。

在20世纪60年代以前,企业界认为管理需要绝对的权威,这种情况下,指挥型模式是必要的。60年代,钱德勒的研究结果指出,为了有效地实施战略,需要调整企业组织结构,这样就出现了变革型模式。合作型、文化型及增长型三种模式出现较晚,但从这三种模式中可以看出,战略的实施充满了矛盾和问题,在战略实施过程中只有调动各种积极因素,才能使战略获得成功。上述五种战略实施模式在制订和实施战略上的侧重点不同,指挥型和合作型更侧重于战略的制订,把战略实施作为事后行为,而文化型及增长型则更多地考虑战略实施问题。实际上,在企业中上述五种模式往往是交叉或交错使用的,同时,这五种模式也可看作战略管理全过程的管理模式。

9.2 战略实施工具

此节主要介绍麦肯锡7-S模型和方针管理这两个战略实施工具。

9.2.1 战略实施的相关因素分析——麦肯锡7-S模型

在实践中,麦肯锡咨询公司设计了7-S模型(见图9-4),这个模型强调在战略实施的过程中,要考虑企业整个系统的状况,既要考虑企业的战略、结构和体制三个硬因素,又要考虑作风、人员、技能和共同的价值观四个软因素,只有在这 7 个因素相互很好地沟通和协调的情况下,企业战略才能够获得成功。也就是说,企业仅具有明确的战略和深思熟虑的行动计划是远远不够的,因为企业还可能会在战略执行过程中失误。因此,战略只是其中的一个要素。

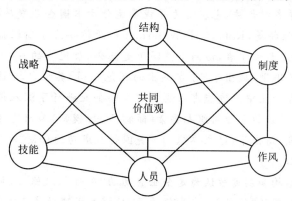

图 9-4　麦肯锡 7-S 模型

麦肯锡 7-S 模型中"7S"的含义:

(1)战略(strategy)。战略就是企业根据内外环境及可取得资源的情况,为求得企业生存和长期稳定地发展,对企业发展目标、达到目标的途径和手段的总体谋划。它是企业经营思想的集中体现,是一系列战略决策的结果,同时又是制定企业规划和计划的基础。

(2)结构(structure)。结构是指组织结构,战略需要健全的组织结构来保证实施。组织结构是企业的组织意义和组织机制赖以生存的基础,它是企业组织的构成形式,即企业的目标、协同、人员、职位、相互关系、信息等组织要素的有效排列组合方式。

(3)制度(system)。企业的发展和战略实施需要完善的制度作为保证,具体表现为企业组织、运营、管理等一系列行为的规范化和制度化(如企业章程、各项工作制度等),实际上各项制度又是企业精神和战略思想的具体体现。

(4)风格(style)。大多杰出企业都呈现出既中央集权又地方分权的宽严并济的管理风格。

(5)共同的价值观(shared values)。由于战略是企业发展的指导思想,只有企业的所有员工都领会了这种思想并用其指导实际行动,战略才能得到成功的实施。

(6)人员(staff)。战略实施还需要充分的人力准备,有时战略实施的成败取决于有无适合的人员去实施,实践证明,人力准备是战略实施的关键。

(7)技能(skill)。在执行公司战略时,需要员工掌握一定的技能。企业的一切生产经营活动都是由具有一定技术能力的员工利用相应的生产要素来实现物质财富和精神财富的创造过程。在当今科学技术迅速发展的时代,企业员工须不断更新自身的技术能力,利用新知识和新技术来增强企业整合内部资源的能力,使企业能提供满足市场需要的产品,进而获得巩固的竞争优势。

> **管理故事**
>
> **彼得斯和沃特曼的《追求卓越》**
>
> 二十世纪七八十年代,美国人经受着经济不景气、失业的苦恼,同时满耳充斥着有关日本企业成功经营的艺术等各种说法,也在努力寻找着适合于本国企业发展振兴的法宝。彼得斯(Thomas J. Peters)和沃特曼(Robert H. Waterman)(两位毕业于斯坦福商学院、长期服务于麦肯锡管理顾问公司)这两位学者,访问了美国历史悠久、最优秀的62家大公司,接着又以获利能力和成长的速度为准则,挑出了43家杰出的模范公司,其中包括IBM、德州仪器、惠普、麦当劳、柯达、杜邦等各行业中的佼佼者。他们对这些企业进行了深入调查,并与商学院的教授进行讨论,以麦肯锡设计的企业组织七要素(简称7-S模型)为研究的框架,总结了这些成功企业的一些共同特点,写出了《追求卓越——美国企业成功的秘诀》一书,使众多的美国企业重新找回了失落的信心。
>
> 在模型中,战略、结构和制度被认为是企业成功的"硬件",风格、人员、技能和共同的价值观被认为是企业成功经营的"软件"。麦肯锡的7-S模型提醒世界各国的经理们,软件和硬件同样重要,两位学者指出,各公司长期以来忽略的人性,如非理性、固执、直觉、喜欢非正式的组织等,其实都可以加以管理,这与各公司的成败息息相关,绝不能忽略。

9.2.2 方针管理

1) 方针管理的概念

方针管理(hoshin planning,也称之为 policy management)源自日本,是一套战略规划与战略实施管理的方法论,它将企业高层管理者的目标与日常生产管理相结合,综合考虑了企业的战略管理因素和经营管理因素。方针管理概念植根于目标管理法(MBO)和全面质量管理法(TQM)这两个管理技巧。方针管理是目标管理的发展,相对于目标管理,方针管理的特点在于,将企业的注意力集中于重大目标,沟通、共享企业的战略愿景并组织上下广泛参与,朝向突破性组织目标而努力。

"方针"在日文中的本意为"闪光的金属指标",有指引方向、突破现状之意。在管理实务上,方针管理是用来协助企业有效达成所设定的企业愿景,通过聚焦于突破性目标与战略的开发和实施,帮助企业聚集有限资源(人、财、物、时间等)以寻求经营的突破。

2) 方针管理实施步骤

方针管理通常采取七个步骤:

第一步:建立组织愿景。战略规划周期开始前,组织必须检视未来的发展愿景。如果组织已经制定过共同愿景,高层管理团队必须确认它仍然是组织所追求的长期发展方向。如果需要修正,则必须要由高管团队共同完成,修正后的愿景不仅要得到高管团队的认同,而且需要向组织成员进行说明并寻求他们的认同。

第二步:确定总方针。为现阶段和今后两三年的改善建立总体的方针,即确定3~5年的突破性目标。基于组织愿景,团队成员必须思考出中长期的战略方向。"取舍"是这个阶段的重要理念与做法。愿景是中长期战略方向取舍的范围依据。组织领导人及其团队必须确定3~5年的突破性目标,所谓突破性是指通过这些目标的实现,可以有效地引领组织实现愿景,达到预期成果。在此阶段,组织应尽量避免提出许多不重要的、日常管理式的KPI目标,以免在后续执行工作中失去焦点并浪费管理者资源。

第三步:明确年度突破性目标。在3~5年的突破性目标展开至年度目标后,要注意所得到的年度突破性目标是否具备突破性,年度突破性目标的实现能否有助于3~5年突破性目标的达成。年度目标是组织实施方针管理时的核心。

第四步:部署年度目标。所谓部署,是指组织如何针对年度目标进行战略规划,以拟定出合适的战略来实现组织的目标。这一步要建立一些策略或项目,以便能够达成想从总方针得到的效果。在这个阶段,不仅要完成高层主管年度目标的展开,也要依据组织规模和层级状况考虑是否要进行第二阶或更低层级的方针展开。在此阶段的重要工作是导入方针管理矩阵表,即方针管理X矩阵,利用X矩阵这一工具,有效地完成方针目标与战略的展开(见图9-5)。此阶段完成后,所有参与并负责主要目标与战略的主管,自上而下,均会产生一张归属于自己的方针矩阵表;同时,对于可以采取项目方式执行的战略,则须指定责任人和协作人员。

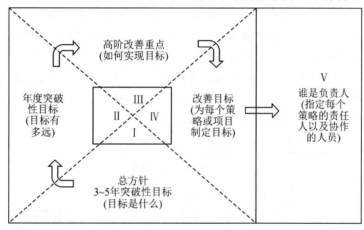

图9-5 高阶方针管理X矩阵

第五步:实施年度目标。所有列于方针管理X矩阵的重要战略,建议尽量以项目的方式指定负责主管/人员进行。执行进度除了定期汇报外,还应有书面进度报告以协助主管进行月度与年度的进度检查。

第六步:月度回顾。在方针管理的实施过程中,通常每个月要进行方针项目执行进度的检查工作。由于列入X矩阵中的战略均被组织视为优先开展的工作,且通常预期他们能够为组织带来突破性的结果,因此,方针的实现需要具备一定的挑战性(以现有的资源、经验、能力等因素而言,目标的实现有一定难度)。在主管团队进行方针项目进度审查时,往往要培养不同于以往对待日常绩效管理KPI指标的认知与审查态度。譬如,当遇到进度不理想时,应该检讨资源的配置与支持力量是否足够,必要时亦可调整项目或年度目标。

第七步:年度回顾。年度回顾除了检视成效并适时发布变革的阶段性成果,同时,主管团队也必须要检视一年来的方针管理(包括作业方式、目标的设定、支持力量的常规化等)是否有必要在未来进行改变,这使得方针管理在组织的战略规划工作中成为一个能自我升级、自我改进的闭循环。

知识链接

关键绩效指标法(key performance indicator,KPI)

关键绩效指标法是通过对组织内部流程的输入端、输出端的关键参数进行设置、取样、计算、分析,衡量流程绩效的一种目标式量化管理指标,是把企业的战略目标分解为可操作的工作目标的工具,是企业绩效管理的基础(见图9-6)。KPI的理论基础是"二八原理",即一个企业在价值创造过程中,每个部门和每一位员工的80%的工作任务是由20%的关键行为完成的,抓住20%的关键,就抓住了主体。

KPI可以使部门主管明确部门的主要责任,并以此为基础明确部门人员的业绩衡量指标。KPI考评是一种管理思想,是一种人才激励策略,也是一种绩效监控手段,其科学性是靠整个绩效管理体系的科学性来支撑的。

KPI来自对公司战略目标的分解,这有三层含义:①作为衡量各职位工作绩效的指标,关键绩效指标所体现的衡量内容最终取决于公司的战略目标。②KPI是对公司战略目标的进一步细化和发展。公司战略目标是长期的、指导性的、概括性的,而各职位的关键绩效指标内容丰富,针对职位而设置,着眼于考核当年的工作绩效、具有可衡量性。因此,关键绩效指标是对真正驱动公司战略目标实现的具体因素的发掘,是公司战略对每个职位工作绩效要求的具体体现。③关键绩效指标随公司战略目标的发展演变而调整。

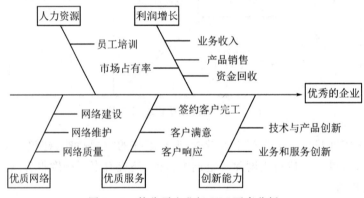

图9-6 某公司企业级KPI要素分析

某公司企业级KPI权重及衡量标准如表9-2所示。

表9-2 某公司企业级KPI权重及衡量标准

KPI	权重	标准
主营业务收入	30%	收入完成率每超1%加0.9分,欠1%扣2.25分
增值及转型业务收入	5%	1分,加分1分封顶
资金回收率	3%	1个月资金回收率目标97%,低于97%扣5分
市场占有率	3%	市场占有率低于40%不得分;达到40%得1分,每增加15%得1分,总分5分
签约客户完工率	10%	完工率低于60%不得分;完成率达到60%,得2分,每增加10%,得2分,总分10分

续表 9-2

KPI	权重	标准
品牌营销数量	10%	客户经理考核签约数量,占5%
网络建设能力	5%	工程随工、验收不到位影响程度扣1~5分
网络支撑能力	8%	考核综合业务调度系统超时次数
网络质量	7%	按综合调度系统派单次数进行考核
客户满意度	10%	根据公司客户满意度调查结果进行考核,每降低1分扣0.5分,10分扣完为止
客户响应能力	5%	目标值100%;客户响应不及时,视影响程度扣1~5分
员工培训率	4%	每个部门专业培训要实现1次/季度
媒体曝光次数	扣分指标	一次媒体曝光扣5~10分
技术和产品创新	加分指标	被公司采纳的技术或产品创新,视贡献程度加分
业务和服务创新	加分指标	传统业务和服务的延伸创新,视贡献程度加分

9.3 战略控制

要进行战略实施的控制首先必须进行战略实施的评价,只有通过评价才能实现控制,评价本身是手段而不是目的,发现问题实现控制才是目的。战略控制着重于战略实施的过程,战略评价着重于对战略实施过程结果的评价。

战略控制主要是指在企业经营战略的实施过程中,检查企业为达到目标所进行的各项活动的进展情况,评价实施企业战略后的企业绩效,把它与既定的战略目标与绩效标准相比较,发现战略差距,分析产生偏差的原因,纠正偏差,使企业战略的实施更好地与企业当前所处的内外环境、企业目标协调一致,使企业战略得以实现。

战略控制是较高层次的管理控制,并受公司治理主体的影响,它关注长期的、具有战略意义的问题。如评价一个单位的整体盈利能力及单位管理者的业绩,决定一个单位是保留还是撤销,如何激励约束管理者实现战略目标等。

9.3.1 战略控制的原因——战略失效

企业战略在实施的过程中,有时与人们的期望并不一致,当出现非理想状态时,在战略学上称之为战略失效。战略失效是指企业战略实施的结果偏离了预定的战略目标或战略管理的理想状态。导致战略失效的原因往往有:①内外环境发生了新的变化;②战略本身有重大缺陷或比较笼统,在实施过程中难以贯彻;③在实施过程中,受内部某些主客观因素变化的影响,偏离了计划预期的目标。

战略失效变化规律形似"U"型,被称为"浴盆曲线"(见图9-7)。战略失效的"浴盆曲线",描述了战略失效率与不同战略阶段之间的关系,揭示了战略在不同时间段内效率高低的规律,为制定正确的战略实施控制策略提供了理论依据和战略推进方法。同时,它还可以防止战略在早期失效的阶段来回改变,又避免了晚期失效阶段慌忙修改或固执原状的错误;它使战略实施控制过程既有阶段性,又有相互联系、协调发展的连贯性。

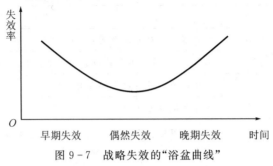

图 9-7 战略失效的"浴盆曲线"

可以用"浴盆曲线"分析不同阶段战略失效的本质区别,战略失效按时间来划分有早期失效、偶然失效和晚期失效三种类型。

一项战略开始实施时,就有可能遇到早期失效。实践表明,大量的战略实施,其早期失效率都特别高,这是因为新战略还没有被员工理解和接受,或者实施者对新的环境、工作不适应。战略决策者对这种早期失效不可惊慌失措,更不可对新战略失去信心,暂时的挫折并不意味着战略的不合理。战略控制时必须考虑效果的"延滞效应"。

度过早期失效后,就可能使工作步入正轨,而使战略进入平稳发展阶段。这时可能会出现战略偶然失效,在图 9-7 中,以"浴盆曲线"的盆底部分表示,所谓偶然失效是指在战略的平稳实施阶段所出现的一些意外情况。当处于偶然失效时,战略决策者决不可以掉以轻心,而是应该及时、慎重地处理,维持战略的平稳推进,一般战略偶然失效的概率比较低。

度过偶然失效期后,随着时间的推移,由于外部环境的变化使得战略的实施受到了一定程度的阻碍,因而企业战略进入了"晚期失效"阶段。此时,战略决策者应该适应外部环境的变化,调整转移战略,积极创造条件推进战略。

基于导致战略失效的种种原因以及早期失效、偶然失效和晚期失效的不同情况,战略实施效果总会或多或少偏离最初的预期,产生偏差,因此,战略控制必不可少。

9.3.2 战略控制的过程

1) 战略控制的考虑因素

当战略实施过程中存在战略失效时,企业就面临着选择:容差范围、控制力度大小以及控制成本的问题。

(1)容差范围。是否需要进行战略控制是在出现战略偏差时首先考虑的问题,现实中并不是稍有偏差就必须采取措施控制,有一个"容差范围"。如图 9-8 所示,当实际活动围绕标准值 CL 在 UCL 和 LCL 之间波动时,虽有偏差,但不需要控制。一般情况下,只要企业战略实施的实际业绩落在容差范围内,就可以认为战略实施过程运行正常,即使出现稍许偏差也仍被看作是由于偶然因素所造成的,可以不加以调整。

(2)控制量。这里指控制力度大小。

(3)控制成本。任何控制都需要一定的费用,衡量工作成绩、分析偏差产生的原因以及为了纠正偏差而产生的措施,都需支付一定的费用;同时,任何控制,由于纠正了组织活动中存在的偏差,都会带来一定的收益。一项控制,只有当它带来的收益超出所需的成本时才是值得的。

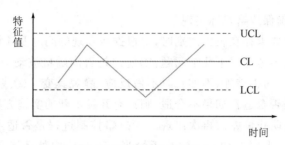

- CL表示反映活动特征的标准状况
- UCL和LCL分别表示上、下警戒线

图9-8 战略容差范围

2) 战略控制的具体过程

战略控制过程如图9-9所示。

(1) 确定控制对象。

战略实施过程中,首先应确定需要对哪些生产经营活动及其结果进行监测与控制。其中结果应设定为定性、定量的指标。在这个控制的过程中,尤其要明确成功的关键因素。

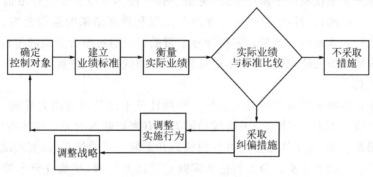

图9-9 战略控制过程

(2) 建立业绩标准。

业绩标准是考察企业运行是否正常的依据,在确定评价内容的基础上,需要建立绩效标准,绩效标准的确定需要明确所采用的指标(比如投资报酬率、市场占有率、销售收入、利润总额、研发投入等)以及指标值的数值界限(数量界限标准可以参照行业标准、可以参照标杆企业,更重要的是初期制定的战略目标)。从进行企业战略控制的需要看,所建立的业绩标准,不应仅仅局限于过程的最终结果,而且还应该考虑过程进行中的阶段结果。

(3) 衡量实际业绩。

此阶段的企业管理者要做的主要事情就是根据所确定的需要测定的业绩内容及标准,定期定点对业绩进行实际测量与记录,从而为进行企业战略过程控制提供基本的数据资料和信息依据。

(4) 比较实际业绩与标准要求。

此阶段是要用实际绩效与计划绩效进行对比,衡量两者之间是否产生差距,如果产生了差距,尤其是实际业绩落在容差范围之外,则需找出偏差产生的原因,特别是对一些关键因素和问题进行深入的分析和研究,提出改进修正的建议或者方案。

(5) 采取纠正措施确保战略目标实现。

当实际业绩与标准要求存在较大差别时,要根据所发现的问题及建议方案,采取必要的措施予以纠正。这个时候要考虑以下几个问题:①偏差是否因随机波动因素而导致?如果答案是肯定的,与其贸然采取纠正措施,不如暂时不做反应,静观其变。②战略实施过程本身的设计对于实现战略目标是否合适?如果不合适,则只有开发出新的实施方案或标准操作程序,才能从根本上纠正偏差并防止偏差的再次出现。③战略控制过程是否适当?例如:确定的业绩标准是否合适,控制是否及时有效?方法是否恰当?④企业内外环境是否发生了重大变化?企业内外环境总是处于不断的变化之中的,企业战略管理只有不断地适应这一变化,才能立于不败之地。

9.3.3 战略控制方法与控制模型

1) 平衡计分卡(balanced score card,BSC)

1992年,罗伯特·卡普兰(Robert S. Kaplan)和大卫·诺顿(David P. Norton)在《哈佛商业评论》上发表了《平衡计分卡——业绩衡量与驱动的新方法》一文,提出了平衡计分卡的理念和方法。平衡计分卡不仅是一个衡量系统,更是一套管理体系以协助企业澄清愿景和战略并将它们转化为实际行动;而且,它提供了企业内部流程和外部结果的运营全貌,让企业更持续地了解和提升他们的战略执行效果。平衡计分卡帮助组织通过整合公司的衡量系统与管理系统从而快速有效地实施战略,基于最简单的管理理念"绩效驱动",平衡计分卡已经成为企业成功的重要管理工具。

平衡计分卡是战略绩效管理的有力工具。平衡计分卡以公司战略为导向,寻找能够驱动战略成功的关键成功因素,并建立与关键成功因素具有密切联系的关键绩效指标体系,通过关键绩效指标的跟踪监测,衡量战略实施过程的状态并采取必要的修正,以实现战略的成功实施及绩效的持续增长。随着平衡计分卡理论和实践的发展及完善,平衡计分卡被定位于战略管理控制的重要工具。

平衡计分卡较完美地将控制目标分为创新成果(财务)和驱动(非财务)指标以表征财务状况以及革新与学习,分为内部和外部指标以表征市场客户以及内部经营状况。它的主要功能是通过从企业财务、客户、内部业务流程、企业学习与成长这四个角度来对企业的整体绩效进行考评,从而能够有效反映企业的战略实施情况,如图9-10所示。

①财务角度:我们的股东对财务方面的期望是什么?
②客户角度:我们怎样为客户创造价值,才能达到我们的财务目标?
③内部业务流程角度:我们要注重哪些流程的优异运营才能使我们的客户和股东满意?
④学习和成长角度:我们如何整合我们的人员、系统和文化这些无形资产去改进关键流程?

对以上每个角度关键问题的解释就是与这个角度相关的战略目标,组织可以通过对这些目标的完成情况进行绩效评价。平衡计分卡框架中,角度与角度之间通过因果关系而互相链接,如一次员工培训项目(学习和成长角度)能够提升员工技巧,从而提升客户服务(内部业务流程角度),也因此获得更高客户满意度和忠诚度(客户角度),最终实现收入和利润的增长(财务角度)。

平衡计分卡每个角度均由一套互相关联的目标、指标、目标值和行动方案四个要素综合组

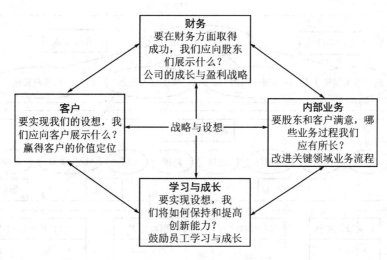

图9-10 平衡计分卡指标体系

资料来源:罗伯特·卡普兰,大卫·诺顿.平衡计分卡——化战略为行动[M].广州:广东经济出版社,2004.)

成,其中目标是对预期要达到的成果的描述;目标实现的程度可以由一个或多个指标来衡量,因此指标是反映一个组织如何运营,并达到组织战略目标的指示器,它是对绩效的量化描述;目标值体现了指标希望达到的绩效等级;行动方案是为了实现一个或多个目标而设计的变革流程或行动,是为了取得为指标设计的目标值所做的努力。全面关注这些目标、指标和行动方案在企业内部的执行和分解,将会最充分地实现企业战略在组织内部的成功实施。

2) **战略地图**(strategy map)

在对实行平衡计分卡的企业进行长期的指导和研究的过程中,卡普兰和诺顿发现,企业由于无法全面地描述战略,管理者之间及管理者与员工之间无法沟通,对战略无法达成共识。"平衡计分卡"只建立了一个战略框架,而缺乏对战略进行具体而系统、全面的描述。他们认为,突破性成果=描述战略+衡量战略+管理战略,如果不能描述,那么就不能衡量,如果不能衡量,那么就不能管理。2004年,卡普兰和诺顿出版了《战略地图——化无形资产为有形成果》一书,在平衡计分卡的基础上提出了战略地图(见图9-11)。

与平衡计分卡相比,战略地图增加了两个层次:一是颗粒层,每一个层面下都可以分解为很多要素;二是增加了动态的层面,也就是说战略地图是动态的,可以结合战略规划过程来绘制。战略地图是以平衡计分卡的四个层面目标(财务层面、客户层面、内部业务流程层面、学习与成长层面)为核心,通过分析这四个层面目标的相互关系而绘制的企业战略因果关系图。战略地图将四个绩效评价的维度形象地展示在地图上,并对这四个维度的关键业绩变量和各关键的绩效评价指标的因果关系进行描述,提供了从战略目标开始寻找进行价值创造路径的过程,体现了战略在四个维度上的逻辑性。这个过程大概要用到20~30个相互联系的指标反映各种财务的和非财务的关键业绩变量。

战略地图描述的因果关系逻辑:企业通过运用人力资本、信息资本和组织资本等无形资产(学习与成长),才能创新和建立战略优势和效率(内部业务流程),进而使公司把特定价值带给市场(客户),从而实现股东价值(财务)。

(1)财务层面目标。卡普兰和诺顿认为,衡量一个战略是否得到有效执行,要通过长期股

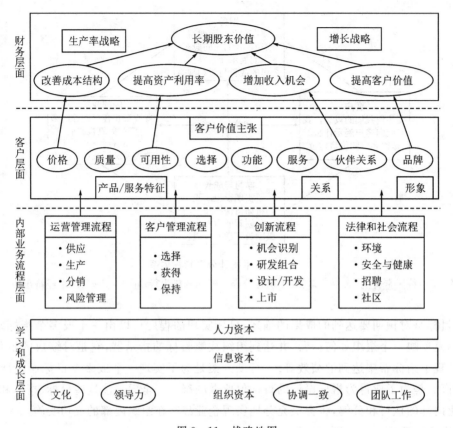

图 9-11 战略地图

资料来源:罗伯特·卡普兰,大卫·诺顿.战略地图——化无形资产为有形成果[M].广州:广东经济出版社,2005.)

东价值来判断。在战略地图中,将股东的价值分解为生产率战略和增长战略。生产率战略考虑的是企业短期财务成果的实现,增长战略则强调企业长期财务成果的实现。卡普兰和诺顿通过战略地图克服了传统财务评价指标"事后、短期、急功近利、使经理人更加短视"等方面的不足。在财务层面,战略地图追求财务目标的长短期战略平衡,同时也为战略地图的整体框架奠定了基础。

从生产率战略的角度看,要使企业短期财务成果得到改善,有两个具体方法:一是改善成本结构,比如在供应环节和供应商进行沟通,通过谈判将供应成本降低。二是提高资产利用率,比如提高现有资产利用效率,或通过增加新的资产,来改善现有生产能力的瓶颈。通过这两种方法,可以促进企业生产率战略的执行,短期获得股东的满意。从增长战略的角度看,一是要增加收入机会,可以理解为开发新产品、开发新客户和开发新市场等。二是要提升客户的价值,比如今年跟客户做二百万的生意,明年能不能做三百万生意,这就是提升客户的价值。

(2)客户层面。在客户层面,卡普兰和诺顿引进了一个新的概念——客户价值主张。他们认为,要想使股东满意,必须使客户满意;要使客户满意,必须了解客户的需求;满足了客户的需求,就意味着为客户创造了价值。企业以什么样的方式来为客户创造价值或者传递价值,这种传递价值的方式就是客户价值主张。客户价值主张可以分解为三个方面:①企业提供的产品、服务特征;②企业和客户的关系;③企业以怎样的品牌、形象出现在客户的面前。战略地图提供了一个模型,不管企业选择怎样的战略,采取什么样的客户价值主张,都能通过这三个方面加以描述,而且这三个方面还可加以进一步细分。比如:产品特征包括"产品价格、质量、可用性、可选择性、功能"等,这些都是描述产品特征的具体要素;企业和客户之间的关系,可以通过提供的服务和客户建立的关系,得到具体的描述。

在明确客户价值主张之后,企业就知道用什么样的方式向什么样的客户提供什么样的产品,也就是说要"有所为有所不为"。不是说所有的客户都要成为企业的目标客户,有的人可能不是企业的目标客户,企业的产品也不是为百分之百的客户服务。

(3)内部业务流程层面。内部业务流程阐述的是企业如何进行经营运作,战略地图将其分为四个大的方面:运营管理流程、客户管理流程、创新流程、法规与社会流程。内部业务流程是每一个企业最具个性的层面,企业所处的行业不同,战略不同,在流程方面也一定不同。比如海尔集团,公司主要从事冰箱/冷柜、洗衣机、空调、热水器、厨电、小家电等智能家电产品与智慧家庭场景解决方案的研发、生产和销售,它在各个业务流程方面肯定具有不同的指标。结合财务目标的长短期战略平衡,四个流程的排列是有一定顺序的。排列的标准为股东创造价值的周期的长短,排在最前面的运营流程,可以使企业在半年到一年之内见到有形的财务指标。但是如果要进行创新,可能需要一年、两年甚至三年的时间。法规与社会流程,是企业基业常青所必备的基础流程。在选择这些流程的时候,一定要考虑哪些流程是短期内能为的股东和客户创造价值的,哪些流程是长期为股东和客户创造价值的。这就是内部流程的战略选择,也是这个层面最核心的思想。

(4)学习与成长层面。为了使企业的流程得到改善,或者说为了使企业流程卓越,在学习与成长层面企业又应该取得怎样的改善?战略地图将学习与成长这个层面从无形资产的角度划分为三大类:人力资本、信息资本、组织资本。卡普兰和诺顿强调,无形资产本身并不能创造价值,无形资产要想为企业创造价值,必须和企业选定的关键战略流程进行配合(为企业创造价值的是第三个层面"内部业务流程")。人力资本、ERP系统、信息化软件等能不能与内部流程相配合,是无形资产价值能否实现的关键。无形资产与内部流程相配合的程度,卡普兰和诺顿称之为无形资产战略准备度,是战略地图的又一大创新,具体可细分为人力资本准备度、信息资本准备度和组织资本准备度。

3)三阶段控制模型

1987年,德国学者格奥尔格·施莱格(Gerog Schreyögg)和霍斯特·施泰因曼(Horst Steinmann)在《战略控制:新视角》(Strategic Control: A New Perspective)一文中提出了三阶段控制模型(见图9-12)。三阶段战略控制主要有前提控制、战略实施过程控制以及外部环境扫描。

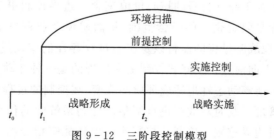

图9-12 三阶段控制模型

战略的前提控制主要是在制定战略的初期就有涉及,将战略的目标和思想嵌入战略的实施过程,并根据环境的动态变化而不断调整,一方面有利于保证战略目标的顺利实现,另一方面也在不断检查既定的战略是否仍然正确。通过战略实施过程控制,检验战略目标的有效性,但检验过程并不是完全与预期设定的目标进行对比,更多的是依据过去的事件评价整个战略过程是否需要改变,采取合理的评价指标体系来对结果进行考评和反馈,从而保证当前战略能更好地适应现实环境。环境扫描比前两个阶段的战略控制都体现得更为宽广,其主旨在于能够及时对生产经营构成的威胁进行发现,从而能尽早地对风险和威胁进行预警和评估,减少其所造成的损失。三阶段的控制方法克服了传统战略控制的缺陷,关注战略形成和实施的始终,把战略控制从战略管理的最后阶段提升到战略管理的整个过程,提高了战略控制的效果。但是,这种以监控环境变化为主的控制有可能忽视了对实施过程的控制,缺乏保证战略目标实现的控制方式。

4) 四维度战略控制模型

1995年美国学者罗伯特·西蒙斯(Robert Simons)在《控制杠杆:管理者如何使用创新型控制系统驱动战略更新》(*Levers of Control: How Managers Use Innovative Control Systems to Drive Strategic Renewal*)一书中提出了四维度战略控制模型,强调控制的核心是商业战略,核心价值观、规避的风险、关键绩效变量和战略不确定因素是四个主要的支点,提出四维度控制系统模式,主要有信念控制、边界控制、诊断式控制、交互式控制四个杠杆,如图9-13所示。

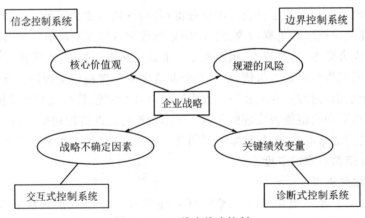

图9-13 四维度战略控制

信念控制主要表现为企业所制定的经营宗旨或者发展愿景,最主要是为了能够实现企业的核心价值观,帮助企业员工确立自身的核心价值理念。边界控制更多体现的是一种战略范围定位,其所设立的目标是限定企业的经营范围,从而避免企业盲目多元化经营所产生的风险。诊断式控制旨对实现战略过程的监督以及实施过程存在的错误进行纠正,有助于企业更好地朝着所制定的战略方向前进。交互式控制更多体现的是一种互动、灵活性的控制,保证各层级企业员工间的交流,能够动态性地适应环境的改变,在控制的过程中注重对重要性信息的持续收集,从而有助于管理者及时对战略进行调整。控制系统中的信念控制和交互式控制具有"正能量"的效果,同时边界控制和诊断式控制能够保证战略指令的更好实施。通过交互式控制产生的新战略或作出战略调整,之后需要调整诊断式控制的目标,以重新确认战略定位和提取关键的驱动因素,并在诊断式控制的条件下保障新战略目标的顺利实现。管理人员可以使用这四种控制系统,利用两种对抗性的力量实现一种动态平衡,有效地控制战略。

9.4 战略变革

早在1965年,安索夫就提出"战略变革"的概念,在其著作《公司战略》中,他认为战略变革是企业对产品、市场领域的再选择和对其组合的重新安排。鲁迈尔特(1974)在其著作《战略、结构与绩效》中研究了企业多元化战略和专业化战略之间的转换问题,他认为战略变革是基于业务层面的,是企业对特定产品或市场层面竞争决策的变更或调整。明茨伯格(1987)将战略分为战略内容和战略过程两个方面,他没有给出战略变革的明确定义,但提出了战略变革的概念框架。也有学者提出:战略变革是企业为适应环境的变化,谋求组织的长远发展而对组织结构和组织文化的变革;战略变革是一个组织为了应对环境中的机会和威胁及时地对战略进行调整,从而导致组织成员认知的重新定位;战略变革是一个组织为解决阻碍发展的问题和组织主动谋求更好发展而对组织拥有的包括人员在内的资源的重新分配;战略变革是指用现行的计划和概念将企业转换成新的状况的渐进和不断变化的过程。

本书更倾向于项国鹏、陈传明(2003)对战略变革的理解,他们认为战略变革是企业为了获得可持续竞争优势,根据所处的外部环境或内部情况已经发生或预测会发生或想要使其发生的变化,结合环境、战略、组织三者之间的动态协调性原则,并涉及企业组织各要素同步支持性变化,改变企业战略内容的发起、实施、可持续化的系统性过程。战略变革对内可以帮助公司建立并保持竞争优势,同时也激发组织活力;对外可以帮助公司应对复杂的、变幻莫测的环境。

9.4.1 变革的时机选择与问题判断

1) 变革时机选择

根据进行战略变革的时间切入点,变革的时机选择有三种情况:"居安思危、未雨绸缪"的提前性变革、"山雨欲来"的反应性变革以及"背水一战"的危机性变革,如图9-14所示。

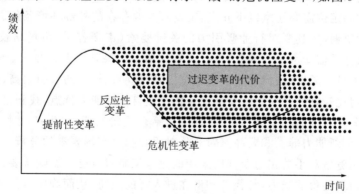

图9-14 战略变革时机与绩效关系

提前性变革是管理者能及时地预测到未来的危机,提前进行必要的战略变革,有远见的企业往往选择这一种。反应性变革是企业已经存在有形的、可感觉到的危机,并且已经为过迟变革付出了一定的代价,进行反应性变革所采取的变革措施往往更有针对性。危机性变革是企业已经存在根本性的危机,再不进行战略变革,企业将面临倒闭和破产。面临危机性变革的企业已经为过迟变革付出了巨大代价,如果再不进行变革,将遭遇灭顶之灾。

2)问题判断

当企业认识到战略变革的需求后,问题判断就变得尤为重要。首先,要透过现象看本质,无论是"居安思危"的提前性变革,还是"山雨欲来"的反应性变革抑或"背水一战"的危机性变革,找出有别于问题表象的实质问题是关键一步。其次,要明白必须做出什么改变。要解决这个实质问题要改变什么? 是战略目标调整? 战略方案修订? 组织结构变革? 组织文化变革? 资源重新配置? 再次,清晰界定变革结果、准确描述变革目标。要明确变革的结果是什么? 如何衡量这些目标?

9.4.2 战略变革的主要内容

1)调整企业理念

企业理念应该是得到社会普遍认同的、体现企业个性特征的、促使并保持企业正常运作和长远发展而构建的反映整个企业经营意识的价值体系,是企业统一化的、可突出本企业与其他企业差异性的识别标志,包含企业愿景与使命、经营思想和行为准则等。调整企业理念,首先要确定企业愿景与使命,即企业应该依据怎样的愿景与使命开展各种经营活动;其次要确立经营思想,指导企业经营活动的观念、态度和思想要给人以鲜明的、差异化的企业形象;最后要靠行为准则约束和要求员工,使他们在企业经营活动中遵循一系列行为准则和规则。

在重新调整企业理念时,首先与行业特征相吻合,其次在充分挖掘原有企业理念的基础上赋予其时代特色,最后企业理念和竞争对手要有所区别。

2)重新进行战略定位

重新进行战略定位是战略变革的重要内容,战略定位要能够反映时代和环境的特点,当外部环境已发生变化,企业再固守原来的战略及其定位就显得不合时宜。根据迈克尔·波特的观点,帮助企业获得竞争优势而进行的战略定位实际上就是在价值链系统中从产品范围、市场范围和企业价值系统范围等方面进行定位的选择过程。

重新进行战略定位需要注意以下几点:①要对企业存在的外部环境条件进行科学的分析,寻找企业发展的机遇,尤其要对行业吸引力的关键要素(市场容量、市场增长率、行业盈利能力、人员来源、法律及监管水平等要素)进行认真评估。如果某行业市场大、市场增长率高、行业盈利能力强、人员来源广、法律及监管水平宽松,则说明该行业的吸引力高,企业定位于这样的行业,将会获得比较好的业绩。②要准确评估企业自身的能力特点,找到自己的核心竞争优势,尤其要准确分析自己的竞争能力水平,其中包括企业研发能力、生产能力、营销能力、管理能力、财务实力、创新能力等。③要注意对竞争对手和相关市场要素的分析。企业在进行战略定位时,必须考虑竞争对手的实力及其所采用的竞争策略对自己的影响等要素,同时还要考虑供应商、经销商讨价还价的能力,替代者和潜在进入者的威胁,从而确定自己的竞争战略定位。

3)重新设计组织结构

设计组织结构时,要围绕战略目标来确定不同层级的管理幅度,适当的管理幅度并没有一定的法则,在进行界定时可以考虑管理层级、人员素质、沟通渠道、职务内容以及企业文化等因素,一般是3~15人。在设计组织结构时,还要充分考虑企业各部门顺利完成各自目标的可能性,以及在此基础上的合作协调性、分工的平衡性、权责明确性、企业指挥的统一性、企业应变的弹性、企业成长的稳定性和效率性、企业的持续成长性。通过重新设计企业的组织结构,理清各部门的管理职责,改变资源配置的状况。

关键词

麦肯锡 7S 模型(mckinsey 7S model)　　　方针管理(policy management)
战略控制(strategic control)　　　　　　　平衡计分卡(balanced score card)
战略地图(strategy map)　　　　　　　　战略变革(strategic change)
战略中心型组织(strategic-focused organization)

课后测试

1. 按照博拿马战略诊断矩阵中的战略制定和战略实施的关系,在战略制定"好"而战略实施"坏"的情况下战略管理效果会(　　)。
   A. 成功　　　　B. 摇摆　　　　C. 艰难　　　　D. 失败

2. 按照弗雷德·戴维的观点,下列属于战略实施的特征的是(　　)。
   A. 行动之前安排力量　　　　　B. 侧重效果
   C. 主要是思维过程　　　　　　D. 对许多人进行协调

3. 甲企业是一家国内航空公司,2018 年,公司制定了进一步扩大企业规模拓展美国航线以及欧洲航线的五年战略。但 2020 年出现新冠病毒疫情导致该战略无法继续进行。根据以上信息可以判断,该公司战略失效属于(　　)。
   A. 早期失效　　B. 偶然失效　　C. 晚期失效　　D. 末期失效

4. 战略失效是指企业战略实施重点的结果偏离了(　　)或战略管理的理想状态。
   A. 战略目标　　B. 战略重点　　C. 战略控制范围　　D. 企业使命

5. 平衡计分卡在衡量企业战略绩效管理时,没有考虑的角度是(　　)。
   A. 客户角度　　B. 财务角度　　C. 内部流程角度　　D. 外部环境角度

6. 下列不属于平衡积分卡中客户角度需要考虑的问题是(　　)。
   A. 交货时间　　B. 顾客满意度　　C. 市场份额　　D. 雇员调查

7. 某公司在年初制定业绩评价体系时,要求各部门制定各自部门的关键业绩指标。A 部门的关键业绩指标是:销售数量、毛利率和市场份额,该部门最有可能是(　　)。
   A. 市场营销部门　　B. 生产部门　　C. 广告宣传部门　　D. 信息管理部门

8. 某公司计划在五年内通过并购成为行业龙头企业,在该战略实施的过程中,发现资金供应紧张无法实施,无法顺利实现预期的并购目标。导致五年后该战略实施的结果偏离预定战略目标,这种情况属于(　　)。
   A. 战略误差　　B. 战略偏差　　C. 战略失效　　D. 战略失利

9. 平衡计分卡是战略控制中的一种重要工具,它使用由多个角度组成的绩效指标架构来评价组织的绩效,这些角度包括(　　)、客户角度、内部业务流程角度和学习与成长角度。
   A. 风险角度　　B. 成本角度　　C. 战略角度　　D. 财务角度

10. 关于战略变革的选择问题,有远见的企业应当选择(　　)。
    A. 提前性变革　　B. 反应性变革　　C. 适应性变革　　D. 危机性变革

复习与思考

1. 简述战略制定与战略实施的区别与联系。
2. 请说明战略实施的基本原则。
3. 战略实施有哪五种模式?
4. 谈谈对7S模型的理解。
5. 什么是方针管理?简述其实施步骤。
6. 为什么会存在战略失效?请说明进行战略控制的必要性。
7. 什么是平衡计分卡和战略地图?谈谈对平衡计分卡四个维度的认识。
8. 什么是战略变革?请简述战略变革的主要内容。

知识拓展

[1] 程新生.企业战略控制探析[J].企业经济,2014(3).

[2] 罗伯特·S.卡普兰(RobertS.Kaplan),大卫·P.诺顿(DavidP.Norton).战略中心型组织[M].北京:人民邮电出版社,2004.

[3] 罗伯特·卡普兰(RobertS.Kaplan),大卫·诺顿(DavidP.Norton).平衡计分卡[M].广州:广东经济出版社,2004.

[4] SCHENDEL D E,HOFER C W. Strategic management:A new view of business policy and planning[M]. Boston:Little,Brown & Company,1979.

第 10 章　战略与组织结构

管理名言

结构是实现某一机构的各种目标的一种手段,为了确保效率和合理性,必须使组织结构与战略相适应,即战略决定结构。战略就是对"我们的业务是什么、应该是什么和将来会是什么"这些问题的解答,它决定着组织结构的宗旨,并因此决定着在某一企业或服务机构中哪些是最关键的活动。有效的组织结构,就是使这些关键活动能够正常工作并取得杰出绩效的组织设计。因此,有关结构的任何工作,都必须从目标和战略出发。

——彼得·德鲁克

学习目标

1. 理解战略与组织结构的关系。
2. 理解组织结构设计的权变理论。
3. 了解明茨伯格组织结构理论。
4. 掌握组织结构类型的选择。

引入案例

腾讯组织架构发展史

初始组织架构

1998 年 11 月腾讯成立,初期规模还比较小,只有一个核心产品 QQ,管理简单,职能式架构可以发挥最优作用(如图 10-1)。

初始组织架构		
M线-市场	R线-研发部门	职能部门
市场部 移动通信部	无线开发部 基础开发部	总办会议 领导班子 M线、R线负责人

图 10-1　腾讯初始组织结构图

第一次架构调整——2005 年

随着腾讯的发展壮大,业务开始多元化,职能式架构出现问题。按照当时腾讯 CEO 张志东所述,"腾讯是产品导向,以用户体验为中心。但是当时所有的职能部门、研发部门不买产品部门的账,产品部门根本影响不了研发部门,产品做得好,研发部门也不受激励。"

这个历史遗留问题,至今还没得到良好的解决,有人归结于腾讯的"赛马机制"。

基于原有架构的管理混乱,腾讯展开了第一次大规模的组织变革,2005 年,腾讯推出事业部制(business unit,BU)(见图10-2),结构包括:企业发展系统;B线业务系统(B1:无线业务、B2:互联网业务、B3:互动娱乐业务、B4:网络媒体业务);R线平台研发系统(R0:平台研发部线、R1:即时通信线、R2:搜索业务线);运营平台系统;职能系统。使其由一家初创公司转向规模的生态协同,从单一的产品变成了一站式的生活平台。由各事业部的执行副总裁(EVP)来负责整个业务,这相当于在每个业务都增设了一个CEO。

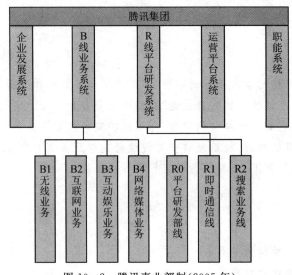

图10-2 腾讯事业部制(2005年)

第二次架构调整——2012年

马化腾曾提出这样的疑问:"当团队规模变大后,很容易会滋生出一些大企业毛病。到底我们如何能够克服大企业病,打造一个世界级的互联网企业?"为了便于公司相关业务协调,减少部门间相互扯皮和恶性竞争的情况,腾讯做出了第二次组织架构调整,以便于更好地应对用户的新需求,以及新技术、新业务模式层出不穷的挑战。第二次重大组织架构调整,即事业群(BG)化(如图10-3)。公司进行组织架构调整,成立6大事业部,同时分拆电商成立电商公司,打造超级电商平台。

第二次的架构调整,马化腾在给员工的信中做出了说明,他表示:"这次调整的基本出发点是按照各个业务的属性,形成一系列更专注的事业群,减少不必要的重叠,在事业群内能充分发挥'小公司'的精神,深刻理解并快速响应用户需求,打造优秀的产品和用户平台,并为同事们提供更好的成长机会;同时,各事业群之间可以共享基础服务平台以及创造对用户有价值的整合服务,力求在'一个腾讯'的大平台上充分发挥整合优势。"

架构新增——2014年

2014年,腾讯新增微信事业群。微信事业群由"微信之父"、腾讯高级副总裁张小龙担任事业群总裁。微信事业群负责包括微信基础平台、微信开放平台,以及微信支付拓展、O2O等微信延伸业务的发展,并包括邮箱、通讯录等产品开发和运营,致力于打造微信大平台,为用户和合作伙伴创造更多价值。同时,比较重要的调整就是撤销了腾讯电商控股公司,将其中的O2O业务全部并入微信事业群。也就是说,微信事业群将扛起腾讯从支付到线下一系列闭环的大旗(见图10-4)。

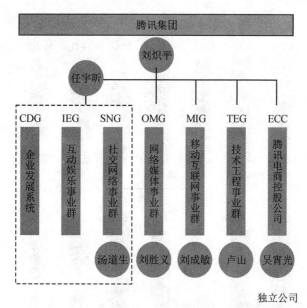

图10-3 腾讯事业群(2012年)

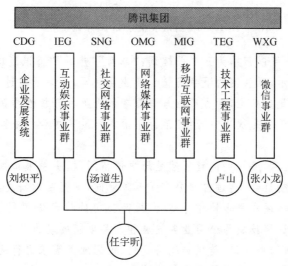

图10-4 腾讯事业群(2014年调整)

第三次架构调整——2018年

2018年9月30日,腾讯在时隔6年之后宣布历史上的第三次组织架构调整,在原有七大事业群(BG)的基础上进行重组整合,新成立了云与智慧产业事业群(CSIG)、平台与内容事业群(PCG),保留原有的企业发展事业群、互动娱乐事业群、技术工程事业群、微信事业群(见图10-5)。

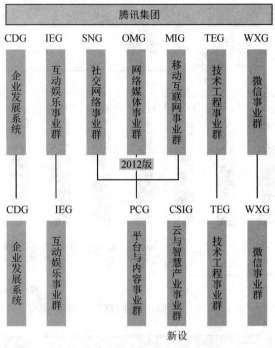

图 10-5 腾讯事业群(2018 年调整)

马化腾将这次调整可以归结为三个关键词:"革新""升级""腾讯迈向下一个 20 年的新起点"。同时他还直接表示,互联网的下半场属于产业互联网,上半场通过连接,为用户提供优质服务,下半场我们将在此基础上,助力产业与消费者形成更具开放性的新型连接生态。

行业分析认为,腾讯的此次战略升级"治标不治本",没有中台和中控的问题依然没有得到解决。

第三次架构调整之后,腾讯的问题依然是历史遗留问题:少一根指挥棒。此次最新的架构调整,腾讯将成立技术委员会,通过内部分布式开源协同,加强基础研发,打造具有腾讯特色的技术中台等一系列措施,促成更多协作与创新,提高公司的技术资源利用效率,在公司内鼓励良好的技术研发文化,让科技成为公司业务发展和产品创新的动力与支撑。

腾讯设置产品驱动的事业群,是根据战略变化、根据业务需求进行的组织架构调整。合适的才是最好的,企业要做的便是去接受不断地改变。

(资料来源:12 张图看全阿里、腾讯的组织架构发展史 https://baijiahao.baidu.com/s?id=1667755165941156119&wfr=spider&for=pc.)

战略实施的主体是人(或人群),为达到一组目标,他们需要同心协力地工作,需要将实现企业目标所必需的活动进行分类,并对每一类活动任命负责人,使其拥有从事这些活动的必要权力,进而规定各类活动之间的关系,这就要设计组织结构。组织结构是组织的全体成员为实现组织目标,在管理工作中进行分工协作,在职务范围、责任、权利方面所形成的结构体系。

10.1 战略与组织结构的关系

任何一个企业的组织结构可以简单地定义为组织中各种劳动分工与协调方式的总和,它规定着组织内部各个组成单位的任务、职责、权利和相互关系,一个企业要有效地运营必须将战略与组织结构相联系。

10.1.1 战略与组织结构的基本关系

在战略与组织之间的关系中,"谁决定谁,谁服从谁"是人们一直关注的焦点。虽然公司诞生于英国,但现代管理科学革命却发轫于美国,这与美国在19世纪末20世纪初涌现出的一大批杰出产业巨头密切相关,并在组织架构创新方面引领世界。美国学者钱德勒在其1962年出版的《战略与结构:美国工业企业历史的篇章》一书中,通过研究美国四大公司(通用汽车公司、杜邦公司、新泽西标准石油公司、西尔斯·罗布克公司)的发展史后得出结论:公司战略的调整先于并将引起公司结构的调整,即战略决定结构;同时,组织结构的选择应与战略决策的导向保持一致,并随着战略的变化而变化,即结构追随战略。此后,"战略决定结构"的观点被理论界和实业界所广泛接受。威廉姆森(Oliver Williamson)认为企业目标与其发展战略息息相关,组织结构的设计应当围绕这一战略展开,并推动企业目标的实现。钱德勒不仅强调战略决定结构,他还指出战略与组织结构的匹配程度和公司绩效之间有着密切的关系。鲁梅尔特据此提出战略-结构-绩效(SSP)模型,用于研究战略、结构与绩效的关系。

企业战略影响组织结构主要可从两个方面理解:①不同的战略要求不同的业务活动,从而影响管理职务和部门的设计。具体地表现为战略收缩或扩张时企业业务单位或业务部门的增减等。②战略重点的改变会引起组织工作的重点改变,从而导致各部门与职务在企业中重要程度的改变,并最终导致各管理职务以及部门之间关系的相应调整。

企业组织结构同时也影响着企业战略。企业制定的战略必须是可执行的,如果每实施一项新战略就要求进行大规模的组织结构调整,那它便不是一个理想的选择;而且,新战略往往也是在原有组织结构存续的情况下制定的。由此可见,组织结构也影响着战略的选择。

总体上讲,战略与组织结构有主从关系,战略为主,结构为辅,具体表现在以下四方面:

(1)什么样的企业战略目标决定什么样的组织结构,管理者的战略选择规范着组织结构的形式。

(2)企业的组织结构又在很大程度上对企业的发展目标和政策产生很大的影响,并决定着企业各类资源的合理配置。企业组织机构的设计和调整,要寻求和选择与企业战略目标相匹配的结构模式。只有使结构与战略相匹配,才能成功地实现企业的目标。

(3)组织结构抑制着战略。与战略相匹配的组织结构会促进战略的实施和战略目标的实现,反之,则会阻碍战略目标的实现。

(4)一个企业如果在组织结构上没有重大的改变,则很少能在实质上改变当前的战略。

10.1.2 战略的前导性与组织结构的滞后性

企业所处的内外部环境总是不断变化的。对环境的变化,战略首先作出反应,然后组织结构才在战略的推动下作出反应,这样就形成了战略的前导性和组织结构的滞后性。

(1) 战略的前导性。

战略的前导性是指企业战略的变化要快于组织结构的变化。当企业意识到外部环境和内部环境的变化提供了新的机会与需求时,战略首先作出反应,以谋求经济效益的增长。

(2) 组织结构的滞后性。

组织结构的滞后性基于两个方面的原因:①新旧结构的交替有一定的时间过程;②因为管理人员常常习惯以以前的方式去管理新的经营活动以及管理人员感到自己的地位、权力和心理安全受到威胁时常抵制必要的改革,因此旧的组织结构都有一定的惯性。所以说,组织结构的变化常常要慢于战略的变化。

10.2 组织结构设计的权变理论

战略与结构的关系是组织理论很早就开始关注的问题,钱德勒提出了著名的"战略决定结构"的观点,这一观点成为战略管理研究与实践的基本范式。许多早期的学者都在致力于研究一种"理想"的正式组织结构与不同的战略相匹配以适应任何环境。然而随着众多学者的研究发现,这种机械式的战略-结构关系并不能适应企业所面临的新环境。

同时,尽管特定产业中成功的企业趋向于采用相类似的组织结构,例如,生产消费品的公司倾向于按产品设置组织结构,中小企业倾向于按职能设置组织结构,大型企业则采用事业部或矩阵式组织结构。但是,现实中对某一企业适用的组织结构不一定适用于另一家类似的企业。

因此,权变理论成为组织设计的非常重要的理论思想,组织设计的权变理论认为,最适宜的组织结构主要取决于企业的战略目标和战略,但是组织结构也受企业规模和所处发展阶段、所面临的环境状况,以及企业的技术因素的影响。

10.2.1 企业规模和发展阶段与结构

规模和发展阶段是确定组织结构的关键因素。随着企业规模的扩大、企业的不断成长,企业需要不同的组织结构,企业会从简单到复杂连续地向前发展。

总体上讲,规模越大,结构越复杂。企业规模对组织结构的影响主要表现在:

(1) 规范化程度。随着企业规模的扩大,企业越来越需要高程度的规范化。

(2) 分权程度。规模大的企业需要紧密联系实际情况,需要较多的分权来减轻最高决策者的负担。

(3) 复杂性。规模大的企业需要更多的专业化部门和增加新的层次等级以免管理幅度过大。

组织所处发展阶段对其结构影响也非常大。1972年,拉里·格雷纳(Larry E. Greiner)在《组织成长过程中的演化与变革》一文中提出了组织发展五阶段模型(见图10-6)。他利用组织的年龄、规模、演变的阶段、变革的阶段和产业的增长率等五个关键性概念建立了组织的发展模型。该模型主要描述组织成长过程中的演进与变革的辩证关系,解释了组织成长经历的阶段,进而成为研究组织成长的基础。

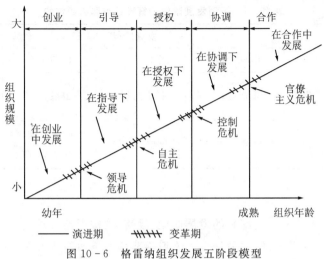

图 10-6　格雷纳组织发展五阶段模型

模型将组织发展分为五个阶段：

（1）创业阶段——企业的幼年时期。规模小，关系简单，决策是由一个或几个高层管理者作出的，企业能否生存发展完全取决于高层管理者的素质和能力，组织结构相当不正规，对协调的需要很低，往往只存在非正式的信息沟通。

（2）引导阶段——企业的青年时期。企业人员增多，组织不断扩大，决策量增多，创业者让位给职业经理人，产生了职能专业化的组织机构，各职能机构之间的协调问题越来越多，信息量增加，信息沟通变得越来越重要，也越来越困难。

（3）授权阶段——企业的中年时期。随着企业经营范围的扩大，由职能机构引起的问题增多，高层管理者将权责委托、下放给下一级产品（或市场、或地区）经理，建立起以产品（或市场、或地区）为基础的事业部组织机构。高层管理者不再负责日常的管理事务，发布命令的次数减少，控制的信息主要来自各事业部的报告，但是伴随着分权往往又产生对事业部的失控问题。

（4）协调阶段。这一阶段的企业建立了正式的规则和程序，为了加强对事业部的指导和控制，在企业总部与事业部之间建立超事业部或集团部，使其负责下属有关事业部的战略规划和投资回收，并在总部设立监督部门控制和检查各集团部的经营战略。这些正规的措施有利于增强各事业部之间的相互配合，但部门增加、层级增加，可能影响工作效率，阻挠创新，甚至导致企业走向衰败。

（5）合作阶段。这一阶段的企业更加强调管理活动要有较大的自觉性，强调个人间的主动合作，从而需要引入社会控制和自我约束新观念，精简正式体系和规章制度，将奖励的标准改为协作表现和创新实践，成立小组和矩阵式组织结构，将企业的重要权力再收回到企业高层管理者手中，同时努力增强组织的适应性和创造性。

五个阶段的管理重点和组织结构方面的特征如表10-1所示。

表 10-1 不同发展阶段的管理重点和组织结构

特征	发展阶段				
	创业阶段	引导阶段	授权阶段	协调阶段	合作阶段
管理重点	生产和销售	生产效率	扩大市场	组织整合	解决问题和实施创新
组织结构	非正式组织	集权型、职能制	分权型、地域型	直线-参谋制、按产品划分部门	矩阵式结构、任务小组

知识链接

钱德勒的发展阶段-战略-结构观点

在《战略与结构》一书中，钱德勒描绘了美国工业企业不同的历史发展阶段所产生的战略，以及伴随这些战略而形成的组织结构。

①数量扩大战略阶段。在工业发展初期，企业采用的是这种方式，即在一个地区扩大企业产品或服务的数量。此时，企业组织结构比较简单，往往只需设立一个执行单纯生产或销售职能的办公室。

②地区扩大战略阶段。这一阶段及相应战略随着工业化进一步发展而产生。当一个地区的生产或销售不能满足企业发展需要时，其产品和服务将扩散到其他地区去生产和销售。企业形成了总部与部门的组织结构，这些单位分处不同地区但职能相同，它们共同管理各个地区的经营单位。

③纵向一体化战略阶段。在工业增长阶段的后期，为减少竞争的压力，企业希望拥有一部分原材料的生产能力或分销渠道。在企业中出现了中心办公室机构和多部门的组织机构，且各部门之间有很强的依赖性，在生产经营活动中存在内在的联系。

④多种经营战略。在工业进入成熟期，为避免投资或经营的风险，保持高额利润，将采取多种经营战略。企业形成了总公司本部与事业部相结合的组织结构格局，各事业部之间基本不存在工艺性等方面的联系。

10.2.2 企业环境与组织结构

任何企业都不是独立存在的，企业的生存与发展必将会与环境发生千丝万缕的联系。企业从购进原材料到产品的出售，再到售后服务，不断地与环境进行着物质、能量和信息的交换。企业面临的环境状况是影响企业组织结构设计的一个主要因素，企业环境决定或影响着组织结构。企业环境按照稳定程度可分为稳定环境和不稳定环境，稳定与不稳定程度是指外部环境变化的速度，某些外部环境因素变化速度明显超过其他因素。一般来说，IT、互联网等高科技公司处在极不稳定或多变的环境中，而许多政府部门则处在比较稳定的环境中。

在《革新的管理》(*The Management of Innovation*)一书中，汤姆·伯恩斯(Tom Burns)和G. M. 斯托克(G. M. Stalker)对机械式组织结构和有机式组织结构的主要特征进行了研究，提供了一个根据组织外部环境稳定程度来设计组织结构的思路。

(1)机械式组织是一种稳定的、僵硬的结构形式，它追求的主要目标是稳定运行中的效率。机械式组织注重对任务进行高度的劳动分工和职能分工，以客观的、不受个人情感影响的方式挑选符合职务规范要求的合格的任职人员,并对分工以后的专业化工作进行严密的层次控制,同时制定出许多程序、规则和标准。个性差异和人性判断被减少到最低限度,提倡以标准化来实现稳定性和可预见性,规则、条例成为组织高效运行的润滑剂,组织结构特征是趋向刚性。

(2)有机式组织,也称适应性组织,其特点是:低复杂性、低正规化、分权化,不具有标准化的工作和规则、条例,员工多是职业化的。有机式组织是一种松散、灵活的具有高度适应性的形式,能根据需要迅速地作出调整。

机械式组织和有机式组织的差异如表10-2所示。

表10-2　机械式组织和有机式组织的差异

机械式组织	有机式组织
严格的层级关系	合作(纵向—横向)
明确的指挥链	跨层级团队
固定的职责	不断调整的职责
高度正规化	低度正规化
正式的沟通渠道	非正式的沟通渠道
集权化决策	分权化决策
较窄的管理幅度	较宽的管理幅度

根据伯恩斯和斯托克的研究,企业采用什么样的组织构造,取决于其环境条件,也就是说,一个企业的组织构造好或者不好,依存于其环境条件。可以把企业面临的环境分为稳定环境和不稳定环境两种极端情况,而把组织结构分为机械系统和有机系统两类,则在稳定的环境中,成功的企业倾向于采用机械结构;在非稳定环境中,成功企业倾向于采用有机结构。组织构造(机械、有机)与环境条件(稳定、不稳定)的适应与否,直接影响其经营成果的好与坏。

10.2.3　技术与组织结构

技术与组织结构间关系比较有影响的是琼·伍德沃德(Joan Woodward)的研究,她认为,组织的结构因技术而变化。她从制造程序的技术复杂度角来研究厂商,用技术复杂度表示制造过程机械化的程度,高技术复杂度表示大部分的工作由机器执行,低技术复杂度则表示生产过程中,工人仍然扮演重要的角色。

伍德沃德将技术复杂度分为十种,然后又合并成三大基本技术群,它们在技术复杂程度上依次提高:第一类是小批量与单位生产方式,由进行定制产品(如定制服装或特定设备等)生产的单位或小批生产者组成;第二类是大批量生产方式,包括大批和大量生产的制造商,如冰箱和汽车之类的产品的生产者;第三类是连续生产方式,如炼油厂和化工厂这类连续流程的生产者。利用这种分类技术,伍德沃德研究发现:一方面,在连续生产方式中,技术复杂度增加,管理阶层数有明显增加,管理人员与总公司人数也有增加,这表示愈复杂的技术,就愈需要管理。另一方面,随着技术复杂度的增加,直接/间接的劳工比却会降低,因为直接劳动的工作减少,而间接支持维修的劳工却增加了。三种技术类型的特征比较如表10-3所示。

表 10-3　三种技术类型的特征比较

特征	技术类型		
	单件生产	大批量生产	连续生产
管理层数目	3	4	6
主管人员的管理幅度	23	48	15
直接工人与间接工人的比例	9∶1	4∶1	1∶1
管理人员占全体员工的比率	低	中等	高
工人的技术熟练程度	高	低	高
工作流程的规范程度	低	高	低
集权程度	低	高	低
口头沟通的数量	多	少	多
书面沟通的数量	少	多	少
总体的结构形态	有机式	机械式	有机式

伍德沃德认为：①在这些技术类型和相应的公司结构之间存在着明显的相关性，即"结构因技术而变化"；②组织的绩效与技术和结构之间保持良好对应关系。

管理学家

琼·伍德沃德

琼·伍德沃德，英国管理学家，组织设计权变理论主要代表人物，公司生产过程类型的技术型模式开创者，代表作有《经营管理和工艺技术》《工业组织：理论和实践》《工业组织：行为和控制》等。

20 世纪 60 年代初期，为了确定指挥统一和管理幅度这些传统原则与公司成功的关系程度，琼·伍德沃德对英国南部埃塞克斯郡的近 100 家小型制造企业进行了调查，去了解他们的组织能力。她与她的研究团队成员拜访每一个厂商，与管理者面谈，查阅公司的记录并观察第一线作业员。伍德沃德试着寻找能解释这些差异的原因，起初从管理者、公司背景、公司规模、形态等方面着手，并不能找出其间的共通性，但当其从公司的生产技术来分类时则发现了生产技术与组织结构的关系。

伍德沃德的技术分类法有一个缺陷，就是它仅限于制造业组织。如果要使技术与结构关系的思想适用于所有的组织，就必须以一种更一般化的方式对技术作可操作性的研究。查尔斯·佩罗提供了这样一种研究方案，即查尔斯·佩罗法则。

佩罗将他的注意力放在了知识技术上而不是生产技术上，他利用两个维度对技术进行考察：

第一个维度是任务多样性，即工作中例外事件的数量，它反映工作过程中所发生的预料之外的新事件的频数。当任务中的例外情况较少时，工作就是高度常规化的（在日常活动中通常具有较少例外情况的工作，包括生产装配线上的工人以及麦当劳店中的焙制厨师等）。这一光谱线上的另一个极端是，当工作具有许多变化时，它就会有大量的例外情况（如高层管理职位、

咨询工作以及海上油井灭火工作等典型的例子)。

第二个维度是工作活动的可分析性。如果工作过程是可分析的,是高度确定的,人们可使用逻辑和推理分析来寻找问题的答案,其工作就可以分解为机械的步骤,这样操作者也可以遵循一个客观的、程序化的方式解决问题;另一个极端,是不确定性的问题,若工作不可分析,就没有现成的方法或程序解决问题,员工需要靠积累的经验和直觉去判断解决问题。假如你是一位建筑设计师,你接到的一项任务是按照你从未采用过或听说过的标准和限定要求你设计一幢建筑,这时你就没有任何正规的探索方法可供使用。你将会根据先前的经验、判断和直觉找到答案。

佩罗使用这两维变量——任务多样性和工作活动的可分析性,构建了一个 2×2 的矩阵,如图 10-7 所示。该矩阵的四个象限代表四类技术:常规的、工程的、手艺的和非常规的。

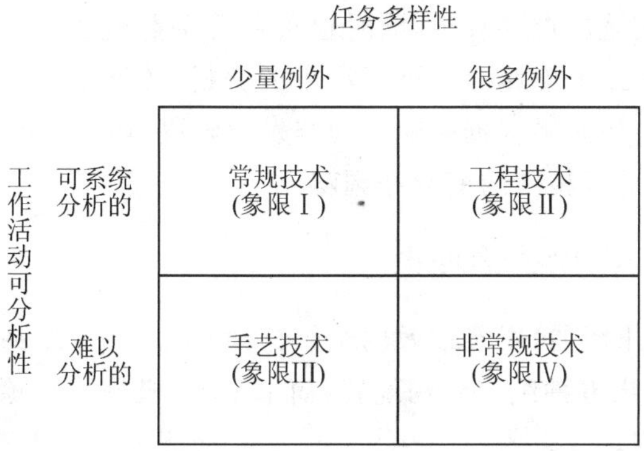

	任务多样性	
	少量例外	很多例外
可系统分析的	常规技术(象限Ⅰ)	工程技术(象限Ⅱ)
难以分析的	手艺技术(象限Ⅲ)	非常规技术(象限Ⅳ)

图 10-7 佩罗的技术分类

常规技术(象限Ⅰ)的特点是任务的多样性低,只有少量的例外,问题易于分析,采用客观、程序化的方式来处理,其任务是标准化、正规化的。如销售、文秘、制图、审计以及生产钢铁或者提炼石油的大量生产过程等就属于这一类。

工程技术(象限Ⅱ)通常是复杂的,因为要完成的任务有很高的多样性,有大量的例外,但可用一种理性的、系统的分析进行处理。因此,各种活动常常都是依据既有的范式、程序和方法进行。如法律、工程、税务会计、桥梁建造等属于这一类。

手艺技术(象限Ⅲ)处理相对复杂、但有少量例外的问题,特点是活动相当的稳定,但转换过程是不可分析的,或者不易识别的。完成这类任务,需要大量的训练和经验。如艺术表演、毛衣编织、家具修补等属于这一类。

非常规技术(象限Ⅳ)以诸多例外和问题难以分析为特征,其任务的多样性很高,而且转换过程是不可分析或者不可识别的,经验和技术是解决这类问题和完成工作所需的。如战略计划、社会科学研究、应用研究等属于这一类。

总之,佩罗认为,如果问题是可进行系统分析的,则适宜采用象限Ⅰ和Ⅱ的技术;如果问题只能以直觉、猜测和不能加以分析的经验来处理的,则需要采取象限Ⅲ和Ⅳ的技术。同理,如果经常出现新的、不平常的、不熟悉的问题,它们可能在象限Ⅱ和Ⅳ;而如果问题是熟悉的,则象限Ⅰ或Ⅲ更为合适。

这些结论对技术-结构关系意味着什么呢?佩罗认为,控制和协调方法必须因技术类型而异。越是常规的技术,越需要高度结构化的组织。反之,非常规的技术,要求更大的结构灵活性。这样,按照佩罗的观点,最常规的技术(象限Ⅰ)可以通过标准化的协调和控制来实现,这些技术应该配之以相同高度的正规化和集权化的结构。另一个极端是,非常规的技术(象限Ⅳ)要求具有灵活性,一般地,组织应该是分权化的,所有成员间有频繁地相互作用,并以保持很低程度的正规化为特征。介于两者之间的,如手艺技术(象限Ⅲ)要求问题以员工丰富的知识和经验加以解决,这意味着组织需要分权化。而工程技术(象限Ⅱ),虽有许多例外情况,但具有可分析的探索过程,因此应当分散决策权限,并以低正规化来保持组织的灵活性。

10.3　组织结构类型的选择

在不同的发展阶段中,组织应有不同的战略目标,其结构也应做出不同的调整。企业组织结构的调整是企业战略实施的重要环节,同时也决定着企业资源的配置。企业在进行组织设计和调整时,只有对战略目标及其特点进行深入的分析,才能对组织结构做出正确选择。同时,为了有效地实施战略,还必须根据企业规模与发展阶段、环境特征、技术特点等要素来选择相应的组织结构类型,并进行相应的变形和调整。

10.3.1　明茨伯格组织结构理论

明茨伯格在1983年出版的《卓有成效的组织》(*Structure in Fives: Designing Effective Organizations*)一书中提出五种组织结构配置:简单结构、机械式官僚结构、专业式官僚结构、事业部结构和变形虫结构。

(1)简单结构。

简单结构(simple structure)的组织常常是正处于组织生命周期第一阶段的、新的小型公司。组织以机器为核心,由总管理者和工人组成;只需要少数的辅助人员;不需要专门化和规范化,协调和控制来自上层;公司的建立者拥有权力,并创造企业文化;没有规范化的工作程序,员工几乎没有决定权。这种组织适合于动态的环境,它必须具备适应性以建立市场。但是这种组织没有力量,容易受到突然变化的冲击,除非它的适应能力很强,否则将会失败。

(2)机械式官僚结构。

机械式官僚结构(machine bureaucracy)讲的是官僚制组织,这种组织很大,技术已经规范化,经常是为了大型生产;专门化和规范化程度很强,关键的决策来自上层。这种组织适应简单而稳定的环境并追求效率目标。机械式官僚结构拥有大量的技术和行政人员,技术人员包括工程师、市场调研人员、财务分析人员和系统分析人员,利用他们来对组织的其他部分进行检查,并对之程式化和规范化。技术人员是组织内的支配团体。机械式官僚结构经常因为缺乏对较低层员工的管理、缺乏创新、弱势的文化以及工作力量分散而遭到批评。

(3)专业式官僚结构

专业式官僚结构(professional bureaucracy)的明显特征是生产的核心由专业人员组成,如医院、大学和咨询公司。尽管组织是官僚制的,但是生产核心的人员拥有自主权,长期的培训和经验促使这种结构的组织形成集体的管理和鲜明的文化,由此减少对官僚管理结构的需要。专业式官僚机构经常提供的是服务而不是有形的产品,它们存在于复杂的环境中。组织的绝大部分力量在于生产核心中的专业人员。技术群体很小或者不存在,但需要大量的行政管理人员来处理组织的日常事务。

(4)事业部结构。

事业部结构(divisionalized form)的组织很大,往往根据产品或市场分成若干事业部。在各事业部之间几乎没有协调,事业部通过损益报告强调对市场的控制。事业部的划分形式是相当规范化的,因为技术经常是有规可循的。尽管整个组织要服务于各种市场,但是任何事业部的环境都是简单而稳定的。每一个事业部在一定程度上都是自主的,并拥有自己的文化。存在分权,总部人员会保留一些职能,如计划和调研。

(5)变形虫结构。

变形虫结构(adhocracy)是为了在复杂的动态环境中求得生存而提出的。该技术很复杂,如宇航和电子工业。变形虫结构组织的年龄就像是年轻人或中年人,其规模相当大,但需要适应。在团队基础上建立的结构有很多横向的联合和被授权的员工。技术人员和生产核心人员对于关键的生产要素均有权力。组织有详细的劳动分工,但不拘泥于形式。员工的专业化程度很高,文化价值观鲜明,强调群体的控制。通过分权,在任何层次的人员都可以参与决策。就结构、权力关系和环境而言,变形虫结构与机械式官僚结构几乎相反。

五种组织结构配置的特点如表10-4所示。五种结构配置的要点就是最高管理层能够设计出得以协调和使关键要素互相匹配的组织。例如,机械式官僚结构适合于在稳定的环境中争取高效率的战略;但在敌对的和动态的环境中,采用机械式官僚结构就是错误的选择。管理者可以通过设计适合所处环境的正确的结构配置来实施战略。

表10-4 五种组织结构配置的特点

项目	组织结构				
	简单结构	机械式官僚结构	专业式官僚结构	事业部结构	变形虫结构
战略和目标	发展、生存	防御、效率	分析、有效性	事业部、利润	探索、创新
主要协调机制	直接监督	工作流程的标准化	员工技能的标准化	工作输出的标准化	双向调整
组织关键部分	战略高层	技术结构	生产核心	直线中层	支持者和技术核心
主要设计参数	集权化、有机结构	行为规范化、工作的水平与垂直专业化,通常按照职能分组,操作单位的规模较大,纵向集权和有限横向分权,行动规划	培训,水平工作专业化,横向和纵向的分权	市场分组,绩效控制系统,有限纵向分权	联络机制,有机结构,选择性分权,水平工作专业化,培训,同时具备职能和市场两种分组方式

续表 10-4

项目		组织结构				
		简单结构	机械式官僚结构	专业式官僚结构	事业部结构	变形虫结构
情境因素	年龄和规模	年轻、小	年老、大	多样	年老、非常大	年轻
	技术	简单	机械但不自动化	不复杂的技术体系	可分开的、像机械式官僚结构	很复杂、经常是自动化
	环境	简单且动态的,有时是敌意的	简单而稳定	复杂而稳定	相当简单且稳定的多样化的市场	复杂且动态
结构		职能	职能	职能或产品	产品、综合	职能和产品

(资料来源:亨利·明茨伯格.卓有成效的组织[M].魏青江,译.中国人民大学出版社,2007.)

10.3.2 组织结构类型

在企业理论中,威廉姆森根据钱德勒的考证对公司组织形态类型进行了划分,分为一元结构(unitary structure,U 型结构)、事业部制结构(multidivisional structure,M 型结构)和控股公司结构(holding company,H 型结构)三种基本类型,这几种结构实际上都是管理层级制的不同形式。

(1)U 型结构。

U 型结构是一种权力集中于高层的组织结构,企业内按照生产经营程序设置生产、销售、研发、财务、供应等职能部门,每个部门直接由企业最高领导指挥。企业管理职能的水平分化与垂直分化,产生了管理的职能部门与管理层级,它们构成了企业 U 型组织结构的基础。

在实践中,U 型结构有三种代表性的结构形式:直线结构(line structure)、职能结构(functional structure)和直线职能制结构(line and function structure)。

①直线结构是沿着指挥链进行各种作业,每个人只向一个上级负责,必须绝对地服从这个上级的命令。直线结构适用于企业规模小、生产技术简单,而且还需要管理者具备生产经营所需要的全部知识和经验。这要求管理者特别是企业的最高管理者是"全能式"的。

②职能结构是按专业分工的管理办法来进行管理。职能部门在具体业务范围内有权向下级发布命令和下达指示,下级既要服从上级主管人员的指挥,也要听从上级各职能部门的指挥,因此也会出现"多头领导"的弊端。

③直线职能制是以直线结构为基础,在各级主管人员的领导下设立相应职能部门,实行主管人员统一指挥同职能参谋部门相结合的管理方式(如图 10-8)。这种组织结构把管理部门和管理人员分为两类:一类是直线指挥机构和管理人员;一类是职能参谋机构和管理人员。直线管理人员拥有对下级指挥和命令的权力,并对主管工作全面负责。职能参谋机构是直线管理人员的参谋和助手,无权直接对下级发布命令进行指挥,只能在业务范围内提供建议和进行业务指挥。直线职能制能保证直线统一指挥,同时充分发挥专业职能机构的作用,做到了直线

结构和职能结构的优势互补,从企业组织的管理形态来看,直线职能制是 U 型组织的最为理想的管理架构,因此被广泛采用。

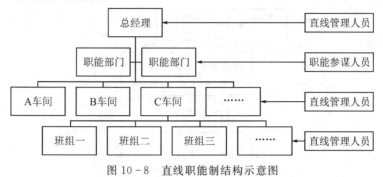

图 10-8 直线职能制结构示意图

(2) H 型结构。

为了规避反托拉斯法,H 型结构在 19 世纪末 20 世纪初非常盛行。H 型结构是一种多部门结构,但其相对于集权的 U 型结构是更为松散的,且总部的指挥、协调和控制能力是相对缺失的,这集中表现在母公司难以有效地协调子公司间的经营管理活动。

H 型结构就是控股公司结构,母公司持有子公司部分或全部股份,下属各子公司具有独立的法人资格,是相对独立的利润中心(见图 10-9)。H 型结构较多地出现于横向合并而形成的企业中。H 型结构的显著特征是高度分权,各子公司保持了较大的独立性。但是为了协调全公司的业务,母公司主要是对子公司进行计划管理、财务管理和人事管理。H 型结构中各子公司往往是 U 型结构。

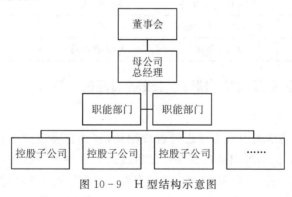

图 10-9 H 型结构示意图

(3) M 型结构。

威廉姆森认为,M 型结构是 20 世纪最具有创新的组织形式。M 型结构亦称事业部制组织结构,或多部门结构,按产品或地区设立事业部,每个事业部都有自己较完整的职能机构,是一种集权与分权相结合的组织结构。M 型公司结构中分成三层,公司本部为投资中心,只负责整体战略、投资、协调及财务控制;事业部为半自主的利润中心,负责生产、销售,事业部也设职能部门协助领导工作;工厂为生产成本中心,只负责订单生产,为降低成本、提高效率而努力,如图 10-10 所示。

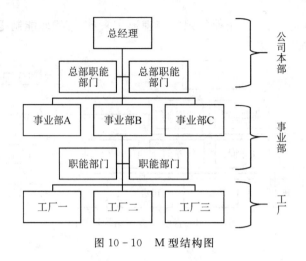

图 10-10 M 型结构图

M 型结构适用于规模庞大、品种繁多、技术复杂的大型企业。U、H、M 三种结构类型比较如表 10-5 所示。

表 10-5 U、H、M 三种结构类型比较

主要差异	结构类型		
	U 型	H 型	M 型
集权/分权	集权	分权	分权
运营单位	职能部门	子公司	事业部
总部功能定位	决策权高度集中	协调功能	决策权分层
使用环境	单一产品或者服务	多样化产品	多样化产品
适用范围	中小企业	大中型公司	大中型公司

10.3.3 几种常见组织结构形式与战略的匹配

1）直线职能制组织结构

直线职能制是 U 型组织中最为理想的管理架构，它具有决策快速灵活、维持成本低且责任清晰的优点。直线职能制组织结构既保持了直线结构集中统一指挥的优点，又吸收了职能型结构分工明确、注重专业化管理的长处，从而有助于提高管理工作的效率。

直线职能制也有其内在缺陷：①该结构具有直线结构集中统一指挥的特点，属于典型的"集权式"结构，因而权力往往会集中于最高管理层，下级缺乏必要的自主权；②组织内各职能部门之间的横向联系较差，容易产生脱节和矛盾；③直线职能制组织结构建立在高度的"职权分裂"基础上，各职能部门与直线部门之间如果目标不统一，则容易产生矛盾，也会导致直线人员和职能参谋人员的摩擦。特别是对于需要多部门合作的事项，往往难以确定责任的归属；④信息传递路线较长，反馈较慢，难以适应环境的迅速变化。

直线职能制组织结构所适应的战略条件：①不确定性低的稳定的战略环境；②各职能部门的技术是例行公事的独立性低的技术；③企业规模为小型或中等规模；④企业的目标集中于内部效益、技术事业化、产品与服务的质量。

比如学校就是比较典型的直线职能制组织结构，一般高校都设有最高行政管理层级——

校长、副校长;第二直线管理层级——各学院院长、副院长;第三层级——各系主任。在校级设有教务处、科技处、财务处、人事处、学生处、审计处、研究生院、发展规划处、学科建设办公室、国际合作与交流处、国有资产管理处等行政部门,以及如轻工科学与工程学院、材料科学与工程学院、环境科学与工程学院、食品与生物工程学院、机电工程学院、电气与控制工程学院、电子信息与人工智能学院、经济与管理学院、化学与化工学院、设计与艺术学院、文理学院、教育学院、马克思主义学院、体育部等教学单位。行政部门为职能部门,教学单位为第二直线管理层。图10-11为某高校组织结构示意图。

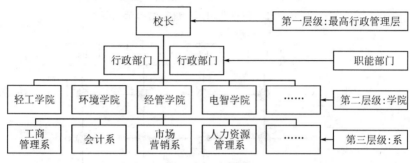

图10-11 某高校组织结构示意图

2) 事业部制组织结构

企业可以按产品(或服务)和地区设立事业部,因此,事业部制组织结构有两种形式:产品或服务型(事业部)组织结构和区域型(事业部)组织结构。产品或服务型组织结构,就是将生产和销售某类产品或服务所必需的所有活动,都集中于一个单位或事业部内,如图10-12所示的腾讯事业部制示意图。在区域型组织结构中,生产产品或服务所需要的全部活动都基于地理位置而集中在一起。

产品或服务型(事业部)组织结构的优点:①有利于使用专门设备,协调容易,可以使该事业部扩展和实行同心多元化战略;②所有活动围绕一个中心,增进了协调,可以培养和发挥团体精神,节约费用并提高工作效率;③这种组织结构形式有利于分权,灵活性较高,各利润中心都能得到发展;④每个事业部都是一个利润中心,"麻雀虽小,五脏俱全",为训练高层管理者提供了机会。

产品或服务型(事业部)组织结构的缺点:①每个事业部作为相对独立的利润中心,增加了保持全公司方针目标一致性的困难。事业部之间可能产生竞争,为自己利益争抢资源,从而损害企业整体利益。②会出现设备和设施重复购置、人员配备过多等现象,增加了费用成本。

产品或服务型组织结构适应的战略条件:①各产品(或服务)或各地区顾客需求的差异比较大,且处于变化较大而不确定性为中等或很高的环境;②大型的企业规模;③各事业部所采用的技术独立程度较高,甚至不相关;④公司重视灵活性、适应性和顾客满意的目标和区域内部组织效率。

3) 矩阵式组织结构

矩阵式组织结构是在U型结构的基础上再建立一套横向目标系统,是U型结构的变形,是将职能管理人员沿纵向排列,同时按照产品或独立经营单位将管理人员按横向排列。这样形成的矩阵式组织结构,使每一名成员既与原职能部门保持业务上和组织上的垂直联系,又与按产品或项目化分的小组保持横向联系(见图10-13)。其中,这种矩阵结构形式是固定的,职能部门是固定的组织,而项目小组是临时性组织,完成任务后就自动解散,其成员回原部门工作。

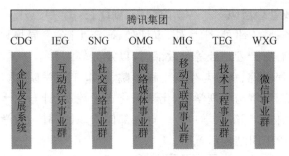

图 10-12　腾讯公司事业部制结构示意图

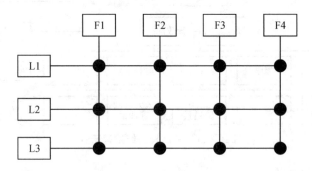

图 10-13　矩阵式组织结构示意图

注：F1-F4：职能部门　　L1-L3：产品或项目组

矩阵式组织结构的优点：①灵活机动、适应性强；②有利于把水平管理和垂直管理结合起来，便于资源共享和各部门的沟通与协作。

矩阵式组织结构具有一个明显的缺点：结点上成员受纵向和横向的双重领导。

矩阵式组织结构可以适应多元化产品、分散市场以及分权管理等复杂条件。所适应的战略条件为：①不确定性高的和比较复杂的企业环境；②各部门的技术是非常规的独立性较强的技术；③具有几种产品类型或项目的大企业；④以产品创新和技术专业化为企业目标。

关键词

组织结构（organizational structure）

机械与有机性系统（mechanistic and organic systems）

事业部制结构（multidivisional structure，M 型结构）

直线职能制结构（line and function structure）

矩阵式组织（matrix organization）

U 型结构（unitary structure）

H 型结构（holding company）

直线结构（line structure）

职能结构（functional structure）

课后测试

1. 按照钱德勒关于战略与结构的观点，下列说法错误的是（　　）。

A. 结构决定战略

B. 战略与组织结构有主从关系，战略为主，结构为辅

C. 战略具有前导性

D. 组织结构具有滞后性

2.组织设计的权变理论认为,最适宜的组织结构主要取决于(　　)。

A.企业的战略目标和战略

B.企业规模和所处发展阶段

C.企业所面临的环境状况

D.企业的技术因素的影响

3.下列对"企业规模对组织结构的影响"描述错误的是(　　)。

A.企业规模越大,组织结构越复杂

B.企业规模越大,组织结构规范化程度越高

C.企业规模越大,分权程度往往越高

D.企业规模越大,组织结构越简单

4.按照拉里·格雷纳提出的组织发展五阶段模型,"规模小,关系简单,决策是由一个或几个高层管理者作出的,企业能否生存发展完全取决于高层管理者的素质和能力,组织结构相当不正规,对协调的需要很低,往往只存在非正式的信息沟通"是企业处于哪个阶段的特征?(　　)

A.创业阶段　　　　B.引导阶段　　　　C.授权阶段　　　　D.协调阶段

5.下列属于机械式组织特点的是(　　)。

A.是一种松散、灵活的具有高度适应性的形式

B.不具有标准化的工作和规则、条例

C.集权化决策

D.低复杂性、低正规化

6.邓肯环境不确定性评估框架认为,"简单+不稳定"组合的环境不确定性是(　　)。

A.低不确定性　　　　　　　　B.低至中等程度不确定性

C.中至高程度不确定性　　　　D.高程度不确定性

7.在伍德沃德三种技术类型中,属于大批量生产的特征的是(　　)。

A.技术复杂程度最高　　　　B.集权程度高

C.书面沟通的数量少　　　　D.工作流程规范程度低

8.明茨伯格组织结构理论中机械式官僚结构的特点有(　　)。

A.组织关键部分是战略高层　　B.组织很大,技术已经规范化,经常是为了大型生产

C.战略和目标是探索、创新　　D.适合复杂且动态的环境

9.不属于U型结构的结构形式是(　　)。

A.直线结构　　　　　　　　B.职能结构

C.直线职能制结构　　　　　D.控股公司结构

10.具有"组织成员受纵向和横向的双重领导"这一明显的缺点的组织结构是(　　)。

A.直线职能制组织结构　　　B.H型结构

C.矩阵式组织结构　　　　　D.事业部制组织结构

复习与思考

1.如何理解战略与组织结构的主从关系?

2.如何理解战略的前导性与组织结构的滞后性?

3.请说明组织发展五阶段模型的内容。

4. 简述佩罗的技术分类。
5. 试述明茨伯格组织结构理论。
6. 威廉姆森的组织结构基本类型有哪些?
7. 简述直线职能制的内在缺陷及适用条件。
8. 事业部制组织结构有哪些优缺点?
9. 简述矩阵式组织结构优缺点。

 知识拓展

[1] 宋旭琴.事业部制结构的起源与发展研究[J].商业研究,2006(21):83-85.
[2] 费方域.大公司的M型组织结构:威廉姆森交易成本经济学述评之五[J].外国经济与管理,1996(9):6-8.

课后测试答案

第1章
1. D 2. C 3. B 4. A 5. B 6. D 7. C 8. B 9. A 10. B 11. D

第2章
1. A 2. A 3. B 4. D 5. C 6. A 7. B 8. C 9. B 10. C

第3章
1. B 2. D 3. A 4. A 5. D 6. B 7. C 8. A 9. D 10. D 11. C 12. D

第4章
1. D 2. A 3. A 4. B 5. A 6. D 7. B 8. B

第5章
1. A 2. C 3. A 4. D 5. D 6. B 7. C 8. B 9. D 10. D 11. C 12. D

第6章
1. C 2. A 3. D 4. B 5. B 6. C 7. D 8. C 9. C 10. C

第7章
1. B 2. A 3. D 4. A 5. B 6. B 7. C 8. B 9. A 10. D 11. A 12. D

第8章
1. D 2. B 3. C 4. A 5. B 6. D 7. D 8. C 9. D 10. B

第9章
1. B 2. D 3. B 4. A 5. D 6. D 7. A 8. C 9. D 10. A

第10章
1. A 2. A 3. D 4. A 5. C 6. C 7. B 8. B 9. D 10. C

参考文献

[1] 谢佩洪.战略管理[M].上海:复旦大学出版社,2014.
[2] 刘辉.企业战略管理理论与实务[M].北京:北京理工大学出版社,2016.
[3] 项保华.战略管理:艺术与实务[M].上海:复旦大学出版社,2007.
[4] 王方华.企业战略管理(第二版)[M].上海:复旦大学出版社,2006.
[5] 周三多,邹统钎.战略管理思想史[M].上海:复旦大学出版社,2003.
[6] 罗伯特·格兰特.公司战略管理[M].胡挺,张海峰,译.北京:光明日报出版社,2001.
[7] 贾旭东.现代企业战略管理:思想、方法与实务[M].北京:清华大学出版社,2018.
[8] 魏江.战略管理[M].杭州:浙江大学出版社,2012.
[9] 舒辉.企业战略管理[M].北京:人民邮电出版社,2016.
[10] 黎群,汤小华,魏炜.战略管理教程[M].北京:北京交通大学出版社,清华大学出版社,2017.
[11] 秦远建.企业战略管理[M].北京:清华大学出版社,2013.
[12] C. W. L. 希尔,G. R. 琼斯.战略管理[M].北京:中国市场出版社,2005.
[13] 明茨伯格,阿尔斯特兰德,兰佩尔.战略历程:穿越战略管理旷野的指南(原书第 2 版)[M].北京:机械工业出版社,2012.
[14] 陈明哲.动态竞争[M].北京:北京大学出版社,2009.
[15] 迈克尔·A.希特,R.杜安·爱尔兰,罗伯特·E.霍斯基森,等.战略管理:竞争与全球化[M].北京:机械工业出版社,2018.
[16] 杰伊 B·巴尼,威廉 S·赫斯特里.战略管理(原书第 5 版)[M].李新春,张书军,译.北京:机械工业出版社,2017.
[17] 魏江,邬爱其.战略管理[M].北京:机械工业出版社,2018.
[18] 徐飞.战略管理[M].北京:中国人民大学出版社,2013.
[19] 黄旭.战略管理:思维与要径(第 4 版)[M].北京:机械工业出版社,2020.
[20] 大卫·J.科利斯,辛西娅·A.蒙哥马利.公司战略:企业的资源与范围[M].大连:东北财经大学出版社,2001.7.
[21] 理查德·林奇.公司战略(第三版)[M].北京:经济管理出版社,2005.7.
[22] 杰伊 B·巴尼,威廉 S·赫斯特里.战略管理(原书第 5 版)[M].李新春,张书军,译.北京:机械工业出版社,2017.
[23] 徐飞.战略管理[M].北京:中国人民大学出版社,2013.
[24] 邵一明.战略管理[M].北京:中国人民大学出版社,2014.
[25] 迈克尔·波特.竞争战略[M].北京:华夏出版社,2005.
[26] 迈克尔·波特.竞争论[M].北京:中信出版社,2003.
[27] 皮菊云,袁华.市场营销实务[M].南京:南京大学出版社,2017.08.
[28] 宋岚.竞争优势的另一种来源——基于市场进入时机的"先行者优势"[J].经济管理,

2003(4):9-13.
[29] 陆雄文.管理学大辞典[M].上海:上海辞书出版社,2013.
[30] 龚三乐,夏飞.产业经济学[M].成都:西南财经大学出版社,2018.
[31] 杰恩·巴尼.获得与保持竞争优势(第2版)[M].北京:清华大学出版社,2003.
[32] 迈克尔·A.希特,R.杜安·爱尔兰,罗伯特·E.霍斯基森.战略管理:竞争与全球化(概念)(原书第12版)[M].北京:机械工业出版社,2018.
[33] 孙超.企业战略管理[M].成都:西南交通大学出版社,2016.8.
[34] 李春波.企业战略管理[M].北京:清华大学出版社,2011.
[35] 肖海林.企业战略管理:理论、要径和工具[M].北京:中国人民大学出版社,2008.
[36] 理查德·罗宾逊.企业国际化导论[M].马春光,王昕,陆亚东,译.北京:对外贸易教育出版社,1989.
[37] 弗雷德·卢森斯,乔纳森 P.多.国际企业管理:文化、战略与行为(原书第8版)[M].周路路,赵曙明,译.北京:机械工业出版社,2015.
[38] 薛荣久.国际贸易(第六版)[M].北京:对外经贸大学出版社,2016.
[39] 迈克尔·波特.国家竞争优势[M].北京:中信出版社,2007.
[40] 宋泽楠,胡剑波.国家特定优势、企业特定优势与大型企业的国际化——以西南少数民族地区为例[J].广西民族研究,2012(3):167-173.
[41] 陈岩,郭文博.跨国并购提高了中国企业的竞争优势吗?——基于区域性与非区域性企业特定优势的检验[J].外国经济与管理,2019(4):139-152.
[42] 王金良.谁是全球化的推动者?——KOF全球化指数的分析[J].探索,2017(4):167-174.
[43] 何天立.国际商务:视野与运作[M].杭州:浙江大学出版社,2017.
[44] 田明华.国际商务[M].北京:电子工业出版社,2013.
[45] 王建华.国际商务——理论与实务[M].北京:清华大学出版社,2012.
[46] 钱晓英.国际商务[M].北京:对外经济贸易大学出版社,2013.
[47] 龚荒.战略管理:理论、方法与案例[M].北京:人民邮电出版社,2016.
[48] 黄旭.战略管理:思维与要径[M].北京:机械工业出版社,2020.11.
[49] 舒辉.企业战略管理[M].北京:人民邮电出版社,2010.
[50] 杜胜利.公司管理控制系统[M].北京:中国财政经济出版社,2007.
[51] 罗伯特·卡普兰,大卫·诺顿.战略地图——化无形资产为有形成果[M].广州:广东经济出版社,2005.
[52] 刘恬萍,孙旭群,张敬伟.方针管理X矩阵助力战略实施[J].企业管理,2017(4):84-88.
[53] SCHREYOGG G., STEINMANN H. Strategic Control: A New Perspective[J]. Academy of Management Review,1987,12(1):91-103.
[54] 德鲁克.管理:使命、责任、实务[M].北京:机械工业出版社,2016.
[55] 理查德·L·达夫特.组织理论与设计[M].大连:东北财经大学出版社,2002.
[56] 钱德勒.战略与结构——美国工商企业成长的若干篇章[M].昆明:云南人民出版社,2002.
[57] 钱德勒.看得见的手——美国企业的管理革命[M].北京:商务印书馆,1987.
[58] 威廉姆森.资本主义经济制度[M].北京:商务印书馆,2004.